Barbara Thode-Hopf

HAMBURG

Kleine Geschichte
einer großen Stadt

Verlag Hanseatische Edition

2. völlig überarbeitete Auflage 1989

Hanseatische Edition GmbH,
2000 Hamburg 60,
Mühlenkamp 31, Telefon 040/2791005
Gestaltung: Werner Burhop
Illustrationen: Jack Poll

ISBN 3-921 554-05-5

INHALT

Geburtstag Hamburgs?
Vor Jahrtausenden

Wann ist Hamburg geboren? Leider hat die Stadt keinen „fälschungssicheren“ Personalausweis, der diese Frage schnell beantwortet. Dafür finden sich unzählige Berichte, Notizen, Schriften, Akten und Bücher, die helfen, den Lebenslauf der Stadt zu verfolgen. Doch je weiter man in die Vor- und Frühgeschichte vordringt, desto dichter wird der Nebel und desto wilder und wirrer werden Sagen und Legenden.

Vor rund 15000 Jahren, das können wir annehmen, als die undurchdringlichen Eiszeitgletscher – die ungefähr bis Rahlstedt im Nordosten der Stadt gereicht haben sollen – weggeschmolzen waren, dürften die ersten Touristen ihren Fuß auf den Boden gesetzt haben, auf dem jetzt Hamburg steht: Es waren Rentierjäger, die sich dann in späterer Zeit nach Norden abgesetzt haben. Vorgeschichtliche Funde, wie Steinwerkzeuge und Grabstätten, beweisen das.

Der hohe Geesthang, der sich von Osten her an die Alster schiebt, nicht weit von der Stelle, an der heute das Rathaus steht, lud zum Verweilen ein. Hier lag auch der bequemste Übergang über das Flüßchen, das man zwar nicht trockenen Fußes queren konnte, aber wenigstens stand einem das „Alsterwasser“ nicht bis zum Hals.

Als später die ersten römischen Missionare durch dieses Gebiet streiften, fanden sie „blauäugige, goldgelockte, derbe Männer mit ihren keuschen Weibern“, die in Hütten wohnten und Bären erlegten. Pelzmode war damals erschwinglich und notwendig wegen des rauhen Klimas.

Auf dem Geesthang pfiff der steife Nordwest, deshalb grub

man die Hütten ins Erdreich ein. Auf der Speisekarte stand sicher viel Fisch, denn Wasser gab es ja reichlich ringsum: Die Anhöhe war umgeben von einem Gewirr von Wasserarmen der Alster und Bille, die träge der Elbe zuflossen. Auch werden die ersten Bauern Getreide angebaut haben. Soweit sie sich historisch dingfest machen lassen, handelte es sich um Germanen vom Stamme der Sachsen, Unterabteilung Nordalbingier.

Hammaburg: Ein Bollwerk gegen die Heiden

Kaiser Karl der Große hatte vor 1200 Jahren im heutigen Norddeutschland mit den dort ansässigen Sachsen erhebliche Schwierigkeiten. Er brauchte Jahrzehnte, um sie mit seinen rauhen Methoden, die ihm den Namen „Sachsenschlächter" einbrachten, zur Annahme der römisch geprägten Ordnung und seiner einzig wahren Religion, dem Christentum, zu bewegen. Starrköpfigkeit und Stolz veranlaßte die Sachsen, zunächst an ihren handfesten Naturgöttern festzuhalten.

Erst um die Wende zum 9. Jahrhundert gelang es dem großen Karl mit Hilfe der slawischen Abotriten, die in Mecklenburg und Ostholstein siedelten, auch die Nordalbingier zu bezwingen. Die Gefangenen, darunter wohl auch die Bewohner des dörflichen Urhamburg, deportierte man nach Westen. Der Ort, wenigstens das, was nach den Kämpfen davon übriggeblieben war, wurde slawische Siedlung, aber nicht für lange Zeit. Denn den Dänen schien das Vordringen der Abotriten gar nicht zu gefallen. Deshalb rüstete man sich zum Angriff und schaffte es, die aufdringlichen Slawen

zu unterwerfen. Aber das wiederum mißfiel Karl dem Großen: Er ließ einfach den „Stormarngau“ und andere Teile Westholsteins seinem Riesenreich einverleiben.
Zum Schutz des Gebietes vor den „Barbaren des Nordens“ brauchte Karl feste Bollwerke. Und dafür war der prachtvolle Geestrücken zwischen Bille und Alster, bewachsen mit herrlichem Buchenwald, genannt „Hamme“, wie geschaffen!
Ganz gleich, ob nun der Name „Ham“ vom sächsischen Wort „Ufer“ abstammt, oder von „etwas Befestigtem in einem morastigen Umfeld“ oder eben von der hemmenden Waldung, „Hamme“ genannt: Es war ein idealer Ort für ein Missionszentrum, von dem aus weitere Aktionen im Norden geplant und verwirklicht werden konnten, ohne erst den tiefen Elbstrom überqueren zu müssen! Der breite Fluß, nach seiner Reinheit damals noch „Albis“, die „Weiße“ genannt, teilte sich hier in mindestens zwei Ströme, die Norder- und Süderelbe.
Was Karl der Große plante, konnte aber erst sein Sohn, Kaiser Ludwig der Fromme, der eigentlich als Mann von schwachen Geistesgaben galt, in die Tat umsetzen. Um 810 entstand in der Gegend der heutigen Petrikirche am Speersort eine Fluchtburg. Keine zinnenbewehrte Festung, wie man annehmen könnte! Nein, nur ein vier bis fünf Meter hoher Wall schützte die hölzernen Gebäude. Für diesen Erd-Bohlen-Wall, der allerdings fünfzehn Meter breit war, mußten etwa 20000 Kubikmeter Erde bewegt und rund 10000 Eichen und Buchen abgeholzt werden.
Ein Wehrgang auf der Wallkrone ermöglichte den Wachen der fünfzig Mann starken Besatzung unter dem fränkischen Kommandanten Graf Bernhard gut geschützte Fernsicht. Beim Morgen-Rundlauf auf dem Wall mußten nur 520 Me-

10 000 Bäume der benachbarten Waldung „Hamme" wurden zu einem festen Schutzwall verarbeitet. Zunächst hatten die heidnischen Wikinger noch Respekt vor der „Hammaburg"...

ter zurückgelegt werden, denn er schloß ein fast quadratisches Burggebiet mit 130 Metern Seitenlänge ein. Ins Innere, zum Hof des Grafen, zur „Kaserne“ und zur Kirche gelangte man durch ein ständig bewachtes Tor im Westen.
Der fromme Ludwig ließ 831 einen jungen Mann aus Corvey an der Weser zum Erzbischof weihen. Ansgar, so wurde er genannt, hatte bereits beste Erfahrungen in der Dänenmission und galt als sehr vielversprechend, um als „Apostel des Nordens“ von der Hammaburg aus zu wirken und die Heiden zu bekehren. Ein hölzernes Taufkirchlein im Schutz der Burg, die Marienkirche, war der bescheidene Anfang.
Mit einer Urkunde besiegelte der Papst 834 diese Bistumsgründung. Natürlich wurden auch die Geldangelegenheiten geregelt: Die Hammaburg sollte Einkünfte aus flandrischen Klöstern beziehen. Obwohl nach Erzbischof Ebbo, der die Schweden missionierte, das Klima im Norden schlicht „barbarisch“ war und die Bewohner der Hammaburg als recht „primitiv“ galten, erwies sich die Festung auf dem Geestrücken zwischen drei Flüssen, umgeben von versumpften Marschen, als recht attraktiv. Sie lag günstig am Handelsweg Haithabu (bei Schleswig) – Artlenburg (an der Elbe) – Bardowiek – Magdeburg und versprach Sicherheit für seine Bewohner. So eilten Krämer, Handwerker, Fischer und wohl auch Gastwirte herbei, um sich vor der Festung anzusiedeln. Schnell entstand ein kleiner Markt- und Handelsplatz, Wik genannt. So gab es einen weltlichen Bereich im Norden unter dem Grafen von Stormarn, der auch das Marktrecht innehatte, und einen geistlichen, bischöflichen Bereich der Domburg im Süden.
Das Reich Karls des Großen wurde 843 unter seinen drei Enkeln aufgeteilt – für die Hammaburg eine Katastrophe! Die kirchlichen Einkünfte blieben aus, weil Flandern jetzt

Ausland war. Und die Kräfte der Herrscher waren durch ihre Erbschaftskämpfe derart in Anspruch genommen, daß die weiten Grenzen des Nordens vollkommen ungeschützt dalagen. So war es für die dänischen Wikinger, die 845 mit ihren schnellen Schiffen – sechshundert an der Zahl – die Elbe hinaufglitten, ein Leichtes, die Hammaburg in ein Flammenmeer zu verwandeln. Der Kommandant der Burg war gerade nicht zu Hause, und die fromme Geistlichkeit, sprich Ansgar, griff natürlich nicht zu profanen Waffen, um sich zu verteidigen, sondern raffte die Reliquien zusammen und suchte schleunigst das Weite.

Das Missionszentrum im Norden
Ansgar-Adaldag-Alebrand-Adalbert

So leicht ließ sich auch damals ein Hamburger nicht kleinkriegen. Der Wiederaufbau des Handelsplatzes, der unter dem Wikinger-Überfall kaum gelitten hatte, denn die hatten es mehr auf die kirchlichen Einrichtungen abgesehen, ging schnell voran. Auf die alte Hammaburg konnte man verzichten. Statt dessen schütteten die rund 900 Einwohner zwischen Alster und Elbhang einen nach Osten gerichteten „Heidenwall“ auf. Im übrigen taten die Hamburger das, was sie immer gern taten: Sie widmeten sich intensiv ihren Geschäften. Von der Anhöhe der alten Burg führte eine Art Pflasterung hinunter zu einem Flußarm der Bille, der später „Reichenstraßenfleet“ hieß und längst zugeschüttet ist. Fleißige Archäologen fanden hier sogar eine Verladerampe für Getreide. Der erste Hafen-Umschlagsplatz Hamburgs! Er war aus Holz und ungefähr 120 Meter lang. Wenn hier die Schiffe anlegten, sammelte sich das Volk. Denn schließlich gab es ja nicht jeden Tag schöne Keramik aus dem Rheinland, Weinkrüge und Amphoren zu bewundern! Sicher gab es hier schon so manchen Ehestreit um die neue Kücheneinrichtung. Die Hamburgerin kochte damals in kugelrunden Töpfen, um die Wärme des Feuers besser nutzen zu können. Brennmaterial waren meist Torfstücke und Kuhfladen, getrocknet. Wenn die Kinder artig waren, bekamen sie Honig zur Belohnung, und wenn es genügend fror, konnten sie auf dem Eis der vielen Flußarme Schlittschuhlaufen. Man band sich dazu einfach scharfkantige Knochen unter die Füße. Ein Dach über dem Kopf, gesundes Vieh auf der Weide und hin und wieder ein gutes Tauschgeschäft mit reisenden Kaufleuten – so ließ es sich leben!

Erzbischof Ansgar kehrte nicht mehr in den gefahrvollen Brückenkopf Hamburg zurück, sondern blieb im sicheren Bremen. Von dort aus ließ er die Marienkirche neu aufbauen, größer und schöner als zuvor. Auch das Benediktinerkloster, in das er viele befreundete Mönche aus Corvey gerufen hatte, wurde wieder aufgebaut. Für die Ausbildung der Geistlichen zum Missionarsdienst sorgten eine Schule und eine Bibliothek. Nun stand der Schriftstellerei nichts mehr im Weg: Das erste Buch, das in Hamburg geschrieben wurde, stammt aus der Feder Rimberts, dem Nachfolger Ansgars. Darin beschreibt er das Leben des großen Erzbischofs, der ihm Lehrer und Freund zugleich gewesen war. Ansgar wurde nach seinem Ableben 865 heiliggesprochen. Auch die Hamburger haben St. Ansgar Denkmäler gesetzt: Auf der Trostbrücke steht seit 1883 sein Standbild, und nicht nur einige Beerdigungsinstitute, sondern wahrscheinlich auch die Straßennamen „Schaartor“ und „Schaarmarkt“ erinnern an ihn.

Als in der Schlacht bei Eppendorf die Dänen im Jahre 880

über den sächsischen Heerbann siegten, blieb das nahegelegene Hamburg nicht verschont. Es hieß also wieder: Ärmel aufkrempeln, zupacken, aufbauen!
Unter dem neuen Erzbischof von Bremen, Adaldag (937–988), bekam Hamburg endlich wieder geistliche Bedeutung. Denn an einen unwichtigen Ort hätte man wohl einen Papst nicht verbannt! Benedict V. hatte sich einfach von den Römern wählen lassen, ohne auf seine Einsetzung durch Kaiser Otto I. zu warten. So setzte ihn der Kaiser wieder ab, ließ ihn verhaften und nach Hamburg bringen. Der prominente Gefangene starb wenige Monate nach seiner Ankunft (965) und soll im Dombereich begraben worden sein – es existieren noch Bildkacheln seines Grabmals.
Der Papst hatte seine letzte Ruhe gefunden, aber über die Hamburger brach schon bald das nächste Unheil herein: Der Fürst der slawischen Abotriten Mistewoi wollte sich beim Sachsenherzog Bernhard für eine ungeheure Beleidigung rächen. Erst hatte der Sachse ihm nämlich versprochen, ihm eine fürstliche Verwandte zur Frau zu geben. Dann aber machte er einen Rückzieher: „Es zieme sich nicht, eine christliche Fürstin dem wendischen Hunde beizulegen.“ Wütend brach der Slawe auf, um alle sächsischen Siedlungen in Holstein, die er erreichen konnte, abzubrennen. Auch vor Hamburg machte er nicht halt.
Im Wiederaufbau geübt, brauchten die Hamburger nicht lange, um ihre Siedlung noch besser als vorher zu errichten. Der Plan für eine große Ringmauer mit zwölf Verteidigungstürmen blieb jedoch unausgeführt. Statt dessen entstanden im Laufe des 11. Jahrhunderts vier stattliche Burgen: Das steinerne Haus, die „Bischofsburg“, hatte sich Erzbischof Bezelin Alebrand um 1037 errichten lassen. Das gewaltige Fundament dieser Sommerresidenz wurde 1962 bei Aus-

schachtungsarbeiten entdeckt – es ist heute noch am Speersort 10 (direkt unter dem Privatsender „Radio Hamburg“) zu sehen. Dann folgten die „Wiedenburg“ (1043 durch Erzbischof Adalbert) beim Schopenstehl im Südosten, die „Alsterburg“ beim heutigen Rathaus in der westlichen Alsterniederung (1045 durch Herzog Bernhard II.) und schließlich die „Neue Burg“ (1061 durch Herzog Ordulf) bei der Nikolaikirche im Südwesten. Sie war eine Art Ringwall, gebaut als Gegenpol zur Burg der Geistlichkeit. An der Alsterseite wurde sie mit Bohlen verstärkt und bildete so einen Kai zum Anlegen größerer Schiffe.
Ein Kastell auf dem Süllberg und eine kleine Wasserburg waren als Vorposten in einiger Entfernung gedacht.
Erzbischof Bezelin Alebrand (1035–1043), gebürtiger Kölner, sorgte nicht nur für die erste Burg aus Stein, sondern auch für das leibliche Wohl seiner Brüder. Pro Tag gab es ein frisches Weißbrot für jeden und am Sonntag eine doppelte Ration Honigmet. Auch an köstlichem Wein (sicher aus dem Rheinland) soll es nicht gemangelt haben.
Als „gesegnete Mutter aller Völker des Nordens“ genoß Hamburg zur Zeit des nächsten Erzbischofs, Adalbert (1043–1073), höchstes kirchliches Ansehen. Der bayrische Bischof liebte den Ort im Norden so innig, daß er hier sogar begraben werden wollte. Er machte Hamburg zum Ausgangspunkt der Skandinavien- und Slawenmission. Seine Messen im Mariendom hielt Adalbert gern in Glanz und Gloria: Zu Ostern ließ er Tausende von Kerzen abbrennen. Der hochgebildete, gutaussehende Mann aus reicher Familie liebte die Macht und sein „Nordisches Patriarchat“ so sehr, daß er sogar die Berufung zum Papst ausschlug – vielleicht hoffte er auch, aus Hamburg eine Art „Gegen-Rom“ machen zu können. Trotz rauschender Feste, mit denen er

Die fränkische Fluchtburg erwies sich als recht attraktiv – auch für zerstörungswillige Neider und Pyromanen!

weltliche und kirchliche Herrscher für sich gewinnen wollte, ging seine Rechnung nicht auf: Er verlor den Kampf mit den Herzögen im Norden, und von friedlicher Eintracht konnte nicht mehr die Rede sein. Die Bischöfe hielten treu zum Königshaus und versuchten mit viel Geduld, die slawischen Abotriten zum Christentum zu bewegen. Das wiederum wollten die Sachsen-Herzöge aus dem Geschlecht der Billunger verhindern: Sie setzten die Slawen immer wieder unter Druck, forderten hohe Abgaben und zwangen sie häufig zu Sklavendiensten. Als Erzbischof Adalbert auf dem Reichstag im hessischen Tribur 1065 entmachtet wurde, verlor er gleichzeitig seinen Einfluß auf die fast bekehrten Abotriten. Sie fielen ins Heidentum zurück und rächten sich für die schlechte Behandlung durch die weltlichen Herrscher. Dabei brandschatzten sie die sächsischen Siedlungen in Holstein und machten auch vor Hamburg nicht halt. Nach den Angriffen von 1066 und 1072 hielten sie die Siedlung sogar einige Zeit besetzt.
Erst in der Schlacht von Schmielau bei Ratzeburg 1105 konnten die heidnischen Slawen endlich bezwungen werden – jetzt hatten die Hamburger vor ihnen Ruhe. Und auch vor den Billunger Herzögen, denn der letzte dieses Geschlechts, Herzog Magnus, wurde 1106 zu Grabe getragen.

Wandel und Handel
Schau an, die Schauenburger!

Weil das Geschlecht der Billunger ausgestorben war, mußte sich Herzog Lothar von Sachsen, der spätere Kaiser Lothar III., für den Norden etwas einfallen lassen. Weise wählte er die Schauenburger (die Schauenburg liegt bei Rinteln an der

Weser) und übergab Adolf dem Ersten die Grafschaften Holstein und Stormarn, zu denen auch Hamburg gehörte, als Lehen. Die Wahl war gut, denn die Schauenburger brachten Aufschwung. Adolf I. (1111–1130) ließ die Alsterburg verstärken, sein Sohn, Adolf II. (1130–1164) sorgte für Siedler: Er rief Westfalen, Friesen und Holländer nach Hamburg, um die Marschlande kultivieren zu lassen. Es war klug, ihre Erfahrung mit dem „blanken Hans", der Nordsee, beim Deichbau und bei der Trockenlegung von Sümpfen einzusetzen. Adolf II. hatte bereits 1134 Lübeck neu gegründet, mußte die Siedlung aber 1159 zwangsläufig an den Welfen Heinrich den Löwen abtreten. So hoffte er, mit Hamburg einen vielversprechenden Ersatz gefunden zu haben. Sein Wunsch sollte sich erfüllen. Denn die neuen Landesherren beuteten ihre Untertanen nicht mehr in dem Maße aus, wie es bisher üblich gewesen war, sondern räumten ihnen endlich auch Rechte und Freiheiten ein.

Es war die Zeit der Stadtgründungen: München gab es z. B. seit 1158, und im Zuge der ostelbischen Kolonisation entstanden auf Betreiben Heinrichs des Löwen und Albrechts von Orlamünde neue Ostseeküstenstädte. Die Elbe wurde vielbefahrener Handelsweg bis hinein ins Böhmische. Adolf III. (1164–1203, gestorben 1225), der sich zu Höherem berufen fühlte, als nur eine Stadt zu regieren, hatte 1188 eine Superidee: Er übergab einem freien Unternehmer das Land an der Alstermündung. Vielleicht waren seine Worte: „Mach was draus, ich baue auf Dich!" Der Angesprochene war der ehemalige herzogliche Zolleinnehmer Wirad von Boizenburg. Gern übernahm er die ehrenvolle Aufgabe, aber noch lieber übernahm er natürlich die Privilegien des Herzogs zur Anlage eines Hafens am heu-

tigen Nikolaifleet und zum Ausbau einer Kaufmannssiedlung um die Neue Burg herum.
Adolf III. gab es ihm schriftlich: „Im Namen der Heiligen und unteilbaren Dreifaltigkeit. Ich, Adolf, von Gottes Gnaden Graf von Wagrien, Holstein und Stormarn, biete meinen Gruß allen, die an das Christentum glauben. Da jede Handlung, welche urkundlich niedergeschrieben ist, feste Sorgfalt erzeugt, das gegebene Gesetz und Recht zu beobachten, so tun wir hiermit kund und zu wissen allen denen, die jetzt und künftig leben . . ." Es folgten acht sorgfältig ausgearbeitete Vertragspunkte. Der Graf hatte erkannt, wie wichtig es war, sich schwarz auf weiß abzusichern. Und seiner Einleitung kann man unschwer entnehmen, daß er überzeugter Christ war. Da wir uns gerade in der Zeit der Kreuzzüge befinden, ist es auch nicht verwunderlich, daß Adolf bei nächster Gelegenheit alles stehen und liegenließ, um die beschwerliche Reise nach Jerusalem anzutreten. So folgte er ein Jahr später dem Ruf des Kaisers Friedrich Barbarossa und schloß sich dem Dritten Kreuzzug an. Aber dabei vergaß er Hamburg nicht, wie wir bald erfahren werden. Hier hatte sich inzwischen das Bild geändert. Es war viel gebaut worden. Jedoch nicht aus feuersicheren Steinen, das war das Privileg der Kirche. Die kleinen Häuschen der Kaufleute, Fischer und Handwerker bestanden aus lehmverputztem Flechtwerk. Man lebte mit dem Vieh unter einem Dach, das frühmorgens vom Hirten zur Grimm- und Cremoninsel auf die Weide gebracht wurde. Fleisch aßen die Hamburger gern, war es doch eine willkommene Abwechslung zum Fisch oder zu den damals noch genießbaren Miesmuscheln. Rindfleisch war erschwinglich, doch Schweinefleisch konnten sich nur die betuchteren Kaufleute leisten. Zum Schutz gegen überraschendes Hochwasser (im Februar 1164 hatte

es ein furchtbares Unwetter mit einer verheerenden Sturmflut gegeben) gab es nun einen Deich an der Alstermündung (heutige Deichstraße), und fleißige Bauernhände hatten einen Damm errichtet, um den lieblich gewundenen Alsterfluß zu stauen. Das Bauerngestade („Burstah“) sorgte dafür, daß das Wasser mit großer Geschwindigkeit durch ein Wehr floß und die erste Wassermühle, die „Herrenmühle“ antrieb. Nun hatten die Hamburger ihr eigenes Mehl, um zunächst kleine Brötchen zu backen.
Während der Schauenburger Graf mit dem Kaiser in Kleinasien weilte, nutzte der 1180 von Barbarossa gestürzte und nach England verbannte Welfenherzog Heinrich der Löwe die Gelegenheit und kam aufs Festland zurück. Zusammen mit dem König von Dänemark, Knud VI., konnte er sein Erbe Holstein und Hamburg zurückerobern. Dabei wurde Hamburgs Konkurrenzort an der Ilmenau, Bardowiek, völlig zerstört. Ein ortskundiger, heimattreuer Bulle hatte, so die Überlieferung, den Eindringlingen die flache Furt durch den Fluß gezeigt! Die von den Trümmern noch brauchbaren Quadersteine sollen die Hamburger später aufgekauft und zu einer Ufermauer vom Winserbaum im Osten beim Meßberg bis zum Niederhafen verwertet haben. Den armen Landwirten aus Bardowiek gewährte man großzügig ein Markthaus in der Stadt, das „Zippelhaus“, damit sie ihr Gemüse, hauptsächlich waren das wohl „Zwiebeln“, an den Mann bringen konnten.
Heinrich der Löwe besaß nun mit Hamburg gleich zwei selbständige Städte: die erzbischöfliche Altstadt, in der sich hauptsächlich Gewerbetreibende, Fischer und Handwerker niedergelassen hatten, und die gräfliche Neustadt der Schiffer und Kaufleute. Wirad von Boizenburg hatte gute Arbeit geleistet. Die Stadtgründungsgemeinde war gewachsen, gab

es doch Baugrund kostenlos und ohne jeden Grundzins! Während der Erzbischof in der altstädtischen Reichenstraße noch reichlich kassierte, begann der Wohlstand in der Neustadt zu wachsen.
Seit Ende des 12. Jahrhunderts wählten die Bürger mit Grundbesitz ihre Räte für die Verwaltungsarbeiten. So gab es einen Rat für die Altstadt und einen für die Neustadt. Die sich dann auch selbstverständlich in getrennten Häusern berieten. Das Altstadt-Rathaus lag am Fischmarkt und das der Neustadt am heutigen Hopfenmarkt. Die 1190 erbaute hölzerne „Trostbrücke" verband beide Städte miteinander. Weil man an dieser Brücke die verschiedenen Münzen, die im Umlauf waren, umtauschen konnte, wurde sie damals auch „Wechslerbrücke" genannt.
Als Adolf III. am Heiligen Abend 1190 aus dem Orient zurückkehrte, mußte er zunächst sein Gebiet von Heinrich dem Löwen zurückerobern. Sachsenherzog Bernhard und Markgraf Otto von Brandenburg halfen ihm dabei. Als die Hamburger von seinem Sieg erfuhren, öffneten sie ihm freiwillig die Stadttore. Adolf brachte ihnen ein Weihnachtsgeschenk mit, das die zukünftige Entwicklung ihrer Stadt entscheidend beeinflussen sollte: den „Freibrief Barbarossas".
Am 7. Mai 1189 hatte der kluge Graf im gemeinsamen Kreuzzuglager in Neuburg an der Donau vom Kaiser besondere Privilegien für Hamburg erhalten. Etwa nach dem Motto „eine Hand wäscht die andere – Danke für Deine Begleitung!" Eine rechtmäßig besiegelte Urkunde konnte Adolf zwar nicht vorzeigen, da der Kaiser fern im Osten einen tödlichen Herzschlag erlitten hatte, aber die Hamburger glaubten ihrem Landesherrn nur allzu gern. „Pingelig" war man damals noch nicht, und deshalb schrieb man sich

rund 150 Jahre später den Freibrief selbst und ließ ihn 1265 mit dem Siegel des Kaiser-Enkels beglaubigen. Diese Urkunde wird heute noch im Staatsarchiv verwahrt.
„Es sollen die Bürger in Hamburg mit ihren Schiffen, Waren und Mannschaften von der See bis an die Stadt frei sein von allem Zoll, Angeld und sonstigen Anforderungen.
Dafern sie fremdes Gut heranbringen, dürfen sie nach Stade einen Boten schicken, der auf Eides Pflicht den Zoll nach den Gütern errichten soll.
Wir, der Kaiser, machen die Bürger von Hamburg im Gebiete der Grafen frei von jeglichem Zoll und Angeld. Auch soll es verboten sein, bei zwei Meilen von der Stadt ein festes Schloß oder desgleichen zu erbauen. Sie sollen frei haben auf der Elbe ebenso auch auf der Bille für eine Meile – maßen des Wassers ist die Reichenstraße.
Jegliches Gut, das ein Hamburger innerhalb des gräflichen Bezirks erwirbt oder kauft, möge es sein Holz, Kohlen oder Getreide, und verfährt solches zu Schiffe oder zu Wagen, soll nicht dürfen angehalten werden durch Irgendeinen, anders nicht durch gute Zeugen das Recht darzu möchte erwiesen werden.
Es soll ihnen auch vergönnet sein, ihr Vieh auszutreiben vom Morgen zum Abend auf die Weide.
Es sei ihnen Macht gegeben, Holz zu schlagen, und die Waldungen zu gebrauchen wie bisher. Strafgelder für ungerechte Maße an Bier, Brot und Fleisch sollen zu zwei Dritteln der Stadt und zu einem Drittel dem Gerichtsvogt zufallen.
Es soll ihnen frei sein aller Orten in der Stadt Geld zu wechseln außer vor dem Münzhause, auch sei ihnen Macht gegeben, der Münze Pfennige wardeien um deren Gewicht und Echtheit halber.
Wir geben auch die Bürger frei von jeglichem Kriegszuge,

selbst um die Verteidigung des Landes, dagegen sie für ihr Geld mögen Kriegsvolk anwerben."
So der ungefähre Textauszug aus der später erstellten Urkunde.
Der Freibrief berechtigte die Stadt zu freiem Handelsverkehr. Die Hamburger brauchten auf der Niederelbe bis zur 105 Kilometer entfernten Nordsee keinen Zoll zu bezahlen. Nur fremde Güter waren in Stade anzumelden. Im Umkreis von ca. 15 Kilometern (zwei deutsche Meilen) vom Stadtkern durfte keine fremde Burg errichtet werden. Gelöst vom allgemeinen Heerbann waren die Hamburger ausschließlich zur Verteidigung ihrer Stadt verpflichtet. Außerdem durften sie Fische fangen, Holz schlagen und ihr Vieh weiden, ohne Abgaben an die Holsteiner zahlen zu müssen. Eine eigene Marktpolizei sollte dafür sorgen, daß etwaige Betrüger schnell entlarvt wurden.
Barbarossas Zusagen waren wahre Startblöcke für die Entwicklung des Hafens – und darum feiern die Hamburger jedes Jahr die Tage um den 7. Mai fröhlich als „Hafengeburtstag". Der Bürgermeister von Neuburg an der Donau, wo vor acht Jahrhunderten der Vertrag mündlich ausgehandelt wurde, darf selbstverständlich mitfeiern!
Lange konnte Adolf III. allerdings seinen Erfolg nicht auskosten. Es war wieder Heiligabend, als im Jahre 1201 Waldemar, der Bruder des Dänenkönigs, mit einer Streitmacht vor Hamburg stand. Er wollte sich dafür rächen, daß Graf Adolf zuvor Otto von Brandenburg geholfen hatte, in dänisch besetzte Gebiete einzudringen. Der Däne und seine schwer bewaffneten Mannen hatten leichtes Spiel, überquerten die gefrorenen Gewässer um Hamburg trockenen, aber kalten Fußes und nahmen Adolf gefangen. Erst, nachdem er hoch und heilig versprochen hatte, die Dänen nie

wieder anzugreifen, ließ man ihn auf seine Schauenburg an der Weser zurückkehren.
Hamburg war nun dänisch – und sollte es 26 Jahre lang bleiben. Allerdings nur offiziell, denn der 1202 zum Dänenkönig gewählte Waldemar setzte als Statthalter einen Verwandten Adolfs in Hamburg ein: nämlich Albrecht von Orlamünde aus Thüringen. Dieser umsichtige Mann wollte Alt- und Neustadt vereinen: „Dat Hamburg eyn is, unde eyn bliwen scal jummermeire". Dennoch wuchs die Hoffnung der Bürger, sich von der Dänenherrschaft befreien zu können. Was der Vater feierlich dem Waldemar versprochen hatte, galt schließlich nicht für dessen Sohn: Adolf der Vierte (1225–1239, gestorben 1261) wurde von einer engagierten Dame, Frau von Deest, zum Rächer erzogen. So sammelte der junge Graf im Jahre 1225 mutige Edelleute um sich und zog nach Hamburg, um sich sein rechtmäßiges Erbe zurückzuerobern. Nach erfolgreicher Schlacht gegen die Dänen nahmen ihn die Hamburger freudig auf – die inzwischen eingeführten Veränderungen mußte der neue Stadtherr allerdings anerkennen. Albrecht von Orlamünde, der seine Sache recht gut gemacht hatte, erhielt eine Abfindung in Silber.
Trotz ihrer Niederlage wollten die Dänen keine Ruhe geben: So kam es am 22. Juli 1227 in der großen Schlacht bei Bornhöved zu einer ‚konzertierten' Aktion. Adel und Bauernschaft von Holstein, die Bürger von Hamburg und Lübeck schlugen die Feinde aus dem Norden gemeinsam in die Flucht.
Von nun an war der Graf von Holstein zugleich auch Herr über die Stadt Hamburg. Doch wie lange Graf Adolf IV. dem weltlichen Leben noch erhalten bleiben würde, wußte niemand zu sagen. Hatte er doch im wildesten Kampfgetüm-

mel der Schlacht feierlich gelobt, ins Kloster zu gehen, falls er siegen würde!
Nach dem Sieg stiftete er den Hamburgern das Maria-Magdalenenkloster, dessen Standort am heutigen Adolphsplatz war, zog aber erst 1239 selbst die Kutte an.

Recht und Ordnung – Ein Rat muß her

1228 begann der Stadtnotar Jordan von Boizenburg mit der Aufzeichnung eines neuen, umfassenden Stadtrechts – es sollte eine Lebensaufgabe werden! Erst 42 Jahre später (1270) war das „Ordeelbook", erstes zusammengefaßtes Zivil-, Straf- und Prozeßrecht einer Stadt überhaupt, endgültig fertiggestellt. Bis auf den Dombereich – der blieb bis 1803 immun – unterstanden jetzt Alt- und Neustadt dem Grafen von Schauenburg. Gemeinsames Handeln war angesagt.
Von nun an regierte der „Rat" die Stadt. Er bestand aus dreißig Mitgliedern – alles Kaufleute und wohlhabende Handwerker. Aus seiner Mitte wurden die beiden – zeitweise waren es sogar vier – Bürgermeister gewählt, die für ein Jahr ihr Amt bekleiden durften.
Die Ratsherren arbeiteten im Schichtdienst: Von den dreißig Personen waren nur zwanzig als „sitzender Rat" aktiv. Die Verantwortung für bestimmte Ämter wurde sogar alle Vierteljahr abgegeben. Das geschah nicht nur, um möglicher Korruption vorzubeugen, sondern auch, um den Ratsmitgliedern die Möglichkeit zu geben, ihren Privatgeschäften nachzugehen. Man stelle sich vor: Für die Ehre, im Rat zu sein, bekam man damals keinen Pfennig! Und Ratsherr war man, einmal gewählt, ein Leben lang.

Das neue Rathaus am Dornbusch (5 Minuten Fußweg vom heutigen Rathaus entfernt) wurde nun Zentrum heißer Ratsdebatten. Eine Treppe tiefer lag der berühmte Ratskeller. So konnte der Kellermeister mit kühlem Bier aus Einbeck die erhitzten Gemüter wieder beruhigen, und so manche Kontrahenten aus dem Rathaus oben saßen hier unten wieder einträchtig beisammen. Eine typische Hamburger Eigenart?

Der Ausschank im Keller schien so wichtig zu sein, daß das Rathaus im Volksmund bald seinen Namen nach dem Gerstensaft bekam: „Einbecksches Haus".

Und das Volk der Stadt Hamburg? Bei wichtigen Entscheidungen mußte es gefragt werden. Deshalb bekam es Sprecher: die „Wittigsten", die Weisesten also.

Wir wissen zwar wenig über die Einrichtung dieser „Wittigsten", obwohl sie vermutlich älter ist als der Rat, aber der bestimmte schließlich, was ins Archiv kam.

Eine „Freie" Stadt war Hamburg aber damit noch längst nicht, obwohl sich die Grafen von Schauenburg später, 1292, auch die höhere Gerichtsbarkeit abhandeln ließen.

Die große Mehrheit der Einwohner waren Handwerker. Sie schlossen sich zu Zünften, in Hamburg „Ämter" genannt, zusammen: Es gab das Krameramt, das Amt der Schneider, der Schuhmacher, der Feinbäcker, der Zimmerleute, der Maurer und Tischler. Daneben hatten sich die Grobbäcker, Brauer, Korbmacher und Brügger zu „Brüderschaften" vereinigt. Ihr politischer Einfluß blieb jedoch gering.

Schriften, Urkunden und Münzen versah man bereits mit dem Wappensiegel: der dreitürmigen Stadtburg. Bei genauerem Hinsehen kann man über dem mittleren Turm statt der Sterne ein Kreuzlein entdecken: die Versinnbildlichung der kirchlichen Macht. Denn neben den beiden Bürgerstän-

Die älteste Abbildung des Hamburger Wappens findet sich auf dem Stadtsiegel „Sigillum burgensium de hammenburch" von 1421. Auf dem Hamburger Wappen, dem „Tor zur Welt", sind die Türflügel allerdings stets geschlossen!

den der Kaufleute und Handwerker, neben dem Adel, das heißt den Lehnsleuten des Grafen, die trotz ihres Vermögens nicht Ratsherr werden durften, gab es immer noch die einflußreiche Geistlichkeit.
Die vielen Mägde und Knechte in der Stadt zählten überhaupt nicht.
Zur gemeinsamen Sicherheit begannen die Bewohner Hamburgs um 1230 mit dem Bau einer Stadtmauer aus Ziegelsteinen. Sie verlief im Osten ungefähr am heutigen Glockengießerwall, im Süden am Zollkanal und Binnenhafen, im Westen am Rödingsmarkt und im Norden an der Alster. Starke Tore schützten die Zugänge – an sie erinnern noch Straßennamen wie Alster-, Spitaler-, Stein-, Deich-, Winser-, Brook- und Millerntor. – Für das Mahlen von Getreide wurde eine zweite Mühle erforderlich. Das Alsterwasser wurde deshalb durch einen weiteren Damm gestaut, der vom heutigen Gänsemarkt bis hin zur Bergstraße reichte. Dieser „Reesendamm“, benannt nach dem späteren Mühlenpächter Heyne Reese, ließ einen großen Stausee entstehen: die heutige, damals noch ungeteilte Binnen- und Außenalster. Der Damm wurde später Jungfernstieg genannt. Einen mächtigen Eichenpfahl der Mühle fand man 1972/73 beim U-Bahn-Bau. Man kann ihn heute auf dem Jungfernstieg-Bahnhof bewundern.
Weil der neue Damm dem Hafen am Nikolaifleet langsam das Wasser abgrub, mußte man sich um einen tieferen Hafen mit direktem Zugang zur Elbe bemühen. Er wird heute noch Binnenhafen genannt.
Der Schiffsverkehr auf der Alster wurde mit Schuten und Ewern betrieben, die vollbeladen mit der Strömung flußabwärts kamen, während die Schiffer mit langen Staken steuerten. Flußaufwärts war es bedeutend mühseliger: Der

Kahn wurde an einer langen Leine vom Ufer aus gezogen (getreidelt). Daher auch der Straßenname „Leinpfad“. Heilwig, die fromme Gattin Adolfs des Vierten, der ja schon 1239 ins Kloster gegangen war, stiftete im Jahre 1247 in Herwardeshude bei St. Pauli den Hamburgern ein Zisterzienserinnenkloster. In dieses Frauenkloster gingen auch die ledigen höheren Töchter der Kaufleute. Deshalb wurden die Ordensschwestern durch Erbschaften und Schenkungen bald so reich, daß sie sich umfangreichen Grundbesitz beim Ort Heimichhude am westlichen Alsterufer kaufen konnten. Dort ließen sie später, 1295, ein neues Kloster bauen, zogen um und nahmen den Namen Herwardeshude einfach mit. In Harvestehude erinnern die Straßen Jungfrauenthal, Klosterstern, Abtei- und Heilwigstraße noch an diese heiligen Hallen.
Ein Teil des nun nicht mehr benötigten Schauenburger Hofes, Graf Adolf IV. bereitete sich auf das Kloster vor, bewohnten seit 1233 die „Blagen Süstern“, wie die Ordensschwestern damals genannt wurden. Die Damen in der blauen Schwesterntracht widmeten sich der Alten- und Krankenhilfe.
Die unheilbaren Leprakranken hielt man von der Stadt fern – sie wurden im St. Georg-Hospital an der heutigen Spitalerstraße untergebracht. Notleidende gab es reichlich im aufstrebenden Hamburg. Die Einwohnerzahl war inzwischen auf rund fünftausend angewachsen. Während die ärmeren Bürger ihre primitiven „Buden“ mit ihrem Vieh teilten, lebten Händler und Handwerker in schmalen, lehmverputzten, strohgedeckten Fachwerkhäusern mit spitzen Giebeln. Die Häuser standen so dichtgedrängt, daß die Katastrophe nicht ausblieb: Ein gewaltiges Feuer richtete 1284 eine verheerende Verwüstung an. Der Überlieferung nach soll nur ein Haus von dem Brand verschont geblieben sein.

Die Hamburger mußten also wieder bauen. Das neue Rathaus entstand 1290 an der Trostbrücke, dort, wo die geeinten Stadtteile der Alt- und Neustadt aneinanderstießen und die Kirchspiele zusammentrafen. In diesem Rathaus wurden alle Urkunden, das Erbe- und Schuldbuch sowie die Stadtkasse untergebracht. Das Geld lagerte in wuchtigen Eisenkisten in der stets gut verschlossenen, sogenannten „Tresekammer". Auch die Bürger konnten ihre Wertsachen in diesem Tresor verwahren.

Die Wohnhäuser wurden feuersicher errichtet: Wer es sich leisten konnte – er war dann nämlich „steinreich" – nahm dazu Backsteine. Sie wurden nun auch in der Stadt gebrannt.

Im allgemeinen hatte ein Hausherr damals keine langen Wege zu seinem Arbeitsplatz zurückzulegen – nur eine kleine Treppe. Das Büro (Comptoir), der Laden oder die Werkstatt lagen meist im Erdgeschoß. Darüber war der Wohnbereich und auf dem Dachboden Lager oder Speicher. Die Rückfront der schmalen Häuser war bis ans Fleet herangebaut – so konnte man die Waren bequem per Seilwinde vom Lastkahn nach oben hüsern.

Eingeteilt war Hamburg jetzt in vier Kirchspiele: St. Pauli oben auf dem Geestrücken, dort lag auch das erzbischöfliche Territorium des Mariendoms, St. Nikolai in der Neustadt, inzwischen eine gotische Kirche, St. Katharinen auf der Cremoninsel und als neu hinzugekommen, St. Jacobi im Osten. Von dort kamen die Fuhrleute in die Stadt. Deshalb ließ man 1264 die wichtigste Straße pflastern, um den Fuhrwerkern den Weg zu erleichtern. Sie heißt heute noch Steinstraße und war wahrscheinlich die erste gepflasterte Straße Hamburgs.

Die Kirche von St. Jacobi, fertiggestellt 1391, war bis zu ih-

rer Zerstörung 1944 die älteste erhaltene Pfarrkirche Hamburgs. Von den zwanzig Holzaltären, die die Zünfte damals gestiftet hatten, sind bis heute nur noch drei erhalten.
Nachdem man schließlich auch die beiden Inseln Cremon und Grimm zum Weide- und Wohnbereich erklärt und sie mit Deichen vor Überschwemmungen geschützt hatte, gab es dort die Kapelle St. Katharinen (1240).
Hohe Türme bestimmten die Stadtsilhouette allerdings noch nicht. Dazu reichten Baukunst und Finanzen keineswegs. Die kleinen Dachreiter wurden erst im Laufe der folgenden Jahrhunderte erhöht, oder man errichtete zusätzliche Glockentürme.
Auch damals gab es schon Streit um die Erziehung des Nachwuchses. Allerdings hatten nur die Söhne gehobener Familien das Recht auf Schulbildung. 1281 wurde neben der alten lateinischen Domschule im Kirchspiel St. Nikolai eine deutsche Stadtschule eingerichtet. Aber wer sollte die Ausbildung der Knaben übernehmen? Die Geistlichkeit, wie es praktisch im ganzen Abendland üblich war? Oder die Stadtverwaltung? Nach achtjährigen Auseinandersetzungen einigte man sich endlich: Nicht der weltliche Rat, sondern der geistliche Domscholastikus bestimmte, wer als zunächst einziger Lehrer dieser Schule eingestellt wurde.

Die Wellen des Handels
Der Hafen kommt!

Hamburgs Bedeutung als Markt- und Transitplatz war inzwischen gewachsen. Der wichtigste Exportartikel der Stadt war Bier! Ein Drittel der Gesamtausfuhr der Stadt machten die Fässer mit dem Gerstensaft aus, die zunächst vor allem nach Holland und Flandern gingen, dann nach England, ja bis nach Rußland und Portugal verschickt wurden. Die einmalige Qualität des Hamburger Bieres wurde sogar von Domherren und werdenden Müttern gelobt – das flüssige Brot galt, in Maßen getrunken, als willkommenes Stärkungsmittel. Hergestellt wurde der freundlich moussierende Gerstensaft, dessen Farbe von Rot über Gelb ins Weiß wechselte, mit dem Wasser aus den Fleeten. Darum lagen die rund 500 Brauereien – bei nicht einmal 10000 Einwohnern – alle an diesen Wasserarmen, in denen man auch seine Wäsche wusch und in die man seine Abfälle kippte. Die gewaltige Bierproduktion sorgte auch dafür, daß das Schweinefleisch erschwinglicher wurde – war doch die Maische hervorragendes Mastfutter!

Neben dem berühmten Bier waren Getreide, Leinwand, Salz und Holz die wichtigsten Handelswaren. In der Stadt entstanden Textilien und Lederwaren. Auch Metalle wurden hier zu Gefäßen und Rüstungen weiterverarbeitet.

Das Getreide, das nach Hamburg kam, mußte zunächst im Kornhaus angeboten werden, bevor es in die Niederlande, nach England oder Skandinavien weitergeleitet wurde.

Aus dem Osten kamen Pelze und Bienenwachs, aus Schonen Heringe, die mit dem Salz aus Lüneburg haltbar gemacht wurden. Holz kam aus den Gebieten der Oberelbe, Kupfer aus dem Harz, Eisen aus Schweden. Wichtigste Importgüter waren Reis, Öl, Gewürze und Wein.

Eine neue Hafenanlage entstand im Alstertief, das heißt dort, wo die Alster in die Elbe mündet, im Bereich des heutigen Binnenhafens. Jetzt endlich war die Stadt an die Elbe gerückt. Im neuen Hafen schaukelten immer mehr Schiffe aus England und Flandern, die Tuche, Südweine und orientalische Gewürze brachten.

Zur Sicherung des Handels schloß Hamburg die ersten Verträge mit Lübeck, der führenden Wirtschaftsmetropole des Ostseeraums. Beide Städte beschlossen im Jahre 1241, alle Vorrechte des Handels gemeinsam zu verteidigen und einträchtig gegen die gefährlichen Straßenräuber vorzugehen. Das Bündnis vertiefte sich. Gemeinsam gelang es, Privilegien für die Kaufleute bei den wichtigsten Handelspartnern im Ausland durchzusetzen. Im flandrischen Brügge, im russischen Novgorod (Peterhof) und im englischen London (Stalhof) richteten sie Kontore ein, die nicht der Kontrolle des Gastlandes unterworfen waren. Mit diesem partnerschaftlichen Vorgehen setzten Hamburg und Lübeck nur das fort, was ihre Kaufleute durch private Kontakte bereits ins Leben gerufen hatten. Diese Bündnisse nannte man „Hansen".

Über die eigentliche Herkunft des Namens „Hanse" haben sich die Sprachforscher die Köpfe zerbrochen: Im Altgotischen um 300 n. Chr. bedeutete „Hansa" soviel wie „bewaffnete Schar". Die Waffen wurden später durch Waren ersetzt, denn in Frankreich hießen die Kaufleute „Hanseurs". Humor statt Wissenschaft brachte Geschichtsschreiber CLEMENS (1844) auf eine besondere Idee: Hanse kommt von „An-See", weil die meisten dieser Städte an der See lagen. Er ließ die Hansestädte im Binnenland einfach unberücksichtigt.

1286 erlaubte der Herzog von Sachsen den Hamburgern, auf der Watteninsel „Nyges O" in der Elbmündung ein Feuerzeichen als Wegweiser für die Schiffahrt einzurichten. Bereits zehn Jahre später stand hier auch ein Altar. Das offene Leuchtfeuer (das übrigens bis 1815 brannte) wurde mit Hilfe eines Turms, dem „Nygen Wark", weithin sichtbar erhöht. Um Strand- und Seeräuber abzuschrecken und in Seenotfällen helfen zu können, wurde 1310 ein Wehrturm errichtet, der zehn Bewaffneten und einem Ratsherrn Unterkunft bot. Dauerhafte Granitblöcke ersetzten Jahrzehnte später das vergängliche Holz, und bis heute konnte nichts diese Mauern von 1377 erschüttern. Das älteste erhaltene Denkmal Hamburgischer Baukunst steht somit auf der Insel Neuwerk – über einhundert Kilometer von der Stadt entfernt. Bis auf die Zeit von 1938 bis 1962 noch immer von ihr verwaltet! So wird zum Beispiel der Lehrer der Insel von der Schulbehörde in Hamburg eingesetzt und gelöhnt.

Hamburg geht in die Breite

Durch Glück, Tausch oder Kauf gelang es den Hamburgern im vierzehnten Jahrhundert, ihr Territorium gewaltig auszudehnen. Die westliche Grenze verlief nun an einem Graben vor Altona (Grenzgraben). In bester Weinlaune soll ein holsteinischer Graf, „als lockerer Zeisig, der Wein und Weiber liebte", das Gebiet an einen Hamburger Ratherren verschenkt haben, um bei dessen schöner Tochter Aufmerksamkeit zu erregen. Mit barer Münze jedoch wurde der Alsterflußlauf bis zur Quelle bei Timhagen (2 km südlich von Henstedt) in den Jahren von 1306 bis 1310 erworben. Gesamtkosten für das wichtige Wasser, das die beiden Mühlen antrieb und wichtige Baustoffe, wie Kalk aus Segeberg beförderte: 1050 Mark. Dafür hätte man damals auch die gleiche Anzahl gemästeter Schweine kaufen können!
Nach und nach folgten die Dörfer und Güter Langenhorn, Großborstel, Fuhlsbüttel, Olsterdorp (Ohlsdorf), Eimsbüttel, Winterhude, Barmbek, Eilbek, Berne, Hamm, Horn, Hammerbrook, Billwerder, Ochsenwerder, Moorwerder

und Moorburg. Zur Sicherung der neuen Stadtteile im Osten wurde eine neue Verteidigungslinie mit Wall und Graben gebaut, „Landwehr“ genannt. Sie verlief in Nord-Südrichtung vom Kuhmühlenteich bis Hammerbrook.
Wichtiger noch war der Schutz der Handelswege, denn überall lauerten Straßendiebe und Raubritter. So verunsicherte der berüchtigte Johann von Hummelsbüttel die Wege am Alsterlauf. Von seiner Burg Stegen aus überfiel er fahrende Kaufleute und erpreßte von ihnen Lösegelder und Abgaben. Und damit sein Burggraben immer schön mit Wasser gefüllt war, wagte er sogar, den Hamburger Mühlen das Alsterwasser abzugraben.
Diesen Räubern mußte man das Handwerk legen – 1326 entstand daher eine feste Burg bei Trittau. Nun war wenigstens der Weg nach Lübeck sicherer. Geldtransporte wurden wie im Wilden Westen nur unter großer Bewachung vorgenommen, denn die kleinen runden Silberstücke übten eine enorme Anziehungskraft auf die Diebe aus. Ein Jahr zuvor, 1325, hatten die Hamburger das seit 1226 gepachtete Münzrecht vom Holsteiner Grafen ganz erwerben können – und kräftig dafür gezahlt. Nun war ein vollkommen freies Wirtschaften möglich, ohne die Landeshoheit in Geldangelegenheiten einschalten zu müssen. Die Handelsgeschäfte wuchsen, und auch die Entfernungen zu den Wirtschaftspartnern wurden größer. Ein überliefertes Schuldbuch aus der Zeit um 1350, in das jeder unbar abgewickelte Vertrag sorgfältig eingetragen wurde, gibt Auskunft über die Praktiken jener Zeit. Der Kaufmann reiste nicht mehr selbst, er überließ das Risiko nun Vertretern und Einkäufern. Waren die Geschäfte erfolgreich und blieben die Straßenräuber fern, wuchs der Reichtum. Der Name einer bevorzugten Wohngegend, die ‚Reichenstraße‘, zeugt davon. Verschiedene

Hamburg um 1300

1. *Dom*
2. *Petri-Kirche*
3. *Nikolai-Kirche*
4. *Catharinen-Kirche*
5. *Jacobi-Kirche*
6. *Maria-Magdalenen-Kloster*
7. *Johannes-Kloster*
8. *Heiligen-Geist-Haus*
9. *Rathaus*
10. *Münze*
11. *Weinhaus (Altes Rathaus)*
12. *Convent der Blagen Süstern*
13. *Schauenburger Hof*
14. *Fischmarkt*
15. *Berg*
16. *Neuer Markt*
17. *Pferdemarkt*
18. *Klingenberg*
19. *Großes Tor*
20. *Kleines Tor*
21. *Alte Mühle*
22. *Neue Mühle*
23. *Küterhaus (Schlachthaus)*

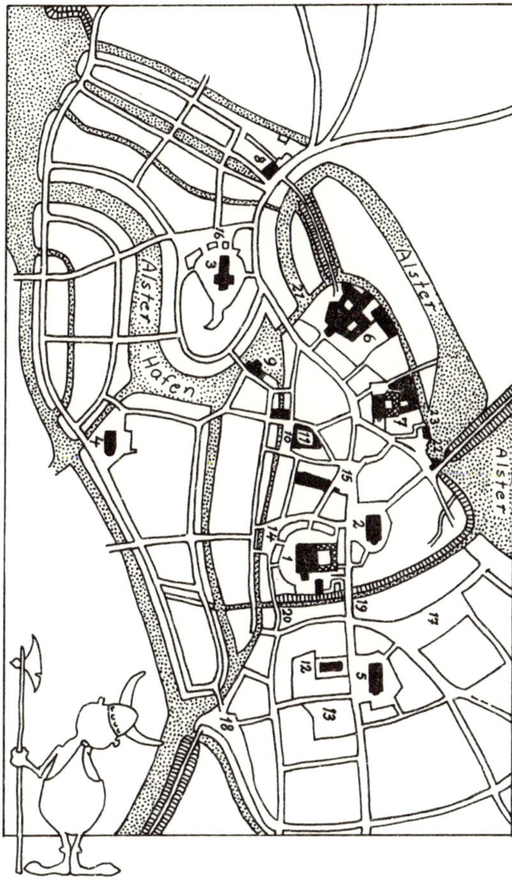
Alster
Hafen
Alster
Alster
1
2
3
4
5
6
7
8
9
10
11
12
13
14
15
16
17
18
19
20
21
22
23

Kaufmannschaften wurden gegründet, denn auch damals fühlte man sich in einem Verein wohler.
Das Clubleben der Flandern-, England- und Schonenfahrer, später auch das der Island- und Bergenfahrer fand seinen Höhepunkt im prunkvollen Fastnachts-Jahresball, der „Höge". Möglicherweise rührt daher der Hamburger Ausdruck, wenn sich jemand amüsiert: „Er högt sich".
Der Einfluß der Kaufleute auf das öffentliche Leben war inzwischen so groß geworden, daß der Hamburger Rat fast ausschließlich aus dieser Berufsgruppe gebildet wurde. Aber gleichzeitig sollte ein anderer Stand immer stärker in den Vordergrund rücken: die Geistlichkeit. Das Domkapitel war ein vom Rat völlig unabhängiges, exterritoriales Gelände, und die Geistlichen besaßen die alleinige Entscheidungsgewalt darüber, wer in den vier Pfarrkirchen Hamburgs amtieren durfte. Kritiker sprachen sogar von einer Überbesetzung geistlicher Positionen. Geldsorgen hatte das Kapitel nicht, dank der vielen, um ihr Seelenheil besorgten Spender. Am Vitusfest, dem 18. Juni im Jahre 1329, weihte der Probst, der faktisch die Macht eines Bischofs hatte, den gewaltigen, dreischiffigen Dom ein. Der spitze Helm seines Turmes wurde allerdings erst zwei Jahrhunderte später gesetzt. Aber bereits im selben Jahr wird von einer bedeutsamen Gewohnheit der Hamburger berichtet: Erzbischof Burchard aus Bremen, für Hamburg immer noch zuständig, empörte sich nämlich über das lautstarke Feilbieten von Waren im heiligen Dombereich. Alle Kirchenfeste, besonders aber das Weihnachtsfest, lockten nicht nur Fromme zur Kirche, sondern auch geschäftstüchtige Krämer. Sie boten mit großem Geschrei ihre Waren feil und nahmen es nicht allzu genau mit den ihnen zugewiesenen Plätzen. So standen die Buden schon im Kreuzgang und in

der Domhalle. Dem mußte wirklich ein Riegel vorgeschoben werden. Seit 1355, bis dahin ließ man sich mit der Entscheidung Zeit, durften die Verkäufer nur bei plötzlichem Regen oder Schneefall in der St. Annen-Kapelle des Doms Zuflucht suchen. Aus diesen kleinen Märkten vor dem Dom entwickelte sich später das Volksfest des Nordens, der „Hamburger Dom“ auf dem Heiligengeistfeld.
Für aufkommende Spannungen zwischen Domkapitel und Hamburger Rat gab es schließlich vor allem zwei Gründe: Die Kirche hatte in der Stadt und in der Grafschaft Stormarn gewaltigen Grundbesitz, entzog sich aber jeder Besteuerung. Und die Ratskasse war, wie auch heute, immer leer. Außerdem führten die Geistlichen in Hamburg – es waren überwiegend Söhne des Adels aus der Umgebung – ein recht lockeres Leben. Fast alle Pfarrer lebten in ehelichen Verhältnissen, obwohl sie doch eigentlich zum Zölibat verpflichtet waren. Zugleich aber prangerten eben diese Geistlichen, die wegen ihrer Haartracht als „Glatzköpfe“ beschimpft wurden, die Sittenlosigkeit der Hamburger von der Kanzel herab an. Ehebruch sollte mit geistlichen Strafen belegt werden. Wer im Glashaus sitzt, soll nicht mit Steinen werfen – der Zorn der Hamburger Bürger entlud sich 1335 in zum Teil blutigen Auseinandersetzungen, sogar an den geweihten Altarstätten. Als das schließlich der Papst in Rom zu wissen bekam, verhängte er über die Stadt den Kirchenbann. Ruhe kehrte ein. Achtzehn Jahre schwiegen die Glockentürme. Es gab auch keine feurigen Predigten von den Kanzeln und keine Gebete an den Gräbern. Bei der damals herrschenden Frömmigkeit war das eine echte Strafe. Deshalb kümmerten sich die „Barfüsser“, die Franziskanermönche im St. Maria-Magdalenen-Kloster um die geistliche Mindestversorgung, um Segen und Sakramente. Sie ahnten

noch nicht, welche schreckliche Arbeit auf sie zukommen sollte. Die Pest, eine Epidemie, bei der damals jede ärztliche Kunst versagte, erreichte 1350 Hamburg. In wenigen Monaten waren 6000 Menschen durch die Seuche dahingerafft – die Hälfte der inzwischen in Hamburg lebenden Einwohner.

Hamburg rührte nun die Werbetrommel, um Einwanderer in die Stadt zu locken. Und sie kamen: Aus den Elbmarschen, aus Lüneburg, Buxtehude, Bremen, Stormarn und Holstein. Der Slogan „Stadtluft macht frei" galt auch hier. Denn in Abhängigkeit lebende Bauern, Knechte und Mägde waren nach einem Jahr und einem Tag Aufenthalt in der Stadt frei. Ihre Leibeigenschaft galt als aufgehoben. So einfach war das.

Schon dreißig Jahre später zählte Hamburg wieder 14000 Einwohner. Aber nur etwa 2000 besaßen das Bürgerrecht, denn dazu brauchte man Geld. Die Bedingung war, ein Grundstück in der Stadt sein eigen zu nennen, ein Mindestvermögen nachzuweisen und einen ehrbaren Beruf als Meister auszuüben. Henker, Bader, d. h. Friseure, die zugleich Arzt spielten, Fahrensleute und Uneheliche gehörten nicht dazu.

In dieser Zeit wurde es allmählich zwingend, an die bis dahin ausschließlich verwendeten Vornamen auch Familiennamen anzufügen. Herkunft, Beruf oder Aussehen bestimmten meist die Auswahl. So entstanden die Meiers (die Milchproduktion war sehr wichtig), die Schmidts, die Schneiders etc.

An-See-Stadt Hamburg

Um die Mitte des 14. Jahrhunderts wurde die Wirtschaft Nordeuropas von England bis Rußland, von Island bis an die Alpen von einer Macht beherrscht, der Hanse. Obwohl sie nur eine lose Vereinigung von Handelsstädten ohne feste Organisation war, entwickelte sie sich sowohl wirtschaftlich als auch militärisch zur Großmacht. Aus handelspolitischen und organisatorischen Gründen war die Hanse in vier Quartiere eingeteilt. Hamburg gehörte zum ‚Wendischen Quartier', zu dem unter Führung Lübecks auch die Ostseestädte Wismar, Rostock, Stralsund und Greifswald zählten.

Hamburgs Stellung in der Hanse war prekär. Die Stadt wurde gewissermaßen als westlicher Außenposten Lübecks angesehen und hatte eigentlich doch ganz andere Interessen. Als 1361 der dänische König Waldemar Atterdag überraschend den wichtigen Hanse-Handelspunkt Wisby auf Gotland überfiel, entschloß sich die Hanse zur Gegenwehr. Der ein Jahr später gestartete Versuch der Hansestädte, mit 52 Schiffen Kopenhagen zu erobern, mißlang jedoch kläglich. Hamburg hatte gut daran getan, nur 2 Schiffe mit 200 Mann Besatzung beigesteuert zu haben.

Fünf Jahre später schlossen sich 77 Hansestädte mit Norwegen und Schweden zur „Kölner Konföderation" zusammen, um die Dänen in die Knie zu zwingen. Mit 2000 Bewaffneten auf 37 Schiffen gelang 1368 der Sturm auf Kopenhagen und die Feste Hälsingborg.

Aus all diesen kämpferischen Aktionen hielten sich die Hamburger fein heraus. Statt Männer und Schiffe zu riskieren, zahlten sie lieber in klingender Münze an die Hanse, um dem Ausschluß aus dem Hansebund zu entgehen.

Das Markenzeichen der Zeit

Es gibt wohl kaum jemanden, der heute nicht die Hansezeit mit der berühmten Kogge verbindet!
Seit 1962 müssen wir uns nicht mehr mit Münzen, Siegeln und Abbildungen begnügen, denn in der Wesermündung stieß man bei Baggerarbeiten auf eine typische Hansekogge. Sie war 1380 vor ihrer endgültigen Fertigstellung unfreiwillig zu Wasser gegangen.
Mit 200 Tonnen Laderaum und einem großen Heckruder war der dickbauchige Segler fast zehnmal größer als die Wikingerboote und galt zwei Jahrhunderte als unschlagbarer Schiffstyp. Nur mit der Navigation war man noch nicht up-to-date: Während im Mittelmeer bereits der Kompaß wesentliches Hilfsmittel war, begnügten sich die Hanseschiffer mit den Sternen und segelten meist unter Land. Im Winter überhaupt nicht.

„Navigare necesse est – vivere non est“:
Die Schiffahrt war dem Hanseaten wichtiger
als sein Leben. Was aber wäre er
ohne seine Kogge?

In diesem Zusammenhang könnte man meinen, die Hamburger seien ängstliche Krämerseelen gewesen. Sie zeichneten sich aber wohl schon damals – neben ihren finanziellen Fähigkeiten – auch durch taktisches und diplomatisches Geschick aus.
Hamburg wollte es nämlich in dieser Kriegszeit nicht ganz mit den Dänen verderben, denn der lange Schiffahrtsweg von der Stadt über die Unterelbe zur Nordsee konnte leicht durch die dänischen Nachbarn bedroht werden.

Es duftet nicht immer nach Blumen

Ausgerechnet in der Rosen- und Lilienstraße lagen Richtplatz, Henkerswohnung und die übelriechende Abdeckerei. Ein Bürgerantrag auf eine realistischere Umbenennung wurde 1370 vom Rat abgelehnt. Was sollte das auch, denn wohlriechend war es damals wohl nirgends in der Stadt. Da nur die meistbefahrenen Straßen mit groben, unbehauenen Feldsteinen zum Teil nur recht locker gepflastert waren, gab es in den engen Nebengassen oft regelrechte Schlammschlachten. Die Abflußrinne in der Straßenmitte deckte man teilweise mit losen Brettern ab – ideale Stolperschwellen bei Dunkelheit –, um sich den Anblick des vorbeitreibenden Unrats zu ersparen. Diese Rinnen hatten nämlich nicht nur Regen- und Schmelzwasser, das von den überhängenden Dächern schoß, aufzunehmen: Der Inhalt von Wasserschüsseln, Abfalleimern und Nachttöpfen wurde natürlich auch vor die Tür gekippt. Weil es aber in Hamburg auch früher oft und ausdauernd regnete, war meistens der Abfluß zum nächsten Graben hoffnungslos verstopft. „Außerdem werden noch an den Brücken in jeder Nacht eine Menge von

Nachteimern entleert, und dazu mit einer solchen Sorglosigkeit, daß ein großer Teil ihres ekelhaften Inhalts auf der Brücke selbst liegenbleibt..." beklagt sich RAMBACH noch 1801.
Der Hamburger watete durch alles hindurch, er trug ja Holzschuhe! Um dem ganz tiefen Matsch abzuhelfen, verbot man schließlich bei Schwertransporten die Räder. Die hätten den Boden noch mehr zerfurcht. Man benutzte schlittenartige „Schleifen" – es war ja glitschig genug.
Die Trinkwasserversorgung der Stadt war ebenfalls völlig unzureichend. Im „Brauhaus Hamburg" leiteten die insgesamt 457 Braumeister (darunter auch vier Geistliche) ihre Abwässer direkt in die Fleete. Aber aus denen schöpfte man wie gesagt auch das Wasser zum Brauen des Bieres! Es mußte also etwas geschehen. Man begann mit dem Graben tiefer Ziehbrunnen. Eine spezielle „Sood"-Verordnung des Rates verbot das Verunreinigen und Zuschütten dieser lebenswichtigen Brunnen. Eine Bürgerinitiative des Katharinen-Kirchspiels baute sich eine vier Kilometer lange Holzleitung, um frisches Quellwasser von der Altonaer Geest heranzuführen. Wachsdurchtränkte Tücher wurden als Dichtungen zwischen die ausgehöhlten Holzstämme gestopft.
Aber für viele Einwohner blieben Fleete, Alster und Elbe (deren Wasser besonders beliebt war) die natürliche, direkte und billige Wasserquelle. Viele Häuser, die ans Wasser grenzten, besaßen einen vorspringenden Anbau, von dem aus ein Schöpfeimer am Seil über Rollen ins Wasser gelassen werden konnte. Und daneben befand sich nicht selten das sogenannte Plumpsklo!
Für einen Kaufmann ist außer Waren nichts so wichtig wie Geld. Was Wunder, daß sich die Hamburger angesichts des allgemeinen Wirrwars auf dem Geldmarkt energisch um ein

einheitliches Münzsystem bemühten. Schon Mitte des 13. Jahrhunderts erfanden Hamburger und Lübecker gemeinsam die Hamburgisch-Lübsche Mark, die dann 1377 im ganzen wendischen Quartier als Einheitswährung galt. Eine Hamburgisch-Lübsche Mark hatte 16 Schillinge, die wiederum in 192 Pfennige teilbar waren. Ein einfacher Arbeiter wurde täglich mit etwa eineinhalb Pfennigen entlohnt, dem Gegenwert von 22 Eiern. Hatte er eine Mark gespart, sein Lohn für 128 Arbeitstage, hätte er vier Kühe oder zwölf Schafe kaufen können. Für eine Mark erhielt man auch 96 Pfund Butter oder 155 Pfund Roggen. Wer eine Mark zum Vertrinken hatte, konnte sich davon 40 Liter Landwein oder drei Tonnen Bier kaufen. Bauherren bekamen für eine Mark 300 Ziegelsteine. Doch war eine Mark im ganzen etwas, was ein armer Mann damals kaum in seinem Leben sparen konnte. Dagegen wurde das Vermögen der Großkaufleute auf 4000 bis sogar 40000 Mark geschätzt. Sie konnten sich nach damaligen Begriffen mehr leisten als heute ein Millionär – zum Beispiel durchsichtiges Fensterglas aus Venedig. Auch bleigefaßte Butzenscheiben ließen sich einige wenige Bewohner der Reichenstraße einbauen: Man konnte zwar durch diese Fenster nicht hindurchsehen, sie ließen aber wenigstens Licht in die Stuben.

Wenn es dunkel wurde, hörte das rege Treiben in den Gassen auf. Die Händler klappten ihre „Läden“ hoch, und der Nachtwächter begann seine Runden. Er rief die Stunden aus, eine Laterne in der Hand, denn Straßenbeleuchtung gab es noch nicht. Nur am Rathaus, und damit auch am beliebten Ratskeller, leuchtete seit 1376 eine Laterne.

Wollte man einkaufen, mußte man auf Straßenschmutz und

freilaufende Schafe, Ziegen und Schweine achtgeben. Preis- und Qualitätsvergleiche fielen den Hausfrauen damals leicht, denn alle Angehörigen eines Gewerbes wohnten, wie heute in den Basaren des Orients, gemeinsam in einer Zunftstraße. Die Zünfte der Handwerker hatten sich wie in anderen Städten schon früh gebildet. Sie wurden in Hamburg, wie schon erwähnt, bis ins 19. Jahrhundert „Ämter" genannt. In einem Aufstand setzten die Ämter 1376 beim Rat ein beschränktes Mitspracherecht bei der Steuergesetzgebung durch.

Straßennamen wie Brauerstraße und Hopfenmarkt erinnern an die größte Ämterrolle der 457 Braumeister der Stadt. Die Böttcherstraße hieß nach den 104 Böttchermeistern, ohne deren Fässer (Bottiche) das Bier nicht transportiert werden konnte, die Knochenhauerstraße und der Küterwall (das Schlachthaus hieß hier Küterhaus) nach den 57 Schlachtern. In der Pelzer- und Gerhoff (Gerberhof)-Straße wohnten 52 Gerber und 47 Schuhmacher. Insgesamt 36 Bäkker waren in der Bäckerstraße und in den Brodschrangen (so hießen ihre Verkaufshallen) zu Hause, während 36 Schmiedemeister in der Schmiedestraße arbeiteten. Die Fischer, von denen es 31 gab, lebten in der Fischertwiete. Außerdem gab es 12 Drechsler und 12 Zinn- bzw. Metallgießer am Glockengießerwall. Zu einem gemeinsamen Amt hatten sich die wenigen Maler, Glaser, Sattler, Beutelmacher und Plattenschläger (Harnischmacher) zusammengeschlossen. An die Seilemacher oder Reepschläger, die viel Platz für ihre Arbeit brauchten, erinnern Kattrepel, Drehbahn, Seilerstraße und natürlich die berühmte Reeperbahn auf St. Pauli.

Was die Hamburger dringend brauchten, war, so albern es klingt, mehr Elbwasser. Der Hauptstrom der Elbe ging nämlich damals gegenüber von Hamburg südlich um die Elbinseln herum. Planmäßig verschafften sich nun die Hamburger die Kontrolle über die Oberelbe, legten im Süden bei Moorburg einen festen Stützpunkt an und waren durch den Erwerb der Elbinsel Moorwerder und der Hälfte von Finkenwerder in der Lage, mit geschickten Abdämmungen und Durchstichen immer mehr Wasser von der Süderelbe in den Norderelbarm zu leiten. Die Harburger nannten das zwar Diebstahl, aber die Hamburger störte das wenig.

Störtebeker stört doch sehr

Schon gegen Ende des 14. Jahrhunderts wurde die Schiffahrt auf der Unterelbe sowie in Nord- und Ostsee zu einem immer größeren Wagnis, denn überall lauerten Strand- und Seeräuber. Die adligen oder bäuerlichen Grundbesitzer an den Küsten und Ufern waren nicht in der Lage, diesem Unwesen Einhalt zu gebieten. Vielleicht wollten sie es auch gar nicht. Denn schließlich war es ihr Recht, gestrandete Ladung zu behalten – eine nette Nebeneinnahme. So dachte die Familie von Lappe auf dem Schloß Ritzebüttel, das heute zu Cuxhaven gehört, gar nicht daran, etwas für die Sicherheit der Hamburger Schiffahrt an diesem gefährlichen Teil der Elbe zu tun. Als es den Hamburgern schließlich zu bunt wurde, stürmten sie unter Leitung ihres Bürgermeisters Kersten Miles (nach ihm ist die Brücke an der Helgoländer Allee benannt) zusammen mit achthundert „Wurstfriesen“, Bauern aus der Gegend westlich von Cuxhaven, eben dieses Schloß Ritzebüttel. Weil der rechtmäßige Landesherr, der Herzog von Sachsen-Lauenburg keinen Einspruch erhob, behielt man diese Festung kurzerhand, kaufte

die umliegenden Ländereien und hatte somit neben Neuwerk einen zweiten Hamburger Stützpunkt an der Mündung der Elbe. Doch das genügte nicht. In ihren Winterquartieren in den kleinen, flachen Häfen Frieslands, die vor den schweren, tiefgehenden Koggen sicher waren, schmiedeten die Seeräuber immer neue Pläne gegen die „Pfeffersäcke“, um ihnen ihre Schiffsladungen abzuknöpfen.
Einst im Krieg der Dänen gegen die Schweden waren diese wagemutigen „Vitalienbrüder“ (Victualien sind Lebensmittel) gern gesehen, vor allem bei der Belagerung Stockholms. Sie versorgten die gefährdete Stadt mit Nachschub. Solche Kaperfahrten waren in Kriegszeiten durchaus nicht unehrenhaft. Aber die meist aus Adelskreisen stammenden „Likedeeler“, die ihre Beute zu gleichen Teilen (liken Deelen) unter sich aufteilten, hatten sich so an ihr Gewerbe gewöhnt, daß sie sich auch nach Friedensschluß als „Freunde Gottes und aller Welt Feinde“ (Godes Vrende unde al der Werlt Vyande) bezeichneten. Sie suchten und fanden bei den friedlichen Kauffahrteischiffen reiche Beute.
Ihren Hauptstützpunkt Wisby auf Gotland mußten die Likedeeler 1392 aufgeben, da der Deutschritterorden die Insel besetzte. Deshalb verlagerten sie ihren Aktionsbereich in die Nordsee und wurden eine unmittelbare Gefahr für alle Flandern-, Bergen- und Englandfahrer. Der eine Piratenführer, Godeke Michels, beschränkte seine Beutezüge auf die englischen und flandrischen Gewässer. Der andere, Klaus Störtebeker, setzte sich auf der roten Felseninsel Helgoland fest und beherrschte von dort aus die gesamte Elbschiffahrt und beeinträchtigte so besonders die Handelsgeschäfte Hamburgs.
Mehrere Hansestädte beschlossen daher, gemeinsam gegen die Seeräuber vorzugehen. Der erste Angriff mißlang. Aber

schon der zweite führte zur Vernichtung einer Räuberbasis in der Ems. Dabei wurden 126 Piraten getötet. Unter Führung ihres Ratsherrn Nicolaus Schocke gelang es den Hamburgern im Frühjahr 1400 in einer blutigen Schlacht vor Helgoland, Klaus Störtebeker und 70 seiner Kumpanen gefangenzunehmen. Ein junger Kaufmann aus Holland, Simon von Utrecht, hatte zu dieser Unternehmung gleich zwei neue Schiffe beigesteuert: darunter das berühmte Flaggschiff „Bunte Kuh". Unter dem großen Jubel des herbeigeeilten Volks ließ ein halbes Jahr später, am 21. Oktober, Scharfrichter Rosenfeld für stolze zwölf Mark Salär 72 Köpfe über den Grasbrook rollen.
Unvergessen ist die Legende, daß Störtebeker, schon enthauptet, an elf seiner Genossen vorbeigelaufen sein soll, um deren Begnadigung zu erwirken. Jemand habe ihm schließlich ein Bein gestellt, heißt es. Auch sollen etliche Frauentränen um den mutigen Seehelden geflossen sein. Eines ist jedoch sicher: Zur dauerhaften Ermahnung wurden die Köpfe der Enthaupteten auf Spieße gesteckt und am Elbufer aufgestellt.
Ein Jahr später überwältigte Ratsherr Schocke Seeräuberführer Godeke Michels. Er und seine Mannen wurden ebenfalls auf dem Grasbrook geköpft. Der Henker hatte zwei gute Geschäftsjahre.
Obwohl die berüchtigtsten Häupter gefallen waren, dauerte es noch Jahrzehnte, bis dem Unwesen der Piraterie ein Ende gemacht werden konnte. Denn auch Friesen, Dithmarscher und andere Küstenbewohner wollten sich mit Strandräuberei aus ihrer Armut befreien. Bei den militärischen Aktionen gegen die friesischen Seeräubernester tat sich wiederum besonders Simon von Utrecht hervor. Er wurde 1425 zum Ratsherrn gewählt, später zum Bürgermeister. Die Zin-

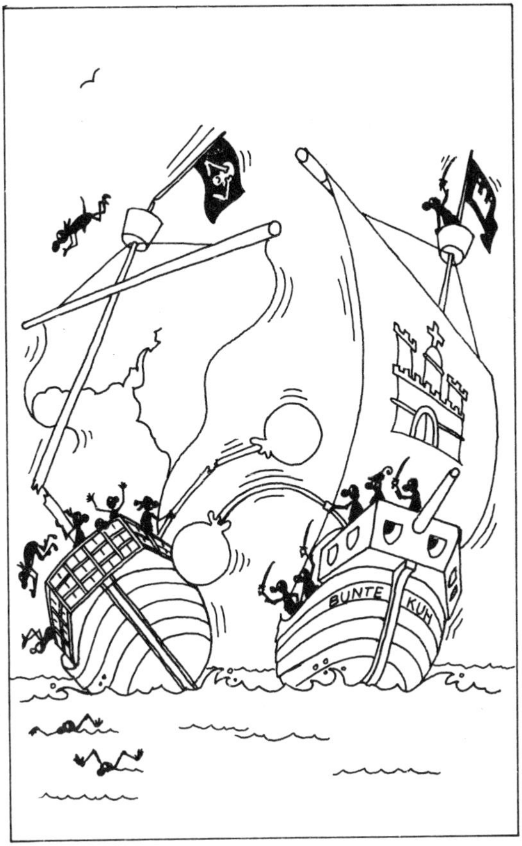

1401 vor Helgoland:
„Die hanseatische Flotte segelte nunmehr gegen Heiligland und bestand einen ritterlichen Kampf mit den Seeräubern . . . Die List einiger Heiligländer Fischer soll den Hanseaten diesen Sieg dadurch erleichtert haben, daß sie durch siedendes Blei die Hauptschiffe der Freibeuter am Steuer unbeweglich gemacht hatten . . .“

sen seines Erbes vermachte er den Hamburgern zum Bau von Konvoischiffen. Hamburg dankte ihm seine Großmut und benannte eine Straße nach ihm.
Dem Straßenraub wurde schließlich auch Einhalt geboten. Gemeinsam mit Lübeck konnten die Raubschlösser Bergedorf, Riepenburg und die Feste Kuddewöhrde erobert werden. Der Herzog von Sachsen-Lauenburg, der das Räuberunwesen unterstützt hatte, mußte im Frieden von Perleberg die Gebiete Bergedorf, Geesthacht, Vierlande und das wegen der Zoll- und Fähreinnahmen wichtige Zollenspieker an Hamburg und Lübeck abtreten. Beide Städte verwalteten diese Gebiete dann jahrhundertelang gemeinsam. Erst 1867 trat Lübeck gegen eine Abfindung die Rechte an Hamburg ab.

Von Bürgern, Bonzen und Brot
Ein Blick hinter die Stadtmauern

Die Einwohnerzahl der Hansestadt wuchs beständig. Um 1450 lebten rund 16000 Menschen in Hamburg. Dabei fehlte es nicht an Katastrophen, die viele Opfer forderten: verheerende Sturmfluten in den Jahren 1411 und 1412. Allein die Cäcilienflut soll an der ganzen Nordseeküste 30000 Menschenleben gefordert haben. Die Pest kam zurück. Eine Feuersbrunst am Fischmarkt legte über dreißig Häuser in Schutt und Asche. Durch die enorme Hitze des Feuers tröpfelte sogar die Bleibedachung des Doms herab.
Es gab Teuerungen und Hungersnöte durch schlechte Ernten, „Mißwachs“ genannt. Kein Wunder, bei dem Mistwetter: Vom 12. Februar bis zum 17. September 1402 soll in Hamburg kein Tag ohne Regen vergangen sein.

In Zeiten der Not erinnert man sich an Gott oder findet einen schwarzen Peter. So nahm man sich damals den Hamburger Rat vor. Und der lieferte Zündstoff genug und schürte die Unzufriedenheit. Denn trotz eines Ratsversprechens von 1404, keinen Bürger ohne Rechtssprechung ins Gefängnis zu stecken, ließ der gar nicht mehr so „hochweise" Rat einen anständigen Bürger namens Hein Brand (daher wohl später die Brandstwiete) einfach einsperren. Der Grund: Brand hatte einen Adligen, der ihm noch Geld schuldete, öffentlich beschimpft. Viele Hamburger ergriffen Partei für den voreilig Verurteilten und revoltierten. Die Aufständischen hatten Erfolg: Sie erzwangen 1410 im ältesten Hamburger „Rezess", so nannte man in der Stadt das Verhandlungsergebnis, die erste Verfassungsurkunde Hamburgs.

In ihren zwanzig Artikeln wurde unter anderem festgelegt, daß der Rat keinen Bürger ohne Rechtsurteil verhaften, ohne Wissen der Bürgerschaft in Angelegenheiten der Hanse nichts beschließen und keinen Krieg anfangen durfte. Kriegsgegner sollten zukünftig leserlich an die Rathaustafel geschrieben werden. Die Vermögenssteuer, der „Schoss", und das Braurecht, „Orloff", wurden ebenfalls besser geregelt. Das Grundbuchwesen der Stadt, die Erbe-, Eigentums- und Hypothekenbücher, sollten fortan penibel geführt werden. Die Quadratmeterpreise waren inzwischen, besonders bei St. Katharinen an der Elbe, enorm gestiegen. Um die vielen Büroarbeiten ausführen zu können, förderte der Rat die Einrichtung von Schreib- und Leseschulen.

In jener Zeit malten oder schnitzten auch die ersten bedeutenden Künstler in Hamburg. Als Meister Bertram von Minden im Jahr 1415 starb, hinterließ der inzwischen zum Bürger avancierte Kirchenkünstler seiner Tochter zwei

Grundstücke und der Petrikirche das größte Kunstwerk Norddeutschlands aus jener Zeit: einen aufklappbaren Altar mit 24 Tafelbildern auf Goldgrund, der heute noch in der Kunsthalle zu bewundern ist. Aus Meister Bertrams Werkstatt stammen noch andere Altäre, der Harvestehuder, der Buxtehuder, der Londoner und der Passionsaltar. Er befindet sich heute in Hannover.
Zur gleichen Zeit arbeitete in Hamburg ein zweiter bedeutender Maler, der Rheinländer Meister Franke. Von 1424 bis 1434 fertigte er den Thomas-Altar der Johannis-Klosterkirche, ein Auftrag der Bruderschaft der Englandfahrer. Fragmente sind ebenfalls in der Kunsthalle zu sehen.
Weil die Buchführung damals klappte, kennen wir auch Frankes Honorar: Einhundert Mark, und das für die Arbeit von zehn Jahren.
Nicht nur für das Innere der Kirchen wurde Geld ausgegeben: Von 1434 an bestimmte der neu errichtete Turmhelm des Mariendoms das Stadtbild. Ein Jahr zuvor war der Katharinenkirchturm fertiggestellt worden. Die St. Nikolai-Kirche hatte sogar eine Uhr, die nahezu richtig ging. Große Bauten sind meist ein Zeichen von Reichtum. Und den hatten damals nur die Kirchen. Denn Hamburgs Stadtsäckel mußte gerade in der ersten Hälfte des 15. Jahrhunderts mit großen Summen für die immer wieder aufflammenden Kriege herhalten! Ständiger Zankapfel zwischen den Grafen von Holstein und den dänischen Königen war das Herzogtum Schleswig. Es entbrannte eine fünfzigjährige Auseinandersetzung, in die die Hansestädte, Hamburg voran, tatkräftig eingriffen. Schließlich wollte man den Einfluß Dänemarks soweit wie möglich in Grenzen halten. Niederlagen und Erfolge lösten sich ab. Zu Lande blieben meist die Dänen, zu Wasser die Hanseaten Sieger. Den Krieg verloren

zwar die Dänen, aber Schleswig bekamen sie dennoch. Ganz friedlich durch eine rechtmäßige Wahl wurde 1460 der Dänenkönig Christian I. Nachfolger des kinderlos gestorbenen Grafen von Schauenburg. Das „up ewig ungedeelte" Schleswig-Holstein stand so unter dänischer Hoheit und blieb es auch die nächsten dreihundert Jahre.
Eigentlich hätte diese neue Herrschaft ja auch für Hamburg gegolten. Doch die Stadt konnte ihre Selbständigkeit bewahren. Dem geschickten Bürgermeister Detlev Bremer gelang es, die vom dänischen König geforderte Erbhuldigung als Zeichen der Untertänigkeit zu vermeiden. Er gab dem König, als er die Stadt besuchte, einen Riesenempfang und einen kräftigen hanseatischen Handschlag.
Die aufstrebende Stadt im Norden wurde das Lieblingskind des deutschen Kaisers Sigismund. Er lud die Hamburger seit 1422 immer wieder zu seinen Reichstagen. Gern hätte er ihnen die Privilegien einer reichsunmittelbaren Stadt, einer „Freien Reichsstadt" verliehen. Aber die Hamburger Ratsherren dachten gar nicht daran, der Einladung Folge zu leisten. Die Reichsunmittelbarkeit bedeutete nämlich mehr Steuern und besonders auch finanzielle Unterstützung für die Kriege des Kaisers. Die Hamburger waren eben sparsam. Außerdem durften sie es sich nicht mit den Dänen verderben.
Die große Macht der Hanse war im Schwinden. Zwar siegten die Hansestädte 1438 gegen die Holländer und dann gegen England, aber der Gemeinsinn wurde zunehmend abgelöst von Eigeninteressen einzelner Städte. Hamburg machten in der zweiten Hälfte des 15. Jahrhunderts vor allem innere Unruhen zu schaffen. Die Bürgeraufstände von 1458 und 1483 konnten mit zwei Rezessen beendet werden. In ihnen ging es hauptsächlich um die Versorgung der

ärmeren Schichten mit Lebensmitteln. Einige Artikel der neuen Beschlüsse zeigen, daß es noch eine Menge mehr zu ordnen gab: Streng verboten wurde das Spiel in Bierhäusern, das Arbeiten am Heiligen Abend nach Mitternacht, der Einkauf vor elf Uhr und jegliche Verschwendung von Getreide. Die Mehlzinsknechte, welche die Kornabgaben eintrieben, sollten sich nicht bestechen lassen, die Diener durften das Eigentum ihrer Herren nicht „anbrechen". Wer in der Stadt gesündigt hatte, sollte nicht einfach aus der Stadt gewiesen werden, sondern hier seinen rechten Lohn empfangen. Mit der Bestrafung von Missetätern war man damals einfallsreich und keineswegs zimperlich:
Diebe wurden in einen korbartigen Schupfen gesperrt und mehrmals ins Wasser getaucht – ihr Schicksal, wenn sie dabei ertranken! Räuber, die mehr als drei Pfennige erbeutet hatten, wurden gehängt oder geköpft. Brandstifter wurden in einem umgestülpten Faß über ihr Element, das Feuer gehalten, bis sie erstickt waren. Kannibalistische Züge enthielt die Bestrafung von Falschmünzern: Sie wurden in einem Kessel bei lebendigem Leibe gesotten.
Weiber, die der Untreue, Trunksucht, Zänkerei, Kindesverwahrlosung oder Verleumdung überführt waren, behängte man mit zwei Schandsteinen und trieb sie unter lautem Hörnerblasen aus der Stadt. Lärmende, fluchende oder schwörende Gassenjungen bekamen ein Halseisen angelegt oder wurden einfach mit einer Rute verdroschen.
Auch die sogenannten Auswüchse der Mode glaubte man damals amtlich regeln zu müssen. Die Eitelkeit trieb sonderbare Blüten: Je höher der Rang eines Hamburger Bürgers, desto spitzer der Schuh – bis zu zweieinhalb Füße lang. Die niederländischen Pluderhosen, zeltweit, möglichst mit verschiedenfarbigen Beinen, fanden böse Kritik: „Der zerlu-

derte, zucht- und eheverpestende, pludrichte Hosenteufel". Auch an Accessoires wurde nicht gespart. Manche Frau war schon aus einiger Entfernung am Bimmeln der vielen Silberglöckchen an Gürtel, Schnallen und Bändchen auszumachen. Schließlich mußte auch den Frauen verboten werden, an Leichenzügen teilzunehmen. Sie sollten ihren Haushalt nicht vernachlässigen und ihre Kleider nicht ruinieren. – Das waren Zeiten!

Durch diese Rezesse herrschte wieder Recht und Ordnung in der Stadt, aber nur so lange, bis die Hamburger 1482 vom Kaiser Friedrich dem Dritten die sogenannte „Stapelgerechtigkeit" bekamen. Keine Lebensmittel durften die Elbe passieren, ohne zuvor in Hamburg ausgeladen und zum Verkauf angeboten worden zu sein. Das war nicht nur für den Ausbau Hamburgs zum Getreideumschlagplatz Nr. 1 ideal, es tat auch den hungernden Hamburgern gut. Denn die Kornpreise waren gewaltig gestiegen, und damit war auch das täglich Brot fast unerschwinglich geworden. Nun hatte der Rat aber schon im folgenden Jahr heimlich eine große Kornladung für den Verkauf nach Island genehmigt. Das kam zufällig den Bürgern zu Ohren und endete in einem empörten Aufstand, angezettelt von Brauerknechten und Handwerkern.

Der aufgestellte Gegenrat kam jedoch nicht an die Macht. Rat und Bürger einigten sich schließlich in einem dritten Rezess. Etliche Paragraphen befaßten sich darin mit einem Gewerbe, das in einer Hafenstadt wie Hamburg schon frühzeitig seine zweifelhaften Knospen trieb:

„Wandelbaren Frauen ist untersagt, nahe bei der Kirche oder in den dahin führenden Gassen zu wohnen. Dergleichen Weiber und Mädchen sollen einmal im Jahr aufgefangen und mit Trommeln und Fahnen in die Winkel verwiesen werden." Die Damen des horizontalen Gewerbes wohnten vorwiegend bei teurer Miete in der Altstädter Neustraße. Damit man sie von ehrbaren Frauen unterscheiden konnte, durften sie keinen Schmuck tragen. Gesundheitsgesetze gab es damals noch nicht. Trotz dieser „Vorsichtsmaßnahme" wütete fünfzehn Jahre später in der Stadt dann aber doch die ‚neapolitanische' oder ‚französische' Seuche, die Syphilis.

Der als Jurist ausgebildete Bürgermeister Dr. Hermann Langenbeck legte 1497 die Überarbeitung des mehr als zweihundert Jahre alten „Ordeelbooks" vor. Das neue Stadtrecht, reich bebildert, gibt noch heute Einblick in das Leben Hamburgs vor fünf Jahrhunderten. Es wurden darin nicht nur politische und seerechtliche Fragen, sondern auch so profane Dinge wie die Kleiderordnung auf Hochzeiten geregelt. Neue und alte Verordnungen mußten auf Tafeln vor dem Rathaus angeschlagen und für die Analphabeten regelmäßig zweimal im Jahr von der Rathauslaube verlesen werden. Diese „Bursprake" wurde nach strengem Zeremoniell ausgerichtet: Jeweils am 22. Februar und am 21. Dezember standen die Ratsdiener in hellblauer Hose und gelber Jacke stramm neben ihren Pferden und warteten, bis die Turmuhr ‚Viertel nach zehn' geschlagen hatte. Die danach einsetzende Glocke des „Niedergerichts" rief Jung und Alt auf dem Rathausplatz zusammen. Nun schwangen sich die Ratsdiener aufs Pferd und begannen ihren Ritt durch die Stadt. Gleichzeitig begrüßte der Bürgermeister die lauschende Menge.

„Gute Freunde! Nach den üblichen Sitten und alter Gewohnheit soll heute die Bursprake verlesen werden, wollet demnach fleißig darauf acht haben und Euch danach richten." Nach dieser Formel, die bis 1610 auf plattdeutsch ge-

sprochen wurde, verschwand der Bürgermeister wieder vom Fenster der Rathauslaube und ließ den Stadtschreiber nun Artikel für Artikel vorlesen, bis die Ratsdiener von ihrem Rundritt wieder eintrafen. Dann mußte er fertig sein, so war es Vorschrift. Nicht selten konnte er seine lange Schriftrolle nicht bis zum Ende verlesen, die reitenden Ratsdiener waren schneller als er. Abschließend bedankte sich der Bürgermeister mit der Formel: „Fürsten und Herren, Frauen und Jungfrauen, und eines jedweden ehrlichen Mannes soll ein jeder stets in Ehren gedenken. Wir danken Euch, daß Ihr gekommen seid!"
Übrigens konnten in jener Zeit schon recht viele Hamburger lesen und schreiben. Seit 1479 gab es eine staatliche Bibliothek. Der Bürgermeister selbst hatte seine eigenen Bücher als Grundstock gestiftet. Die ersten Hamburger Drucke erschienen 1491, als die Brüder Borchard eine Druckerei aufmachten. Und während Kolumbus Amerika entdeckte, schrieb der berühmte Domlektor Dr. Albert Krantz seine Historischen Werke, die erste Darstellung der Geschichte Nordeuropas.

Die Zeit der Formen und Reformen

Wichtiger als die geistigen waren den Hamburgern offensichtlich die leiblichen Genüsse. Sie unterschieden sich da nicht vom Rest der Welt. Gerade, weil Hungersnöte damals nicht selten waren, schaufelte man in sich hinein, was das Zeug hielt – wenn die Mittel es erlaubten.
Ein Beispiel: Alljährlich nach der Abrechnung der Kirchenspenden war es üblich, daß die Kirchengeschworenen und Diakonen mit ihren Frauen im „Dammhof", einem Gasthof

am westlichen Ende des Reesendamms (später hieß er ‚Kalkbrennerhof') fürstlich tafelten. So fürstlich, daß schließlich der Rat eingreifen mußte.
Fortan durften mittags nur (!) drei Gerichte serviert werden: Gang eins – gekochtes Ochsenfleisch, nicht mehr als drei bis vier Stücke pro Person; Gang zwei – Fisch vom Feinsten, nämlich Stör, Lachs und Karpfen; Gang drei – gebratenes Lammfleisch, Rebhühner, Stubenküken und Täubchen. Und für den Magenschluß natürlich Butter und Käse. Abends wurde dann aber nicht gehungert. Für die „Mannsleute" gab es noch eine kalte Platte, die „Kolde Schaale", die Frauen mußten sich jedoch mit den Resten des Mittagsmahls begnügen. – Und all das vom kirchlichen Spendengeld!
1457 soll es in Hamburg rund zweihundert Kneipen gegeben haben. Getrunken wurde also ebenfalls gern. Obgleich böse Zungen geschmeckt haben wollen, daß einige Hamburger Brauer ihr Bier wegen des besseren Profits mit Alsterwasser verdünnten. – „Stoff" hatte man in Hamburg immer reichlich: Das Bier kam aus der Stadt und die guten Weine wurden per Schiff gebracht. Der Heimweg von einem Gelage war im Laufe der Zeit glücklicherweise etwas gefahrloser geworden: Man fiel nicht mehr über freilaufende Schafe, denn seit 1470 durften sie nur außerhalb der Stadtmauer gehalten werden. Auch stürzte niemand mehr unfreiwillig in die Fleete: Die wichtigsten Brücken, die Trost-, Reimers- und Holzbrücke, waren nun nachts mit Öl-Laternen beleuchtet.
Besonders gut lebte es sich im Kreise der Geistlichkeit. Angehörige des immer noch einflußreichen Domkapitels unterstanden weder der hamburgischen Gerichtsbarkeit noch zahlten sie Steuern. Kirchliche „Jobs" fanden daher äußerst regen Zulauf. Besonders beliebt waren diese Posten

als Versorgung für die jüngeren und schwächlicheren Söhne von Adel und Großbürgertum. Da kann es auch nicht Wunder nehmen, daß im Jahre 1508 die „Herde Hamburg" mit rund 15000 „Schafen" von 360 Hirten, das waren Pastoren und Vikare, gehütet wurde. Dazu kamen noch über tausend Domherren, Mönche, Nonnen und Klosterpriester. Überbesetzung schafft Langeweile und schwächt die Arbeitsmoral beträchtlich. Man vertrieb sich also die Zeit mit der Weihe von Jagdhunden, ging weltlichen Herren um den Bart und ließ die Sittengesetze vor den Klostertoren. Die Domherren mußten sogar von ihrem Dekan Albert Krantz ermahnt werden, ihren „übermäßigen Beischlaf zu unterlassen". Mit sogenannten Ablaßbriefen verkaufte man reichen Bürgern einen bequemen Platz im Himmel. Das Motto: „Wenn das Geld im Kasten klingt, die Seele aus dem Fegefeuer springt." Diesen Spruch nahm man sich damals echt zu Herzen. Sogar bereits Verstorbene glaubte man, mit Geld von ihren Sünden reinzuwaschen. Mit den Erlösen bereicherten die Geistlichen nicht nur die Kirche, sondern auch ihre eigenen Taschen. So erwirtschaftete sich Domscholastikus Bantschow ganz Wellingsbüttel als Privatbesitz. An ihn erinnert noch heute die Bantschowstraße. Für das Gemeinwohl fielen immerhin zwei Türme für die Stadtsilhouette ab: 1514 war der Turm der Petrikirche, vier Jahre später der St. Nikolaiturm fertiggestellt.

Angesichts solcher Zustände wurden die Hammerschläge, mit denen Martin Luther am 31. Oktober 1517 seine 95 Thesen an die Tür der Schloßkirche zu Wittenberg nagelte, weithin, bei Geistlichen und Laien, als befreiendes Signal begrüßt.

Die Nachricht aus Thüringen erreichte noch im selben Jahr die Hansestadt. Zwar gab es noch keine Post, aber immer-

hin regelmäßige Botendienste zwischen Hamburg und anderen Handelsplätzen. Die Boten mußten noch bis 1649 zu Fuß gehen, deshalb dauerte die Nachrichtenübermittlung noch Wochen und Monate. Erst nach dem Dreißigjährigen Krieg stiegen sie in den Sattel.
Der Rat unter Bürgermeister Dr. Heinrich Salsborg hielt zunächst an der alten katholischen Glaubensform fest. Die Hamburger Oberschicht war, nicht nur verwandtschaftlich, dem Domkapitel eng verbunden. Das Wormser Edikt von 1521, mit dem über Luther die Reichsacht verhängt wurde, fand daher bei ihr zunächst Zustimmung. Die Verbreitung von Luthers Schriften wurde auch in Hamburg bei Strafe verboten. Doch im Zeitalter der Druckerpresse half das nicht viel. Schon im Folgejahr verbreiteten sich unter den Bürgern der Stadt die Drucke der sogenannten „Ketzerpresse". Mutige Geistliche wie Pastor Stemmel verkündeten unbeirrt die neue Lehre Luthers. Eine niederländische – also auch für plattdeutsche Leser verständliche Fassung des Neuen Testaments – fand in der Öffentlichkeit großen Anklang. Bis dahin konnten nur diejenigen, die des Lateinischen mächtig waren, und das waren ausschließlich Geistliche, die Bibel lesen.
Sechs Jahre später hatte sich die neue evangelische Lehre in Hamburg soweit durchgesetzt, daß der Rat eine Entscheidung für oder gegen sie treffen mußte, wollte er keinen Bürgerkrieg riskieren. Für den 28. April 1528 wurde daher eine öffentliche Rathausdisputation angesetzt. Einen ganzen Tag lang wurde diskutiert: Für die Katholiken sprach der Wortführer des Domkapitels, Dr. Barthold Moller, und für die Protestanten nahm der ehemalige Franziskanerpater Steffen Kempe das Wort. Das Rededuell war scharf, aber nicht zu hitzig – eben hanseatisch. Kempe blieb schließlich Sieger,

und der Rat beschloß, die evangelische Glaubensordnung anzunehmen. So vollzog sich die Reformation in Hamburg ohne Blutvergießen und Bildersturm.
Pfarrer Aepinus hatte die „Götzenbilder“ der „alten Zöpfe und fluchenden Pfaffen“ rechtzeitig in Verwahrung nehmen lassen. Nur fünf katholische Wortführer wurden aus Hamburg ausgewiesen. Zur Neuregelung der Kirche und deren Gesetze erbat man vom Kurfürsten von Sachsen einen der engsten Mitarbeiter Martin Luthers, Johannes Bugenhagen. Er kam im Oktober nach Hamburg. Über diese Ereignisse berichtet Lehrer Adelungk: „Anno 1528 kam Doctor Johann Bugenhagen von Wittenberg nach Hamburg. Und wurden alle alten päpstlichen Ceremonien abgeschaffet. Und von ihm eine neue Kirchenordnung angerichtet, wornach man sich zuhalten hätte. Anno 1529 zogen die Münche die Kappen aus und legten weltliche Kleider an. Wer aber nicht bleiben wollte, bekam zehen Gülden zur Zehrung. Etliche aber zogen davon und nahmen nichtes...“
Am 15. Mai wurde die neue Kirchenordnung Hamburgs begeistert von den Bürgern aufgenommen. Auch der Rat stimmte inzwischen einmütig zu, obwohl seine Rechte erheblich beschnitten wurden.
Zwar verblieb die richterliche und ausübende Gewalt weiterhin bei den 24 Ratsherren, doch neue Gesetze konnten sie nur mit Zustimmung der „verordneten Bürger“ verabschieden. Die vier Kirchspiele waren zugleich Verwaltungsbezirke. Sie bestimmten jeweils zwölf Diakone, die zusammen als das Kollegium der Achtundvierziger die „Gotteskästen“, also die Armenkassen kontrollierten. Sie mußten auf eine gerechte Verwendung des Geldes in der Sozialfürsorge achten. Geholfen werden sollte Armen, Alten und Kranken, nicht aber Bettlern und Pilgern.

1529: Nach der Reformation Steffen Kempes konnten die katholischen Geistlichen weltliche Kleider anziehen. Oder sie mußten gehen. Man bot ihnen eine Wegzehrung. „Etliche aber zogen davon und nahmen nichtes...“

Aus dem Gremium der Achtundvierziger ging das Kollegium der „Oberalten" hervor, der drei ältesten Männer aus jedem Kirchspiel. Sie bildeten gewissermaßen eine Kontrollinstanz. Ging es aber um grundlegende Entscheidungen, wählten die Bürger in jedem Bezirk noch einmal 24 Subdiakone hinzu. Zusammen mit den Oberalten und Diakonen bildeten sie das dritte Kollegium, das der „Hundertvierundvierziger", quasi das erste Parlament der Stadt. Ein großer Schritt zur Demokratie, der sich allerdings auf erbeingesessene Bürger beschränkte und damit schon einen großen Teil der Handwerkerschaft ausschloß, von „einfachen Leuten" ganz zu schweigen.
Die Zeremonien der Gottesdienste wurden ebenfalls grundlegend geändert. Kein „Gepränge", kein „Popanz", keine Marienanbetung mehr, sondern die Predigt streng ausgerichtet nach den Schriften des Alten und Neuen Testaments. Das Abendmahl durften nun endlich auch Laien und Frauen einnehmen. Fortan wurde das Glaubensbekenntnis gemeinsam im Chor und nicht mehr lateinisch sondern in der Muttersprache – Plattdeutsch – gesprochen.
Latein aber blieb die Sprache der Universitäten. Damit endlich auch Hamburger Jungs ein bißchen intensiver studieren konnten, eröffnete noch im selben Jahr 1529 die erste höhere Gelehrtenschule ihre Pforten, das Johanneum. Insgesamt sorgten in dieser Zeit acht Elementarschulen, vier Kirchenschulen und vier Vorschulen für die Bildung des Nachwuchses in der Stadt.
Im Zuge der Reformation wurden die Klöster und geistlichen Spitäler der Öffentlichkeit zugänglich gemacht und dienten von nun an als Altersheime, Witwenstifte und Pensionate. Wenn auch viele Nonnen und Mönche ihre weltliche Freiheit nur allzu gern geschenkt bekamen – sie konn-

ten nun endlich ohne Versteckspiel ihrer „natürlichen" Bestimmung nachgehen –, gab es aber auch viele, die an ihrem Gelübde festhielten. Während die Benediktinerschwestern in Reinbek die Nachricht von der Aufhebung des Klosters mit einem wahren Freudenfest begingen, weigerten sich die Jungfrauen von Harvestehude, ihr Stift aufzugeben. Die Hamburger zeigten sich radikal und brannten das Kloster einfach ab. Es war übrigens der einzige Gebäudeschaden, der während der Reformation in Hamburg entstand.
Unerschüttert blieb die Position der Mitglieder des Domkapitels. Es blieb katholische Enklave in Hamburg mit eigener Gerichtsbarkeit und eigenen Einkünften – und ein Zankapfel für die kommenden Jahrzehnte.
Hamburgs Bürger waren nun überzeugte Protestanten. Das machte ihr ohnehin prekäres Verhältnis zum überzeugten katholischen Kaiser nicht gerade besser. Schon 1510 hatten die Hamburger das von Kaiser Maximilian ausgesprochene Privileg, reichsunmittelbare Stadt zu werden, abgelehnt. Die Stadt unterstand schließlich als Teil Schleswig-Holsteins der Schirmherrschaft des dänischen Königs. Als eben dieser, es war Christian der Dritte, 1538 den Huldigungseid verlangte, verwiesen die Hamburger einfach darauf, daß die Stadt ‚reichsunmittelbar' dem deutschen Kaiser unterstand. Als aber Kaiser Karl der Fünfte sein Heer rüstete, um den katholischen Glauben mit Gewalt wiederherzustellen, gaben die Hamburger ihre Schaukelpolitik auf und kämpften an der Spitze des „Schmalkaldischen Bundes". Zu ihm hatten sich alle protestantischen Fürsten und Städte zusammengeschlossen. Im Schmalkaldischen Krieg von 1546 bis 1552 stritt Hamburg also energisch für die Sache der Evangelischen. In jenen Jahren wurde auf dem neu erbauten Millerntor der Grundsatz in Stein gehauen, den heute aufmerksame

Rathaus- und Universitätsbesucher über den Portalen lesen können: „Libertatem, quam peperere majores digne studeat servare posteritas." Frei übersetzt: Die Freiheit, die die Vorfahren schwer errungen haben, mögen die Nachkommen würdig erhalten.

Freiheit kostet, vor allem Geld

Als 1555 der Glaubenskampf im Augsburger Religionsfrieden endlich sein Ende gefunden hatte und der Kaiser das evangelische Bekenntnis auch den Hamburgern zugestehen mußte, herrschte in der Stadt, wie man meinen könnte, nicht gerade Zufriedenheit. Hamburg hatte große Schulden gemacht. Die Anleihen, die für den langen Krieg um den Glauben aufgenommen worden waren, überschritten die Jahreseinnahmen der Stadt um das Fünffache. Und das, obwohl die Bürger in den vergangenen fünfzehn Jahren allein elfmal zur Kasse gebeten worden waren. Sie hatten jeweils ein Prozent ihres Gesamtvermögens in die Steuerkasse gezahlt – nicht eingerechnet die laufenden, ebenfalls erhöhten Abgaben. Der Verdacht, der Hamburger Rat sei unfähig, die Stadtgelder zu verwalten, verstärkte sich. Und auch ohne Medien verbreitete sich das Mißtrauen des Volkes schnell. Man forderte Rechenschaft und genaue Abrechnung über die Ausgaben der Stadt in den letzten Jahren.
Als dieser Mißtrauensantrag gestellt wurde, fühlte sich der Hochweise Rat unverstanden und gab sich äußerst „gekränkt". Obwohl man ihnen keine einzige Veruntreuung nachweisen konnte, befreiten die Bürger alle Mitglieder des Rates fortan von der „undankbaren Bürde" der Finanzverwaltung. Acht Kämmerer, zwei aus jedem Kirchspiel, wur-

Börse, Waage, Kran: Wichtigste Requisiten für die Kaufmannschaft!

den nun von den bürgerlichen Kollegien eingesetzt, um endlich aus den roten Zahlen zu kommen. Zwar war dieser Posten wahrlich eine große Ehre, aber man wird sich kaum darum gedrängelt haben. Denn die Kämmerer wurden für sechs Jahre gewählt, und in dieser Zeit durften sie nicht Ratsherr werden. Außerdem war die große Verantwortung ehrenamtlich, man bekam keinen Pfennig dafür, die Stadtkasse verwalten zu müssen. Weil man ahnte, daß sich kaum einer freiwillig für dieses schwere Amt zur Verfügung stellen würde, beschloß man einfach ein „Ablehnungsverbot". Erst dann wurden acht Bürger als Kämmerer ernannt. Die bedauernswerten mußten das Amt annehmen, einen Eid ablegen und durften die Stadt nicht verlassen. Sie hätten ja sonst leicht mit der Kasse durchbrennen können! Das einzige, was den neuen Kämmerern am 27. April 1563 überreicht wurde, war – neben dem Vertrauen der Hamburger – der Schlüssel zur Kämmereistube.
Seit 1558 bereits gab es neben dem schlichten zweigeschossigen Rathaus an der Trostbrücke einen zweiten, äußerst wichtigen Versammlungsplatz am Alsterhafen, die Börse. Die erste in Deutschland! Nach dem Vorbild Antwerpens traf sich hier die Kaufmannschaft, um ihre Warenauktionen zu veranstalten. Zuerst unter freien Himmel – der Platz war nur durch eine niedrige Mauer gekennzeichnet – dann vergrößert und zwanzig Jahre später mit einem Fachwerkgebäude überdacht. Eine große Waage und ein Kran im Südosten rundeten das Bild ab. Der Name „Börse" wurde aus Antwerpen gleich mitübernommen, denn dort, in der flandrischen Stadt, flatterten drei dicke Geldbeutel auf der Wappenfahne. „Die eigentliche Kaufmanns- und Börsenzeit aber ist das ganze Jahr durch an Werktagen von halb eins bis vollzwei Uhr. Besonders trifft man nach ein Uhr an

Posttagen hier geschäftige Menschen aller Nationen in Unterhandlungen begriffen an..." (v. Hess) Um sich vom Lärm und Gedränge zu erholen – und das ist auch heute noch so – traf man sich anschließend zum Börsenfrühstück, wobei dann meistens noch weiterverhandelt wurde.
Neben der Börse wurde das „Niedergericht" neuerbaut. Es war auch nicht schlecht besucht, und erst jetzt fand der Name der nahen Trostbrücke seine Berechtigung. Denn wer damals ins Gericht mußte, um sein Urteil zu erfahren, brauchte sicher häufig wirklich Trost. Die Richter in Hamburg zeichneten sich durch hartes Durchgreifen aus, sie kannten kein Pardon. Bereits am Tor stand die Warnung: „All de da morden, brennen, roowen (rauben) unde stehlen, toewern (zaubern), verraaden, hooren (huren) unde spälen, väl borgen, dreegen (betrügen) unde wenig gelden, dee bestahn tho Rechte gar selden. Drüm förchte God unde dat Recht, de Tyt (Zeit) kummt, et reuwet dy nicht." Brutal waren die Strafen, und wenn man damalige Prozeßberichte einsieht, rieselt einem der Schauer über den Rücken. Ein paar Beispiele: Weil verwahrloste Jugendliche im Übermut Gartenhäuser angesteckt hatten, wurden sie auf dem Meßberg „gesmöket", bei lebendigem Leibe verbrannt. Eine eingeworfene Fensterscheibe, die ja immer noch ein Vermögen kostete, wurde einem Knaben zum Verhängnis: Ihm wurde der Kopf abgeschlagen. War der natürliche Tod einer rechtmäßigen Verurteilung zuvorgeeilt, übte man sogar am Leichnam noch Recht: Auf dem Schandgerüst (Kaak) hackte man dem Toten die rechte Hand und dann den Kopf ab. Seine Eingeweide wurden herausgerissen und verbrannt, schließlich der Restkörper gevierteilt und auf Pfähle gespießt. Der so schrecklich Verurteilte soll zu Lebzeiten Schmähschriften gegen den Rat verfaßt haben...

Doch nicht nur die Urteile waren erschreckend, auch die Schaulust. Wie ein lustiges Straßentheater lockte jede Exekution ein großes Publikum an. Zu den ganz besonderen Ereignissen gehörte noch immer die Hinrichtung von Seeräubern auf dem Grasbrook, wo schon Störtebeker sein Ende fand. Ganze Völkerscharen wanderten 1528 dorthin, als der berühmte Pirat jener Zeit, Klaus Kniephof und seine 162 Gefährten geköpft wurden. Bei einer anderen Hinrichtung im Jahre 1573 brach sogar die Brücke zum Grasbrook unter den Zuschauermassen zusammen. Jeder wollte natürlich einen guten Platz und sich daran ergötzen, wie 26 Seeräuberköpfe in den Sand rollten.
Auch der Holzstoß, über dem in jener Zeit meist Unschuldige rösteten, kühlte selten aus. Die fieberhafte Suche nach Zauberern und Hexen, angestachelt durch den „unschuldigen" Papst Innocenz III., der die Inquisition eingeführt hatte, ließ Hamburg zwar nicht unberührt, aber doch vergleichsweise kühl. Der ausgegebene Hexensteckbrief lautete: „Wichtige Kennzeichen: rötliche Augen oder Haare, spitziges Kinn und Nase, Magerkeit, Buckel oder dergleichen Gebrechen." Zwar starben auch in der Stadt 26 Frauen, die der Hexerei beschuldigt waren, sowie ein Hexenmeister mit seinem Gehilfen, ferner ein Bauer und ein Kuhhirte, die sich in der Heilkunst geübt hatten, auf dem Scheiterhaufen. Dennoch gab es in Hamburg auch Freisprüche von der Anklage der Hexerei. Dies wäre in Städten wie Würzburg oder Bamberg, wo Hunderte verbrannt wurden, ganz undenkbar gewesen.
Die finanziellen Schwierigkeiten, in die Hamburg nach dem Schmalkaldischen Krieg geraten war, ließen sich nicht allein durch die Prägung neuer Taler, die den Wert von zwei Mark hatten, lösen. Nach übereinstimmender Ansicht von Rat

und Bürgern mußte der Fernhandel, und damit auch die Elbschiffahrt, vorangetrieben werden. Man besann sich auf das alte Privileg der „Stapelgerechtigkeit“: Alle Waren, die auf dem Strom verschifft wurden, mußten erst in Hamburg feilgeboten werden. Wurden sie hier nicht verkauft, konnten sie nach einer Zollzahlung weitertransportiert werden. Die Frage war nun, ob dies auch für die Süderelbe galt? Die Herzöge von Braunschweig-Lüneburg bestritten das energisch. Sie verwiesen darauf, daß die Süderelbe mehr Wasser führe als die Norderelbe und daher als eigener Fluß anzusehen sei. Doch diesem Argument hatten die Hamburger seit langem, wie schon erwähnt, entgegengearbeitet und der Süderelbe nach und nach das Wasser abgegraben. Bei den Gerichtsverhandlungen in Lübeck legten sie überraschend für den Gegner eine zwölf Meter lange Elbkarte vor. Dieses Meisterwerk der Kartographie, das den Elbverlauf von Scharhörn bis Geesthacht zeigt, hatte der Flensburger Melchior Lorichs in acht Monaten gefertigt. Mit Hilfe einiger künstlerischer Freiheit sollte bewiesen werden, daß die Süderelbe nur ein Nebenarm der Elbe war. Die Entscheidung des Gerichts fiel im Jahre 1567 zugunsten Hamburgs. Die hohen Kosten für die Elbkarte, 580 Mark – davon hätte ein Handwerker mehr als sieben Jahre leben können – hatten sich gelohnt.

Mit dieser Karte konnte man auch zeigen, daß die Hamburger keine Kosten und Mühe gescheut hatten, um ihren Schiffen eine sichere Fahrt auf der Elbe zu ermöglichen: Tonnen, Baken und Lichtzeichen wiesen den Weg durch das einhundert Kilometer lange Fahrwasser.

Seit 1548 sorgten „Fleetenkieker“ mit langen Zugnetzen dafür, daß Fleete, Alster und Elbhafen nicht verschlammten und ihre ‚Düpe‘ (Tiefe) nicht verloren. Das Gewerbe

konnte recht einträglich sein, denn außer dem Inhalt von Nachttöpfen und Waschtrögen gelangten oft Schmucksachen und andere verwertbare Gegenstände ins Wasser.
Im gleichen Jahr, in dem die wichtige Elb-Entscheidung für Hamburg fiel, gab es neuen Zwist. Die Stadt lockte nämlich, ohne die anderen Hansestädte zu fragen, den englischen Tuchhandel in ihre Mauern. Den sonst wagemutigen Kaufleuten, den „Merchant Adventurers“, war ihr bisheriger Sitz in Antwerpen nach der Besetzung der Niederlande durch Spanien zu unsicher geworden. Die Hamburger boten ihnen einmalige, nie dagewesene Freizügigkeiten: Steuerfreiheit, Zollvergünstigungen und ein eigenes Gebäude in der Gröninger Straße, nun „Englischer Hof“ genannt, den ersten Backsteinbau Hamburgs mit schmuckem Treppengiebel. Den 228 Briten gewährte man sogar freie Religionsausübung, ein außergewöhnliches Privileg! Mit Speck fängt man eben Mäuse und auch Merchants. Weil die Engländer auch in der Freizeit lieber unter sich blieben, baute man ihren Kindern einen eigenen Spielplatz, die „Englische Planke“.
Gegen den Alleingang der Hamburger erhoben die anderen Hansestädte sofort Klage beim Kaiser. Denn Vorrechte, wie sie die Engländer erhalten hatten, gewährten sich nicht einmal die Hansestädte untereinander. Dem Kaiser blieb nichts anderes übrig, als die Ausweisung der Briten anzuordnen. Zehn Jahre lang ignorierten die Hamburger diesen Befehl, dann blieb den Merchant Adventurers nichts anderes übrig, als in das benachbarte Stade auszuweichen. Die antibritische Handelspolitik der Hanse und des Kaisers veranlaßte Königin Elisabeth I. von England, das Hansekontor in London, den Stalhof, zu schließen. Binnen zwei Wochen mußten die Hansekaufleute aus der Hauptstadt verschwinden.

Die Merchant Adventurers aber kehrten einige Jahre später nach Hamburg zurück und blieben bis 1806 abgesichert. Der englische Einfluß hat sich danach jedoch nicht verringert. Im Gegenteil, englische Lebensart hat in Hamburg nach wie vor Tradition.

Auch damals schon: Schlechtes Wetter

Wie gut sich Ende des 16. Jahrhunderts die Geschäfte auch anließen, das Wetter spielte nicht mit. Schlechte Ernten in den Jahren 1582 bis 1585 führten zu einem gewaltigen Preisanstieg der Lebensmittel. Nach einem Deichbruch wurden zudem noch weite landwirtschaftliche Gebiete überschwemmt. Im Jahre 1585 dauerte der starke Frost bis Pfingsten. Heftige Sturmfluten brachten 1588 große Not. Auf einen „kannibalischen" Winter folgte 1590 ein mörderischer Sommer, der alles verdorren ließ. 1593 verwüsteten erneut Orkane Stadt und Land. Viele Schiffe gingen unter. In diesem Jahr herrschte nicht nur Hungersnot, sondern auch die Pest. In nur vier Monaten wurden von den ohnehin geschwächten Bewohnern Hamburgs 6213 Menschen dahingerafft. Daneben grassierten die Pocken, und die ersten Grippekranken wurden registriert.

Der ‚altonahe' Zankapfel

Eine kleine „Kolonie" nebenan machte den Hamburgern um die Jahrhundertwende einiges Kopfzerbrechen: Die Dorfgemeinde bei Ottensen, nach dem Flüßchen ‚Alte Aue' Altona genannt. Nach der Reformation hatten viele Katho-

liken, die sich nicht für den neuen Glauben begeistern konnten, das Weite gesucht. Viele fanden sofort das ‚Naheliegendste", „all to nah' bei Hamburg. Hier konnten sie wenigstens heimatliche Elbluft schnuppern. Den Hamburgern war diese Konkurrenz an der Elbe keineswegs angenehm. Als 1547 fast alle Gebäude Altonas durch ein großes Feuer zerstört wurden, atmete man in Hamburg zunächst auf. Zu früh allerdings, denn der Aufbau der Kolonie ging so rasch voran, daß schon ein Jahr später der Hamburger Rat fordern mußte, „jede Arbeit mit irgendeinem Gerät" zwei Meilen außerhalb der Stadtgrenze sei zu unterlassen. Dieses Altona war nämlich vor allem für Handwerker ein paradiesischer Ort: Es gab keinen Ämterzwang und keine hohen Abgaben. Deshalb konnten sie hier natürlich wesentlich preisgünstiger werkeln. Den Hamburgern war jedes Mittel recht, um den unerwünschten Nachbarn das Leben schwer zu machen. Für die Dorfbewohner war klar, sie würden lieber an der türkischen als an der hamburgischen Grenze wohnen. Aber so leicht ließen sie sich nicht das Handwerk legen! Sie rächten sich 1602 mit einem ebenso guten wie zweifelhaften Geschäft. Das erste Falschgeld wurde geprägt: Hamburger Münzen mit geringerem Silbergehalt als von der Hansestadt vorgeschrieben. Fleißig wurde es von Wechslern in Umlauf gebracht. Diese „Kipper" und „Wipper" lebten zwar äußerst gefährlich, aber erst 1614 konnte in Hamburg eine Fälscherbande dingfest gemacht werden.
Was unzählige Einwanderer – darunter Katholiken und Juden aus aller Herren Länder – an die Große und Kleine „Freiheit" nach Altona lockte, war die freie Religionsausübung. Die anderen Attraktionen in St. Pauli kamen später. Doch schon damals berichtete ein gräflicher Besucher: „Die Fremden gehen dorthin zur Ausübung ihrer Religion, die

Die „Kleine" und „Große Freiheit" Altonas lockten die Andersgläubigen aus allen Ländern an – hier war ihnen freie Religionsausübung erlaubt...

Bürger ihrer Geschäfte wegen, auch wohl zu Liebesabenteuern, da man die Frauenzimmer dort nicht so streng unter Aufsicht hält..." (Priorato).
1602 wurde in Altona die erste katholische Kapelle gebaut. Wenn man das holsteinische Gebiet den sicheren Stadtmauern Hamburgs vorzog, lag es an der religiösen Intoleranz der Hanseaten. Die Pastoren duldeten kein nichtlutherisches Bekenntnis – ausgenommen jene englischen „Merchant Adventurers".

Torschlußpanik und Ratsreiselust

Abends hatte Hamburg seine Ruhe, von außen jedenfalls, denn die Stadttore wurden pünktlich um 17 Uhr geschlossen. Und da Armbanduhren noch unbekannt waren, erinnerte das Läuten der Nikolaiglocken an diesen Termin. Wer es versäumt hatte, rechtzeitig von seinem Weideland oder vom Lustwandeln vor den Toren in die Stadt zu kommen, mußte bis zum nächsten Morgen, 7 Uhr, draußen warten. Über Nacht hatten die jüngsten Ratsherren – die Torherren – die riesigen Schlüssel zu verwahren.
Aber nicht nur bei Dunkelwerden kamen die vereidigten „Schließer", um die Tore zu verriegeln. Der Zugang in die Stadt war auch während der sonntäglichen Gottesdienste, der Ratssitzungen und bei Feueralarm untersagt. Wie mag sich wohl ein Hausbesitzer gefühlt haben, wenn er draußen vor verschlossenem Tor warten mußte, während drinnen sein Eigentum verbrannte? Dennoch hielt man noch zweihundert Jahre an dieser Regelung fest. Sie diente schließlich der Sicherheit.
Teuer wurde nächtliche Abwesenheit für Ratsmitglieder.

Eine Verordnung von 1570 besagte: „So ein Ratsmitglied ohne Erlaubnis des wortführenden Bürgermeisters nachts außerm Tore bleibt, werde er mit vier Schilling bestraft."
Schludrigkeit wurde den Herren vom Rat übel nachgetragen. An den festgelegten Sitzungstagen hatte jedes Mitglied pünktlich im Rathaus zu erscheinen. Verspätungen und unentschuldigte Abwesenheit wurden mit einer Geldbuße von acht Pfennigen bis zu zwei Schillingen belegt, die dann das jüngste Mitglied des Rates einzusammeln hatte. Fehlte dieser selbst, wurde er zur Höchststrafe von drei Schillingen verdonnert. Um die Disziplin zu wahren, durften die Ratsherren während der Sitzungen den Saal nicht mehr als einmal kurzzeitig verlassen. Auch Bestechungsgeschenke durften schon damals nicht angenommen werden. Einen Vorteil, an der politischen Spitze zu stehen, gab es ebenfalls bereits damals: Man durfte auf Dienstreisen gehen. Die Reisekostenabrechnung mußte dann binnen eines Monats nach der Rückkehr bei der Kämmerei vorgelegt werden. Und die Ausgaben bei solchen Unternehmungen waren gepfeffert. Man flog zwar noch nicht im Bundeswehrjet, aber es war keineswegs billig, wenn man als hanseatischer Ratsherr schlicht mit Pferd und Wagen zu einer wichtigen Konferenz zum Beispiel nach Lübeck mußte. Zwei Bürgermeister benötigten für eine Besprechung in der gut sechzig Kilometer entfernten Schwesternstadt ganze zwei Monate. Aus ihrer überlieferten Spesenabrechung wird deutlich, was sie alles verbraten haben:
„Einen Ochsen, drei Ochsenzungen, einen Hasen, ein Reh, 32 Hühner, zwei Kisten Heringe, neun Pfund Butter, Erdbeeren, Gemüse und einen Quart Branntwein."
Die Herren hatten einen gesegneten Appetit und von „Neuer französischer Küche" noch nichts gehört. Dazu kam

noch der Lohn für Kutscher, Koch und Wasserträger. Man wollte auch unterhalten sein und mußte Geschenke für den Spielmann und den Komödianten, die man unterwegs aufsuchte, dabeihaben. Und um das alles zu transportieren, waren 21 kräftige Lastpferde sowie vier Kutschpferde samt Kutsche erforderlich.

Das 17. Jahrhundert: Man schlängelt sich so durch…

Als Philipp Nicolai, der Hauptpastor von St. Katharinen, 1601 so freudig dichtete: „Wie schön leuchtet der Morgenstern“, war das Leben für einige Hamburger inzwischen glanzvoller geworden. Der Hafen und der Handel brachten Wohlstand in die Stadt, einigen sogar Reichtum. Die Einwohnerzahl war auf 40000 angewachsen. Damit wäre das Volksparkstadion erst zu zwei Dritteln gefüllt. Hamburgs Ruf als internationaler Handelsplatz hatte viele Fremde veranlaßt, hier ihre zweite Heimat zu finden. So war jeder vierte Einwohner nicht in Hamburg geboren. Die meisten waren Glaubensflüchtlinge aus Frankreich und den Niederlanden, aber auch spanische und portugiesische Juden waren darunter. Ihnen blieb in Hamburg ein Ghetto erspart.
Die ersten Bürgerhäuser mit Backsteinen im Fachwerk wurden gebaut, und die ersten wohlhabenden Familien leisteten sich paradiesische Landsitze vor der Stadt. Jetzt wurden auch verstärkt soziale Einrichtungen geschaffen. 1607 gab es ein neues Waisenhaus, in dem zunächst nur eheliche Kinder Aufnahme fanden. Um zu vermeiden, daß ungewollte Babies, die vor dem Tor einfach abgelegt wurden, erfroren, baute man einen sogenannten „Torno“. Das war ein hoch

angebrachter Kasten am Tor, der, wenn ein Baby hineingelegt wurde, sich nach innen drehte und einen Klingelzug in Gang setzte.
In der Nähe Altonas baute man ein Pesthaus, in dessen winzigen, niedrigen Kammern mitunter auch Geisteskranke untergebracht wurden – die „Ungefährlichen" mischte man unter die Invaliden. In der Spitaler Straße entstanden „Gotteswohnungen" für Bedürftige, und eine große Klassenlotterie, die erste überhaupt, brachte Geld für den Bau eines neuen Werk- und Zuchthauses (1614).
Mittlerweile genügte das geltende Stadtrecht den Anforderungen der Zeit nicht mehr. Das „Ordeelbook" war schon über dreihundert Jahre alt, siebzig Jahre lag der letzte lange Rezeß zurück, in dem die Reformation gesetzlich verankert worden war. Die vielen Prozesse vor dem Reichskammergericht hatten den Rat der Stadt davon überzeugt, daß die Gesetze Hamburgs denen des ‚Heiligen Römischen Reiches deutscher Nation' angepaßt werden mußten. Die Grundsätze des römischen Rechts fanden nun auch an der Elbe Anwendung. Neu war auch, daß das Stadtrecht von 1603 nicht in Plattdeutsch, sondern in hochdeutscher Sprache verfaßt wurde.
Zum erstenmal legte man auch die Jahresgehälter für die Mitglieder des Rats fest: Die Bürgermeister bekamen jährlich 1100, die Ratsherren 500 Mark. Die Ältesten erhielten einen Aufschlag von einhundert Mark, eine Art „Greisenzulage". Zum Vergleich: Ein Handwerker mußte damals mit knapp hundert Mark im Jahr seine Familie ernähren. Wie kam es zur plötzlichen Großzügigkeit der Bürgerschaft in der Gehaltsfrage der „Stadtautoritäten"? Es gab zwei Gründe: Die Ratsherren sollten endlich unabhängig von allerlei Gefälligkeitszuwendungen werden, weniger wohlwol-

lend auch Bestechung genannt. Diese Gefahr war vorhanden, denn einen richtigen Beruf konnten sie neben ihrer öffentlichen Tätigkeit nicht ausüben. Andererseits machte man sie abhängig vom Stadthaushalt, aus dem von nun an ihre Gehälter gezahlt wurden. Ihn sollten sie ordnungsgemäß bewilligen und führen.
Immer schwieriger wurde für Hamburg das Lavieren zwischen den Ansprüchen Dänemarks und des Deutschen Kaisers. König Christin IV. von Dänemark erinnerte sich, daß ihm die Stadt eine Erbhuldigung schuldete. Vielleicht hoffte er auch, am Wohlstand Hamburgs teilhaben zu können. Für den 23. Oktober 1603 sagte er seinen Besuch an. In Begleitung des Herzogs Johann Adolf von Holstein, achtzehn weiteren Fürsten mitsamt großem, purpursamtbekleidetem Gefolge erschien er bei den Hamburgern, die er liebevoll als „hochmütige Krämer, Pfeffersäcke, schmierige Heringshändler und Bärenhüter" bezeichnete. Die bereiteten den Gästen einen prunkvollen Empfang im erweiterten Rathaus, hielten feierliche Gratulationspredigten und überreichten ihnen reiche Geschenke. Eine Woche Festumzüge, Turniere, Wettspiele und ausgiebige Gelage stimmten den dänischen Herrscher wohlwollend. Nach einer geschickt verklausulierten Rede des Bürgermeisters Joachim Benckendorf begnügte sich der König mit einem kräftigen Händedruck, der die Fortführung des Schutzbündnisses besiegelte. So blieben, wie es schon der Bürgermeister im 15. Jahrhundert erreicht hatte, die Privilegien der Stadt erhalten, und der Däne bekam die eigentlich gewünschte Erbhuldigung nicht. Diese zu geben, hatte der deutsche Kaiser auch verboten. Mit 15500 Mark, soviel kostetet die Bewirtung des Dänenkönigs (d.h. 13 Jahresgehälter eines Bürgermeisters), kamen die Hamburger diesmal aus der Bre-

douille. Doch die Zeit des Lavierens sollte noch lange nicht zu Ende sein: 1618 wurde Hamburg endgültig „Freie Reichsstadt“ und war damit nur noch dem Kaiser untertan. Aber als drei Jahre später Dänenkönig Christian mit seinen Truppen im benachbarten Altona stand, blieb den Hamburgern nichts anderes übrig, als seine Oberhoheit anzuerkennen. Die Elbeschiffahrt durfte schließlich nicht gefährdet werden.
Die Wahrsagerin Basen hatte recht, als sie den 1607 gesichteten Kometen als unheilbringenden Vorboten deutete. Auch das 1615 bei Teufelsbrück gesichtete Meeresungeheuer – Beobachter berichteten von einem riesigen Schweinekopf, aus dessen weitaufgerissenem Rachen vier gewaltige Fangzähne hervorragten, und von Augen wie glühende Höhlen – sollte sich als böses Vorzeichen bestätigen. So leitete der Prager Fenstersturz 1618 den Dreißigjährigen Krieg ein, eine schwere Zeit für Deutschland und Europa. Dem liberalen Hamburg ging es jedoch verhältnismäßig gut. Eigentlich konnte es gar nicht besser gehen in der nun mittlerweile größten Stadt Deutschlands.
Die gewaltige Einwandererschwemme hatte der Hansestadt zu großer Blüte verholfen. Menschen, die den Glaubenskämpfen und Kriegsunruhen in Europa entflohen waren, gingen nun in der toleranten Hafenstadt mit großem Ehrgeiz ihren neuen und alten Geschäften nach: spanische und portugiesische Juden, die sich bald als hervorragende Ärzte und ehrenwerte Makler einen Namen machten, niederländische Emigranten (z. B. Rudolf Amsinck, der 1619 sogar Ratsherr wurde), französische Hugenotten, englische Tuchhändler und Kaufleute aus Mittel- und Süddeutschland. Jeder Einwanderer, der Steuern zahlte und den lutherischen Glauben annahm, konnte den Bürgerbrief erhalten. Andersgläubig-

keit wurde mit hohen Abgaben geahndet – Juden mußten sogar versprechen, ihre Söhne nicht mehr beschneiden zu lassen. Wem diese „Toleranz“ zu eng beschnitten war, der siedelte sich, wie schon erwähnt, in Altona an.
Die vielen Einwanderer nahmen natürlich auch alte Geschäftsbeziehungen aus ihrer Heimat mit, und so brachte das neuen Schwung in den internationalen Handel. Eindrucksvoll ist der enorme Anstieg des Seehandels mit Spanien und Portugal. Er betrug bald zwanzig Prozent des hamburgischen Gesamthandels. Allein 1605 liefen siebzig Schiffe pro Jahr in die iberischen Häfen Lissabon, St. Lucar, Oporto, Malaga und Sevilla aus.
Die großen, rund dreißig Meter langen Schiffe aus Hamburg lieferten den ewig kriegführenden Spaniern vor allem Waffen, Material für den Schiffbau wie Teer, Pech und Tauwerk, dazu Textilien und Lebensmittel. Die Kauffahrteischiffe kamen nach Madeira, zu den Kanaren, an die afrikanische Küste und sogar bis Brasilien. Ihre kostbare Rückfracht bestand aus Rohrzucker, Edelhölzern und Gewürzen. Pfeffer war damals so wertvoll, daß er in Silber aufgewogen wurde. Deshalb war „Pfeffersack“ damals wohl noch kein Schimpfwort. Auch Edelsteine, Elfenbein, Samt, Farbstoffe und Südweine kamen in die Hansestadt. Das einstmals so berühmte Hamburger Bier spielte im schnell wachsenden Aussenhandel eine immer geringere Rolle. Dafür blühte die Zuckersiederei. Die Zuckerbäcker Hamburgs fertigten köstliche Kalorienbomben. Zwar war es eine harte Arbeit, Rohrzucker zu verarbeiten, aber schließlich verkaufte er sich sechsmal so teuer wie der bisher übliche Honig. Kunstschleifer, Töpfer, Glockengießer, Waffen-, Gold- und Silberschmiede hatten gut zu tun. Seil- und Reepschläger drehten, was das Tau hielt. Hutmacher sorgten mit gewaltigen

Gebilden für den Schutz vor Sonnenschein und Regen. Ein Kosmetikrezept für die Haarpracht blonder Hamburger Deerns ist uns erhalten geblieben: Jede Woche mit Hefebrei waschen und an der Sonne trocknen lassen!
Färber, Wollen-, Seiden-, Samt- (Caffa) und Tuchweber widmeten sich wallenden Geweben und sorgten für Abwechslung in der Mode. Ihre Kreationen waren so phantasievoll, daß der Rat sogar eine Verordnung gegen übertriebenen Pomp erlassen mußte. Die Männer trugen weiche Filzhüte und Lederstiefel, die bis übers Knie reichten. Da seit 1611 alle Straßen gepflastert waren und der Tagedieb Michael Schottke zum ersten Müllmann Hamburgs verdonnert wurde und mit seiner Karre den Kehricht beseitigte, konnte man sich endlich Schuhe aus weichem Leder leisten, wenn man sie sich leisten konnte.
Die Handelsgeschäfte hatten inzwischen ein Ausmaß angenommen, daß Barzahlungen immer schwieriger wurden. Buchstäblich erleichtert von den schweren Geldbeuteln waren Reeder und Kaufleute 1619 über die Gründung der ersten Girobank im Rathaus. Unabhängig von den Wertschwankungen des umlaufenden Geldes (Mark courant) wurde eine wertkonstante Mark banco eingeführt. Sie hatte sechzehn Schillinge und den drittel Wert eines Silbertalers. Die Einlagen der Kontoinhaber wurden im sicheren Silberkeller der Bank verwahrt. Unterschriebene Zettel reichten nun, um Überweisungen von einem Handelshaus zum anderen vorzunehmen.
Die hervorragende Kontoführung – sie ist überliefert – der neuen Bank gibt Aufschluß über die wachsende Gilde der Reichen (Bis heute hat sich Hamburg als Stadt mit den meisten Millionären halten können!). Am Jahresende nach der Eröffnung der Bank gab es bereits 42 Kontoinhaber mit Ein-

lagen von mehr als 100000 Mark. Die Brüder Jenisch aus Augsburg zum Beispiel verzeichneten einen Jahresumsatz von 355000 Mark. Zum Vergleich: Das Jahreseinkommen eines Durchschnittsbürgers lag immer noch weit unter tausend Mark. Eintausend Mark war das damalige Gehalt eines Hamburger Bürgermeisters. Zwei Drittel der Hamburger Vermögen lagen in den Händen der Emigranten, der Niederländer, der portugiesischen Juden, aber auch der Kölner und Aachener. Namen wie de Greve, Verpoorten, van Uffeln, Berenberg, Amsinck, aber auch den beiden echten Hamburgern Beckmann und Röver öffneten sich damals alle Türen, auch die zum Rathaus. Doch nicht nur reiche Kaufleute besetzten die Ratsstühle. In zunehmendem Maße rückten studierte Juristen an die politische Front. Sie stellten im Laufe des 17. Jahrhunderts mehr als die Hälfte aller Ratsherren. Am strengen Luthertum wurde trotz der vielen andersgläubigen Einwanderer nicht gerüttelt. Zum erstenmal wirklich tolerant zeigte sich der Rat, als er eine Reformiertengemeinde der Holländer in der Stadt zuließ.

Frauen und Fortbildung

Da Feste auf Dauer ohne Frauen langweilig sind, wurden dann endlich auch die Damen zu den großen Bällen der Petri- und Matthiae-Mahlzeiten zugelassen. Sie mußten allerdings im „Rosenkranz“, einem Nebenzimmer des Rathauses, mit knurrendem Magen warten, bis sie nach dem Festmahl zum Tanz gerufen wurden.
Bei Feuer durften Frauen nicht auf die Straße. Nicht etwa, weil man um ihr Leben fürchtete! Sie hatten in der Vergangen-

heit durch ihre Neugier häufig die Löscharbeiten behindert. Ansonsten hinterließen die Hamburgerinnen bei Besuchern einen denkbar sittsamen Eindruck: „Sie gehen in ihrer Hausarbeit völlig auf. In dieser Stadt wäre eine Kokotte etwas Ungeheuerliches. Die Töchter nähen und machen Spitzen." Über ihr Äußeres schrieb man Positives und Negatives, aber in einem Fall war man sich einig: „Hier gibt es Frauen mit so großen Füßen, daß, sollte sie plötzlich der Schlag treffen, sie aufrecht stehen bleiben würden!" (Gallois) Von den Füßen zum Geist. Da traute man der holden Weiblichkeit überhaupt keine Größe zu. Höhere Schulbildung blieb traditionell eine Domäne des männlichen Nachwuchses.

1613 wurde ein akademisches Gymnasium gegründet. Hier konnten sich die Abgänger des Johanneums auf das Universitätsstudium vorbereiten. Studieren mußten die jungen Männer, falls sie überhaupt durften, irgendwo in der weiten Welt. Denn die Stadtväter Hamburgs blieben der Wissenschaft gegenüber mißtrauisch: Erst 306 Jahre später, im Jahre 1919, wurde die Hamburger Universität gegründet. Mißtrauen hatte jedoch niemand gegen Lehrer. Sie waren in Hamburg hoch angesehen und verdienten je nach Renommé dennoch nur zwischen achtzig und zweihundert Mark im Jahr – der beste Pädagoge also nur halb so viel wie ein junger Ratsherr. Das Gehalt kam auch nicht aus dem Stadtsäckel, sondern wurde von der Kirche oder den Schülern selbst aufgebracht. Allerdings gehörte es sich damals, den Lehrer zu Festlichkeiten – zu Taufen, Konfirmationen, Hochzeiten und Beerdigungen – ins Elternhaus einzuladen. Da konnte sich der Herr Lehrer dann einmal richtig sattessen!

Sicher ist sicher

Der wachsende Wohlstand konnte Hamburgs Stadtväter aber nicht darüber hinwegtäuschen, daß die Zeiten immer unruhiger wurden. Das wöchentliche Nachrichtenblatt, das seit 1616 erschien, war voll von Schreckensmeldungen. Die Querelen mit dem Dänenkönig wollten kein Ende nehmen. Im selben Jahr gründete Christian IV. einen Konkurrenzhafen kaum fünfzig Kilometer von Hamburg entfernt und nannte ihn Glückstadt. Er ließ eine Festung bauen, um dann später, 1630, die Elbe zu sperren, damit alle vorbeifahrenden Schiffe Elbzoll an Dänemark zahlen sollten.
Hamburg brauchte Sicherheit. Man holte sich einen Ingenieur aus Holland, Johan van Valckenbourgh, der einen brillanten Festungsplan entwarf. Neun Jahre lang leitete er den Ausbau der Stadt zur stärksten Festung Europas. Ein sternförmiger Festungswall, nach außen durch einen tiefen Graben geschützt, mit dem Nikolaiturm als Zentrum, umgab jetzt auch das neue Kirchspiel im Westen, St. Michaelis, das noch viel guten Baugrund bot. Mit rund viereinhalb Quadratkilometern wurde auf diese Weise das Stadtgebiet verdoppelt. Das war auch dringend nötig, denn in den winzigen Häusern und engen Gassen war die Überbevölkerung unerträglich geworden.
Den westlichen Verlauf des Festungswalles kann man heute noch auf einem Spaziergang verfolgen: Von der Lombardsbrücke (benannt nach dem 1651 eingerichteten Pfandhaus auf dem rechten Alsterufer), deren Damm jetzt Außen- und Binnenalster trennte, über die Esplanade, den Stephansplatz, den alten Botanischen Garten, die Wallanlagen, den Holstenwall bis zum Johannisbollwerk an den Landungsbrücken.

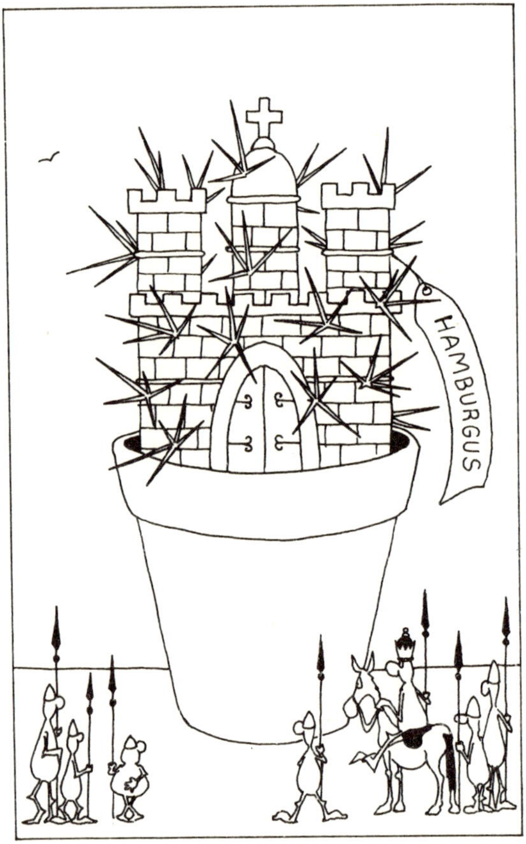

Hamburg 1625: Die stärkste Festung Europas!
Keiner wagte den Angriff.

21 hervorspringende Bastionen, benannt nach den Vornamen der Ratsherren von 1620, elf Außenwerke, sechs stark befestigte Stadttore (Millern-, Damm-, Stein-, Deich-, Brook- und Sandtor) und sogenannte „Bäume", d.h. schwimmende Tore (Alster-, Nieder-, Oberbaum und Baumwall) riegelten Land- und Wasserseiten ab.
Über 250 Kanonen (einige stehen heute im Museum für Hamburgische Geschichte) und über 3000 Söldner standen auf ihren Posten. Eine Bürgerwehr, das waren alle Männer zwischen 18 und 60 Jahren, war außerdem mit eigenen Waffen zur Unterstützung bereit.

Hamburg im Dreißigjährigen Krieg: Immer schön heraushalten!

Die erste direkte Berührung mit dem fernen Kriegsgeschehen hatten die Hamburger 1621, als am 14. Februar der protestantische „Winterkönig" von Böhmen, Kurfürst Friedrich von der Pfalz, mit dem Schlitten über das Elbeis nach Hamburg floh. Den Namen Winterkönig hatte er bekommen, weil er in Prag nur einen Winter lang regierte. Dann brachte ihm sein katholischer Rivale, der habsburgische Erzherzog Ferdinand, eine gewaltige Niederlage bei. Um den armen Friedrich wieder aufzumuntern, gab der Rat der Hansestadt im Englischen Haus ein großes Fest. Man ertränkte die Sorgen in Alkohol. Bürgermeister Vincent Moller zeigte sich dabei so mitfühlend, daß er sich zu Tode getrunken haben soll.
Jetzt wurden die Festungsarbeiten im Endspurt fertiggestellt. Die Bürgerwehr mit fünfzig Kompanien à zweihundert Mann übte fleißig und bekam sogar eigene Fähnchen.

Hamburg – Stadtplan um 1650: Mit starkem Festungswall geschützt

1. *Dom*
2. *St. Petri-Kirche*
3. *St. Nikolai-Kirche*
4. *St. Katharinen-Kirche*
5. *St. Jacobi-Kirche*
6. *Maria-Magdalenen-Kloster*
7. *Johannis-Kloster*
8. *Heiligen-Geist-Hospital*
9. *Rathaus*
10. *Münze*
11. *Eimbecksches Haus (Bier- und Weinhaus)*
12. *Convent der „Blauen Schwestern“*
13. *Schauenburger Hof*
14. *Fischmarkt*
15. *Berg*
16. *Hopfenmarkt*
17. *Pferdemarkt*
18. *Meßberg (Mistberg)*
19. *Steintor*
20. *Deichtor*
21. *Herrenmühle*
22. *Reesendamm-Mühle*
23. *Küterhaus (Schlachthaus)*
24. *Küterhaus (der Neustadt)*
25. *St. Gertruden-Kapelle*
26. *Kleine St. Michaeliskirche*
27. *Große St. Michaeliskirche*
28. *St. Annen-Kapelle*
29. *Hiobs-Hospital*
30. *Gast- und Krankenhaus*
31. *Waisenhaus*
32. *Börse*
33. *Zucht-, Werks-, Armenhaus*
34. *Spinnhaus*
35. *Spitaler Tor*
36. *Hafentor*
37. *Millerntor*

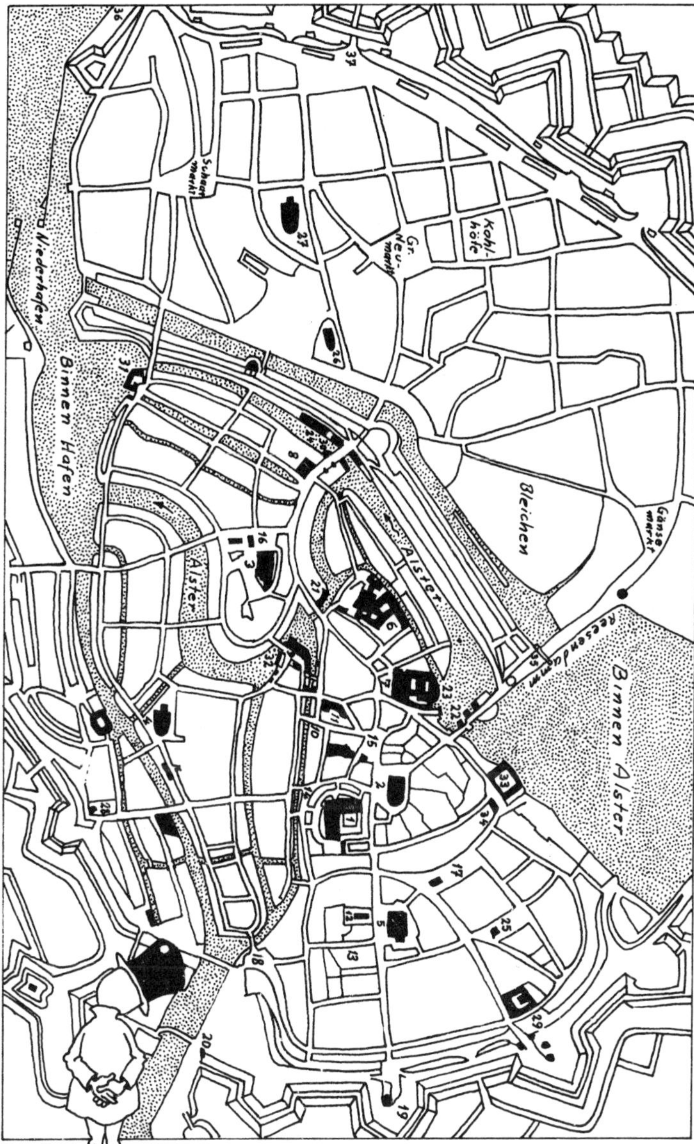
Binnen Alster
Reesendamm
Gänsemarkt
Bleichen
Alster
Alster
Binnen Hafen
Niederhafen
Schaarmarkt
Gr. Neumarkt
Kohlhöfe

Diese sollten glücklicherweise häufiger geschwungen werden als die Waffen. Obwohl es für die protestantische Sache gar nicht gut stand. Der Winterkönig wurde zum zweiten Mal geschlagen, auch die Hilfe von Dänenkönig Christian IV., der mit 32000 Soldaten dem österreichischen Feldherrn Tilly entgegenzog, war vergebens. Nach seiner Niederlage bei Lutter am Barenberge in der Nähe von Braunschweig zog er sich 1625 schnell in den Norden zurück. Wenig später standen die habsburgischen Feldherren Tilly und Wallenstein vor Hamburg. Bei Buxtehude schlugen sie ihr Winterlager auf. Hamburg war auf alles vorbereitet. Die Aktion Eichhörnchen hatte sich gelohnt: Vorräte waren angelegt und Sparverordnungen erlassen: Wer z. B. kostbares Korn verschwendete und es zu Branntwein verarbeitete, wurde mit hohen Strafsteuern belegt. Hamburg konnte einer längeren Belagerung trotzen. Und die Festung flößte Respekt ein.
Die kaiserlichen Feldherren wagten erst gar keinen direkten Angriff – statt dessen verwüsteten sie die Umgebung. Eppendorf, Altona, Pinneberg und sogar das Amt Ritzebüttel bei Cuxhaven wurden geplündert. Die ebenso schutzlosen Vierlande, gemeinsamer Besitz von Hamburg und Lübeck, mußten freigekauft werden: Tilly bekam 5000 Taler, Wallenstein noch mehr, erst 20000 und später noch einmal 10500. Mit vielen kostbaren Geschenken an die Truppenführer hielt sich die Stadt den Krieg vom Leibe.
Nicht mit Geld zu besänftigen war die schreckliche Pest. Am Morgen des 5. Mai 1628 soll sie sich mit einem doppelten Regenbogen und fünf Nebensonnen angekündigt haben. Mindestens 4700 Tote waren zu beklagen.
Hamburgs Neutralität in dem schier endlosen Krieg hatte

sich herumgesprochen. Hier fanden die feindlichen Parteien einen Boden, auf dem sie verhandeln konnten. Sieben Jahre lang dauerten die Vorverhandlungen, die überwiegend in Hamburg geführt wurden, bis der Friede am 22. Oktober 1648 in Münster besiegelt werden konnte. Das fürchterliche Gemetzel, das zwei Drittel der Bevölkerung Süddeutschlands, Mecklenburgs und Pommern dahingerafft hatte, war zu Ende.

Die Festungsmauern: Außen Friede, innen Streit

Mit Hilfe der mächtigen schwedischen Bundesgenossen hatte Hamburg seit 1645 wieder freie Fahrt auf der Elbe. Der König von Dänemark mußte die Zollsperre bei Glückstadt aufheben, und Hamburg war den dänischen Druck zunächst einmal los. Zur Bekräftigung ihrer neuen Macht überdeckten die Hamburger beim Erweiterungsbau des Rathauses 1649 das schleswig-holsteinische Nesselblatt mit ihrem Stadtwappen. Die Tore wurden weit geöffnet und viele Flüchtlinge fanden wiederum Aufnahme in der Stadt. Man konnte eigentlich zufrieden sein, daß die letzten dreißig Jahre so glimpflich vorübergegangen waren. Kaum aber hatte der Druck von außen nachgelassen, machten sich die Spannungen im Innern um so schärfer bemerkbar. Die Unterschichten der Stadt, noch verstärkt durch die zahlreichen Einwanderer, die oft nur ihr nacktes Leben gerettet hatten, verlangten Gehör. Von Klassenkämpfen im späteren Sinne konnte allerdings noch nicht die Rede sein. Letzten Endes ging es um die Frage: Wer hat eigentlich die endgültige Entscheidung in der Stadt – der Rat oder die Bürgerschaft? Als im Jahre 1663 gleich fünf Ratsherren das Zeitliche segneten und ihre Posten neu besetzt werden mußten, wurde deutlich, daß der Rat das Recht, seine Mitglieder selbst zu bestimmen, sehr verwandtschaftlich auslegte. Und diese Vetternwirtschaft gab selbstverständlich Anlaß zu großem Protest. Die Bürgerschaft, das war ja das Gremium der Oberalten und Diakone, forderte deshalb ein neues Wahlrecht. Der 24-köpfige Rat sollte je zur Hälfte aus Juristen und Kaufleuten zusammengesetzt sein. Das Mindestalter wurde auf dreißig festgesetzt, und es wurde Bedingung, daß kein Ratsherr mit einem anderen in verwandtschaftlicher Beziehung stehen sollte. Nach dem Tode eines Ratsmitglieds sollte binnen acht Tagen der Posten nach Vorschlägen des Rats durch das Los wiederbesetzt werden. Im Prinzip hielt sich diese Regelung zwei Jahrhunderte.

Mit Feiern in die feurige zweite Jahrhunderthälfte

Ausgiebige Feste kannten die Hamburger auch damals schon. In Erinnerung an den Westfälischen Frieden von 1648 wurde am 15. September 1650 das große Friedens-Freudenfest begangen. In allen Kirchen ertönten Psalmgesänge und das Tedeum – der Lobgesang. Von den Türmen schallten Glocken, Choräle, daneben donnerten die Geschütze der Festung. Das Glockengeläut verstummte erst am Abend. Dann kam etwas, was die Hamburger auch heute noch besonders lieben: Gegen Mitternacht fand der Freudentag seinen krönenden Abschluß in einem gewaltigen Feuerwerk auf der Alster.
Von einer weiteren Riesenfeier weiß die Chronik zu berichten: Königin Christine von Schweden, seit 1648 Oberherrin

des hamburgischen Domkapitels – weil das nämlich dem Erzbistum Bremen unterstand, und das wiederum war seit dem Westfälischen Frieden schwedisch – hielt sich gern in Hamburg auf. Hier konnte sie ja vor allem mit portugiesischen Kaufleuten und Intellektuellen verkehren. 1654 hatte die 41jährige abgedankt, weil ihr die trockenen Regierungsgeschäfte nicht mehr zusagten, und war katholisch geworden. Ihre Vorrechte in Deutschland behielt sie aber. In Hamburg am Krayenkamp hatte Christine ein großes Haus. Hier gab sie zu Ehren des neu gewählten Papstes Clemens IX. im Juli 1667 ein rauschendes Fest. Im Garten sollen sogar Fontänen mit weißem und rotem Wein gesprudelt haben. Als dann zu vorgerückter Stunde ein unter Hunderten von Lämpchen leuchtendes Transparent erstrahlte: „Lang lebe der Papst!“, war das den vielen Zaungästen einfach zuviel. Schließlich waren sie ja streng lutherisch erzogen. Steine flogen, und Portal und Garten wurden gestürmt. Es kam zu einer wilden Schlägerei. Die Dienerschaft griff zu den Waffen, und es gab Tote und Verletzte. Sogar die Soldaten der Stadt mußten schließlich eingreifen. Christine, die Dame von Welt, floh durch ein Hintertürchen und besuchte Hamburg trotz Entschuldigungen des Rats nie wieder.
Als am 4. August 1676 der Cremon hell erleuchtet war, gab es leider keine Gartenparty: Ein großes Feuer zerstörte mehr als dreißig Wohnhäuser und Speicher, dazu noch die Schiffe, die im Fleet lagen. Die Stadt gründete daraufhin im selben Jahr die Hamburger Feuerkasse, die älteste noch bestehende Versicherung dieser Art. Alle Hausbesitzer mußten sich versichern und konnten von nun an viel ruhiger schlafen. Auch die Hamburger Feuerwehr wurde mit modernen holländischen Hebelpumpen ausgerüstet und trug dazu bei, daß der Schaden bei einer neuen Brandkatastro-

phe im Jahre 1684, die insgesamt 214 Häuser vernichtete, nicht noch größer wurde.
Von unruhigen Nächten etlicher Hamburger Schlachter soll hier auch kurz berichtet werden. Das alte Recht, ihre Schweine zur Eichelmast in den Sachsenwald zu treiben, schien 1671 höchst gefährdet: Der Herzog von Sachsen-Lauenburg hatte sich erdreistet, eine ganze Herde „gefangen zu nehmen". Das rief die Hamburger Schlachter auf den Plan. Gemeinsam mit hunderten von Soldaten endete der Feldzug siegreich für Hamburg: der Schweinekrieg war gewonnen.
Noch vor einhundert Jahren war jeder Einwohner berechtigt, beliebig viele Schweine selbst zu mästen. Da aber der Schmutz in den Straßen derart überhand nahm, mußte der Rat handeln. Von nun an trieben professionelle Schweinehirten die Tiere frühmorgens vor die Stadt. Waren sie fett genug, wurden sie von den Besitzern auf dem Schweinemarkt verkauft. Im städtischen Küterhaus schlachtete man sie, und das Fleisch wurde von den sogenannten „Finnenkiekern" auf Bandwürmer untersucht. Die Eingeweide wanderten in die Alster, die „Knochenhauer" zerlegten die Tiere und boten das Fleisch in ihren Verkaufsständen, den „Schrangen", feil. Auch damals gab es die heute so beliebten Imbißbuden, die „Garbrader", die auf der Straße heißes Fleisch, Würstchen und Fisch anboten.
Die Hamburger waren berühmt für ihr reichhaltiges Essen: „Der Eßtisch ist das einzige Schlachtfeld, auf dem die Hamburger sich auszeichnen... Es gibt in der Stadt mehr Leute, welche leben, um zu essen, als solche, welche essen, um zu leben." Nach dem üppigen Mahl begab man sich an den Spieltisch, schlürfte einen starken Kaffee oder nahm einen kräftigen Schluck Branntwein zum Verdauen der fetten Speisen. „Die geistigen Getränke sind in Hamburg sehr beliebt. Der

1671: Hamburger „Schweinekrieg“.
So leicht verzichteten die Hamburger Schlachter
nicht auf die hervorragende Schweinemast
mit Eicheln des Sachsenwaldes!

Grund dafür liegt in der äußerst mittelmäßigen Beschaffenheit unseres Wassers und Bieres, in dem häufigen Genuß von Fischen und fetten Speisen und an dem feuchten Klima."

Die Wirkung des Branntweins konnte man aber nicht nur zu Hause probieren: Krüge, Schänken, Weinstuben und Gasthöfe luden schon früh am Morgen zum Schoppen ein. Er zog sich häufig genug bis zur abendlichen Polizeistunde hin. Bier wurde vorwiegend aus Zinnkrügen getrunken: „Es ist eine sonderliche Gabe Gottes, daß einem von diesem Bier das Haupt nicht wehe tut..." Aber auch Wein erfreute sich größerer Beliebtheit. Allein im Ratskeller lagerten köstliche Importweine im Wert von über 500000 Mark.

Wer nüchtern bleiben wollte oder versuchte es, wieder zu werden, griff zum Kaffee oder Tee. Das erste Kaffeehaus bei der Börse eröffnete 1677. Hamburg war da Vorreiter – erst sieben Jahre später hatten die Wiener ihr erstes Café.

Auch war das Laster der Qualmerei nicht an den Hamburgern vorübergegangen – man konnte in den weißen holländischen Pfeifen schon fünf verschiedene Tabaksorten rauchen. Die Geistlichkeit nannte das „den Mund zum Rauchfang des Satans machen".

Dem Promenieren, dem Sehen und Gesehenwerden, setzten Wind und Wetter in Hamburg enge Grenzen. Dennoch hatte man seine Lieblingspromenaden, allen voran den seit 1665 aufgeschütteten „Reesendamm". Er war hübsch mit Linden bepflanzt und hieß wegen der vielen jungen Mädchen, die da auf und ab schlenderten, bald „Jungfernstieg". Wer Lust hatte, konnte von hier aus die stolzen weißen Alsterschwäne betrachten und füttern – jegliche „Beleidigung" dieser damals schon für die Optik hochgeschätzten Tiere war bei Strafe verboten.

In der Stadt herrschte ein wahrer Bauboom. Während für das Michaelis-Kirchspiel von den Baumeistern Corbinus und Marquard eine neue Kirche gebaut wurde (1649–1661), bereicherte man auch die Stadtsilhouette mit zwei neuen Kirchtürmen. 1657 wurde der Turm von St. Nikolai fertig, ein Jahr später erhielt St. Katharinen auch einen Barockturm, sogar mit goldener Helmspitze. Das Gold stammt allerdings nicht, wie eine Sage behauptet, aus dem Goldschatz Störtebekers.
Der holsteinische Zimmermeister Hans Hamelau hatte aus dem hölzernen Millerntor ein imposantes Steinportal mit Turm gebaut, ein neues großes Kornhaus, damit für schlechte Zeiten immer genügend Getreide in der Stadt war, und unten an der Elbe das prachtvolle Baumhaus. Hier war die Zollstation untergebracht, an der alle in den Binnenhafen einlaufenden Schiffe kontrolliert wurden. Von seiner Galerie hatte man einen hervorragenden Rundblick über den ganzen Hafen. Unten gab es einen riesigen Festsaal mit Restaurant – ein beliebter Treffpunkt für jung und alt.
Aber in der Stadt, die bald 60000 Einwohner zählte, herrschte auch große Armut. Die Zahl der Bettler nahm ständig zu, und der Rat ließ sie ins Werk- und Zuchthaus am Alstertor zur Zwangsarbeit schaffen. Daneben entstand 1674 das Spinnhaus, in dem Diebe und Dirnen durch Arbeit moralische Besserung erfahren sollten.
Weil es nachts auf den Straßen nicht gerade ungefährlich war, ließ der Rat 1673 vierhundert Laternen aufstellen. Ihre Zahl wuchs bis 1686 auf stolze 1120. Nach Amsterdamer Vorbild standen die mit Tran oder Rübenöl gespeisten Lampen auf langen Pfählen. Weil sich die Bevölkerung beschwert hatte, daß statt der Straße nur die oberen Stockwerke ihrer Häuser erhellt wurden und sie dadurch in ihrer

*„Ohne eine Leuchte darf niemand seine taumelnde Gegenwart des Nachts in der Straße zu zeigen wagen...
Sonst bekommt er ein Quartier, das ihm des Morgens theuer und fremd vorkommt!"*

Nachtruhe gestört wurde, ließ der Rat die Pfähle kürzen. Ein „Leuchtenkalender", der sich nach der jeweiligen Vollmond- und Jahreszeit richtete, bestimmte den Arbeitsplan der „Anstecker" und den der fünfzehn Minuten später nachfolgenden „Nachstöcker", die den Docht richteten und sein Brennen kontrollierten. Dennoch war man bei Nacht immer noch nicht sicher auf den Straßen. Anfang des achtzehnten Jahrhunderts noch durfte niemand ohne eigenes Licht in der Hand aus dem Haus: „Nach neun Uhr soll niemand ohne Leuchte auf die Straße gehen bei zehn Talern Strafe, oder er soll drei Tage mit Wasser und Brot gespeiset werden."

Ein perfekter Gastgeber hatte deshalb immer einige Laternen oder Fackeln bereit für den Fall, daß eine Feier einmal länger dauern sollte. Es entwickelte sich sogar eine ganz neue Berufsgruppe: „Die Heimleuchter". Sie bekam viel Arbeit, besonders, wenn sich die Kunden häufig nicht mehr auf den eigenen Beinen halten konnten. Möglicherweise stammt der berühmte Spruch einer liebevollen Ehefrau, die zu ihrem stark „angetüterten" Gatten meint: „Ich werde dir heimleuchten", aus dieser Zeit.

Aufpassen mußte man, daß durch fröhliches Trällern des Nachts nicht einer der fünfzig Nachtwächter verärgert wurde. Diese 1671 aufgestellte Polizeitruppe nannte man „Uhlen" oder „Udel" – ein Spitzname, der nicht von der guten Sehfähigkeit dieser Nachtvögel herrührte, sondern von der herkömmlichen Meinung, daß sich die Hüter des Gesetzes gerne in dunkle Winkel zu einem Schläfchen zurückzogen, wenn sie die Müdigkeit übermannte. Zwar war es ihre Pflicht, alle Stunde die Zeit auszurufen, doch weil sie sich nach den Schlägen der Kirchturmuhren richten mußten, bekamen sie nicht immer die genaue Zahl mit. So wurde der

Uhlenruf sprichwörtlich: „De Klock hett Klock slaan, Klock ist de Klock!“ Ins verständlichere Hochdeutsch übersetzt: „Die Uhr hat Uhr geschlagen, Uhr ist die Uhr!“ Musikalische Nachtwächter brachten ihre Zeitansagen singend. Musik und Gesang waren in Hamburg recht beliebt. Seit 1660 veranstaltete der Organist Matthias Weckmann regelmäßig Konzerte im Dom. Acht Jahre später wurde ein Opernhaus am „Gänsemarkt“ eingeweiht. Hier weideten früher einmal die Gänse, aber vermarktet wurden sie woanders. Das Eröffnungsstück von Christian Richter hieß: „Der erschaffene, gefallene und wiederaufgerichtete Mensch, Adam und Eva.“ Wegen des religiösen Titels gab es zwar Proteste bei der Geistlichkeit, aber selbst der Große Kurfürst, Friedrich Wilhelm von Brandenburg, lauschte im Jahre 1682 höchstpersönlich der neuen Oper „Alceste“. Die Oper als Ort der Unterhaltung wurde gerne angenommen. Aber viele Besucher kamen wohl nicht nur wegen der Kunst: „Die meisten schienen weniger um der Opera selbst willen gekommen zu seyn, als dass sie teils mit ihren Bekannten schwatzen, teils endlich sich selbst zur Schau stellen mögten...“ (Der Patriot).
Ein nicht ungefährliches Vergnügen gab es am Schützenwall. Dort trainierten junge Männer das Scheibenschießen. Passanten mußten sich gehörig in acht nehmen.

Und wieder die Dänen

Nach dem Dreißigjährigen Krieg war der Druck Dänemarks auf die Hansestadt deutlich schwächer geworden. Angesichts der kostspieligen Auseinandersetzungen mit den Schweden waren die Dänen sogar bereit, ihre Rechte und

Am 2. Januar 1678 wurde am Gänsemarkt das Opernhaus eröffnet…
„Drey und vier Stunden zu braten oder zu frieren, ist des Hamburgers Sache nicht“

Ansprüche an der Südgrenze zu verkaufen. Der Sohn Christians IV., König Friedrich der Dritte, schlug den Hamburgern vor, gegen eine einmalige Entschädigung in Silber auf die Erbhuldigung und damit auf alle Ansprüche zu verzichten. Die Reichsunmittelbarkeit der Stadt sollte damit endlich ihre Anerkennung finden. Und 1658 ging er noch weiter: Altona, Ottensen und die Elbinseln wollte er für 40000 Reichstaler (1 Taler = 24 Schillinge oder 1,50 Mark) verkaufen. Man wird es kaum glauben, aber die große Chance wurde vertan, weil die Bürgerschaft dem Hamburger Rat, der durchaus dafür war, mißtraute und dagegen stimmte. Das Super-Sonderangebot des Dänenkönigs wurde abgelehnt.

Klar, daß König Friedrich beleidigt war. Er riß das politische Steuer herum und erhob 1664 Altona zur Stadt und versah sie mit großzügigen Privilegien: Gewerbefreiheit ohne Ämter- und Zunftzwang, absolute Religionsfreiheit, kostenlose Bürgerrechte.

All das geschah innerhalb der berühmten Zwei-Meilen-Zone, die ja im Freibrief von Barbarossa im Jahre 1189 ausgehandelt worden war. Deshalb protestierten die Hamburger sofort beim Kaiser in Wien. Um sein Wohlwollen zu gewinnen, verdreifachte man die dem Kaiser geschuldete Türkensteuer auf 65000 Taler. Für die Geschäftstüchtigkeit der Hamburger Kaufleute sprach das nicht gerade, denn der Dänenkönig wollte ja den Stein des Anstoßes für 40000 Taler herausrücken!

Im übrigen rührte sich der Kaiser überhaupt nicht. Diese politische Panne hatte natürlich nicht ihre Ursache in der Dummheit der Hamburger. Die Stadt glich damals nämlich nicht einem klug gesteuerten Schiff, sondern eher einem Hexenkessel. Zwischen Rat und „erbgesessener“ Bürger-

schaft lief seit Mitte der sechziger Jahre gar nichts mehr. Der Rat hatte zwar das neue Wahlrecht akzeptiert, war aber sonst der Ansicht, daß er nur Gott und dem Kaiser verantwortlich sei. Die Bürgerschaft meinte hingegen, er schulde ihr Rechenschaft, und erzwang die Absetzung von Bürgermeistern, Ratsherren und Beamten, die im Verdacht standen, bestechlich zu sein. Das stand aber ebensowenig in der Hamburger Verfassung wie die Tatsache, daß die Bürgerschaft sich zunehmend als geschlossener Block verstand, nicht mehr nach Kirchspielen getrennt abstimmte, ja sogar Leute zuließ, die nicht „erbgesessen" waren, d.h. keinen Grundbesitz in der Stadt hatten. Damit wurde die Lage noch verfahrener, denn nun waren die Oberalten in ihren Rechten geschmälert. Weil sie doch bisher die führenden Sprecher der Kirchspiele gewesen waren, führten sie sofort Klage beim Kaiser, und dieser schickte Kommissare zum Vermitteln. Der energische Graf von Windischgrätz brachte 1674 einen Vergleich zustande, der auf die Wiederherstellung der Rechte der Oberalten hinauslief und in dem Satz gipfelte: „Rat und Bürger wollen einander liebhaben!"
Mit schönen Sprüchen war der Streit natürlich nicht zu schlichten. Während Rat und Bürgerschaft nach dem pompösen Abzug des gräflichen Vermittlers zur Tagesordnung übergehen wollten, wandten sich die Oberalten erneut an den Kaiser, um sich den Rezeß (s. o.) offiziell bestätigen zu lassen. Das hätten sie nicht tun sollen, denn damit verstießen sie gegen den hamburgischen Grundsatz, daß Gesetze der Stadt keiner kaiserlichen Bestätigung bedurften. Kurzerhand beschloß die Bürgerschaft, die Oberalten zu suspendieren.
Die Zeichen standen auf Sturm. Wie ein Streit ausgeht, hängt natürlich auch von den Menschen ab, die ihn ausfech-

ten. Damals war der Wortführer der Konservativen in Hamburg der junge Bürgermeister Heinrich Meurer. Er war 1670 mit knapp dreißig Jahren ins Amt gewählt worden – und dieses ‚knapp' machte man ihm natürlich zum Vorwurf. Meurer galt als ehrgeiziger, energischer und hochfahrender Mann, der in der Wahl seiner Mittel ebensowenig pingelig war wie seine Gegenspieler. Das waren die beiden Sprecher der Bürgerpartei, der Färber Cord Jastram und Kaufmann Hieronymus Snitger. Durch ungehemmte Agitation verschafften sie sich eine große Anhängerschaft vor allem unter den Handwerkern, aber auch bei einigen Ratsherren. Gemeinschaftlich führten sie ihren von Leidenschaft und Haß gekennzeichneten Kampf gegen Meurer. Als 1683 offenbar wurde, daß Mitglieder des Rats gemeinsam mit dem kaiserlichen Gesandten von Rondeck in Wien derart intrigiert hatten, daß der Rechtsvertreter der Bürgerschaft nicht einmal gehört wurde, ließen Jastram und Snitger Bürgermeister Meurer kurzerhand verhaften. Man konnte ihm zwar keine Unregelmäßigkeiten nachweisen, zwang ihn aber dennoch zur Abdankung. Er suchte Zuflucht beim südlichen Nachbarn Hamburgs, dem Herzog von Celle. Der besetzte mit seinen Truppen die Hamburger Gebiete an der Süderelbe. Hamburger Handelsware wurde einkassiert. Im Auftrag des Kaisers verlangte der Herzog die Wiedereinsetzung Meurers und die Bestrafung Jastrams und Snitgers.

In Hamburg war die Macht inzwischen vom Rat auf die Deputation der Dreißiger übergegangen, einen außerordentlichen Ausschuß unter Führung von Snitger und Jastram. Die antworteten mit einem Handelsboykott und ließen alles Lüneburger Eigentum in der Stadt beschlagnahmen. Versuche des Herzogs und konservativer Kreise in Ham-

burg, die beiden Volkstribunen zu entführen, schlugen fehl. Die Beteiligten wurden hingerichtet.
Über all den Streitigkeiten zu Lande wäre beinahe die Seeschiffahrt in Vergessenheit geraten: Seit 1623 gab es das Admiralitäts-Kollegium, das für Hafen- und Lotsenwesen – wegen der gefährlichen Untiefen wurde 1629 der Lotsenzwang eingeführt –, für die Kontrolle der Seezeichen auf der Elbe und für die Verteidigung der Seeschiffahrt verantwortlich zeichnete, denn es gab sie wieder, die nimmersatten Seeräuber. Diesmal waren es türkische und algerische Piraten, genannt „Barbaresken“ und „Korsaren“. Sie drangen bis zur Elbmündung vor und bedrohten vor allem den Handel mit der Iberischen Halbinsel. Deshalb beschloß man 1662 den Bau von Konvoischiffen – sieben Jahre später liefen die stolzen Fregatten ‚Leopoldus Primus‘ und ‚Wapen von Hamburg‘ vom Stapel. Mit je 150 Mann Besatzung und 54 schweren Geschützen begleiteten sie die Handelsschiffe – 20 bis 50 insgesamt – auf ihren gefährlichen Fahrten.
Inzwischen zogen auch die Grönlandfahrer regelmäßig zum Walfang. Man konnte Schiffe jetzt sogar versichern lassen! Bis zu zehn Prozent Prämie pro Fahrt waren den meisten Reedern jedoch oft unbezahlbar. Zur Überwachung der kommerziellen Interessen der Stadt wurde im Jahre 1665 die Commerzdeputation gegründet – aus ihr ging später (1867) die Handelskammer hervor.
Wasser hat zwar eigentlich keine Balken, sie können einem zwar selten, aber dennoch um die Ohren fliegen. Im Jahre 1683 explodierte nach einem Brand in der Pulverkammer die ‚Wapen von Hamburg‘ in der Bucht von Cadiz. Unter den 64 toten Seeleuten befand sich auch Admiral Karpfanger. Ihm zu Ehren war an Bord gefeiert worden, denn er

hatte wieder einmal eine Flotte sicher nach Spanien gebracht.
Wie groß die Trauer um diesen Seehelden war, unter dessen Kommando auf den Begleitfahrten ins Mittelmeer, nach Südamerika, Westafrika und Grönland kein einziges Schiff verlorenging, kann man sich denken. Einen so tüchtigen Kommandanten, der für Ruhe und Ordnung in der Stadt selbst sorgte, hatten die Hamburger leider nicht...
Die Macht der „Volksvertreter" wuchs, als im Jahre 1685 das St.-Michaelis-Kirchspiel den vier alten Kirchspielen gleichberechtigt zugeordnet wurde. In St. Michaelis wohnten vor allem ärmere Leute. Wie sich die sozialen Schichten in den verschiedenen Kirchspielen darstellten, geht aus einem Gedicht von damals hervor:
„St. Petri de Rieken (Reichen).
Nicolai desglieken (desgleichen).
Katharinen de Sturen,
Jacobi de Buren
Michaeli de Armen –
Dat Gott mag woll erbarmen!"
Seit 1611 hatten jedoch die Ärmsten die neueste Kirche: Nach zwölf Jahren Bauzeit war die erste große Michaeliskirche fertig, und dieses neue Kirchspiel nannte man kurz „Neustadt". Mit der gleichberechtigten Aufnahme von St. Michaelis erhöhte sich die Zahl der Oberalten von 12 auf 15, die der Diakone auf 60, und der Ausschuß der 144er wurde nun zum 180er. In der Praxis der politischen Arbeit bedeutete das: Bei geregelter Abstimmung nach Kirchspielen kam nun endlich immer eine klare Mehrheit zustande.
In jenem Jahr 1685 war die Volkspartei unter Jastram und Snitger auf dem Höhepunkt ihrer Macht. Alle Versuche jedoch, mit dem Kaiser und dem Herzog ins reine zu kommen,

scheiterten. Wien verlangte die Wiederherstellung des Zustandes von 1674, also nach dem Rezeß von Graf Windischgrätz. Weil der Herzog weitere Truppen zusammenzog, wandte sich Hamburg an den großen Kurfürsten von Brandenburg, der schon vorher vergeblich versucht hatte zu vermitteln. Er ließ tatsächlich Truppen gegen Celle marschieren, aber nicht angreifen.

Im Januar 1686 besetzte der Herzog von Celle Bergedorf. Zur Verteidigung dieses Vorortes waren die Hamburger nicht in der Lage.

Hilfesuchend wandte sich der Ausschuß der 30er an Dänemark – taub gegen die Warnungen in der Stadt baten Jastram und Snitger König Christian V. um Hilfe. Der hatte nur auf diesen Augenblick gewartet und bereits dänische Truppen in der Nähe Hamburgs zusammengezogen. Fast 20000 Mann standen vor der Stadt, als der Dänenkönig seine Bedingungen nannte: Unterwerfung Hamburgs unter dänische Oberhoheit, Aufnahme einer ständigen dänischen Besatzung und eine Zahlung von 400000 Talern. Mit einem Schlage brach die Macht Jastrams, Snitgers und des Ausschusses zusammen. „Juen Snack gelt hier nicht mehr!“ – „Ihr habt hier nichts mehr zu sagen!“ – die großen Volksführer hatten verspielt. Fünf Ratsherren begannen, die Verteidigung der Stadt zu organisieren. Mit dem Celler Herzog einigte man sich schnell: Seine Truppen, eben noch als Feinde gefürchtet, wurden mit Jubel als Bundesgenossen in der Stadt begrüßt. Sogar schwedische, hannoversche und brandenburgische Soldaten halfen, das Bombardement der Dänen zu erwidern. Der Versuch, die erst vier Jahre alte Sternschanze am 20. August 1686 im Sturm zu nehmen, scheiterte unter großen Verlusten der dänischen Angreifer. Drei Wochen belagerten sie anschließend die Stadt und zo-

gen dann gegen Erstattung der hohen Belagerungskosten nach Norden ab.
Bürgermeister Meurer kehrte zurück und forderte Rache. Jastram und Snitger, die schon verhaftet waren, wurden auf sein Geheiß bestialisch gefoltert, ohne daß man ihnen das Geständnis abpressen konnte, Staatsverräter zu sein. Im Oktober desselben Jahres wurden beide hingerichtet. Ihre Köpfe wurden auf Eisenstangen gespießt und am Stein- und Millerntor zur Schau gestellt: Zur Nachahmung nicht empfohlen!
Heinrich Meurer wurde entlastet und wieder als Bürgermeister in Hamburg aufgenommen. Doch in den vier Jahren bis zu seinem Tod 1690 gelang es ihm nicht, wieder Ordnung zu schaffen. Jetzt standen sich zwei Parteien gegenüber: die Popularpartei der Handwerker und Kleinbürger und die Konservativen, zu der sich Rat, Oberalte, Kaufleute, Schiffer und Militärs zählten. Selbst die Kirche blieb nicht unparteiisch und predigte Politik von der Kanzel. Der Versuch, von einem Sonderausschuß einen neuen Rezeß erarbeiten zu lassen, mißlang. Kaum einer hielt sich noch an Recht und Gesetz – achtzehn Jahre herrschte fast Anarchie. Mit wachsender Besorgnis beobachteten das die Herrscher der benachbarten Länder und auch der Kaiser in Wien. Nur die Dänen rieben sich die Hände und sahen Hamburg schon als fette Beute. Angesichts dieser dänischen Gefahr ließen die Fürstentümer des Niedersächsischen Kreises am 31. Mai 1708 Reichstruppen in Hamburg einmarschieren: zweitausend Soldaten, dreihundert Reiter, acht Geschütze und den kaiserlichen Kommissar Hugo von Schönborn. Unter seiner Vermittlung konnte endlich die Verfassung der Stadt neu geordnet werden. Nach vierjähriger Arbeit wurde am 16. Oktober 1712 der Hauptrezeß verkündet. Die neue Ver-

fassung war „weder ganz aristokratisch noch ganz demokratisch, noch ganz repräsentativ“, sondern ein Cocktail aus diesen drei Faktoren, mit einem kleinen Spritzer politischer Rechte für den bürgerlichen Mittelstand. Kaiser Joseph erlebte die durch ihn veranlaßte Hamburger Eintracht nicht mehr, er starb 1711. Die Hamburger bekundeten ihm ihren großen Respekt und ihre Trauer, indem sie einen Monat lang täglich von 10 bis 11 Uhr alle Kirchenglocken läuten ließen – jegliche andere Musik aber, auch feierliche Orgelmusik, verstummte in dieser Zeit.

Hamburg in bester Verfassung

Der neue Hauptrezeß galt ab 1712 und hielt einhundertfünfzig Jahre. Grund genug, ihn sich genauer anzusehen: Die Macht teilten sich zwei gleichberechtigte Gruppen, der Rat und die „Erbgesessene Bürgerschaft“. Sie bildeten die höchste Staatsgewalt, das „Kyrion“. Der Rat setzte sich aus vier Bürgermeistern zusammen, von denen mindestens drei rechtsgelehrt sein mußten, und 24 Ratsherren, darunter mindestens elf Rechtsgelehrte. Er wählte seine Mitglieder selbst, und zwar auf Lebenszeit. Bei Verfehlungen einzelner Ratsherren übernahm allein der Rat deren Bestrafung – der Prozeß mußte nach acht Monaten abgeschlossen sein. Der Rat war verantwortlich für die höchste Gerichtsbarkeit (Judikative), alle diplomatischen Verhandlungen und für die Einberufung der Bürgerschaft. Von ihm gingen alle Gesetzesvorschläge an die bürgerschaftlichen Kollegien. Das waren die 15 Oberalten, das 60er Kollegium, bestehend aus Oberalten und Diakonen, und schließlich das 180er Kollegium, das aus Oberalten, Diakonen und Subdiakonen gebil-

det wurde, dazu kam der Konvent der erbgesessenen Bürgerschaft. In ihm waren Mitglieder anderer Kollegien, wie Kämmereiverordnete, Ältermänner der Handwerksämter, Offiziere der Bürgermiliz und Börsenalte.
Die Zustimmung der erbgesessenen Bürgerschaft zu den Vorschlägen des Rats war rein formal, diskutiert wurde wenig. Um Erbgesessener zu sein, mußte ein Bürger Hamburgs unbelastetes Grundeigentum in der Stadt besitzen und dazu über mindestens 1000 Taler frei verfügen können. Klar, daß die Zahl derer, die politische Rechte hatten, gering war: Bei einer Einwohnerzahl von damals 70000 gab es kaum mehr als 300 erbgesessene Bürger. Der „kleine Mann" bekam in Hamburg durch diesen Rezeß noch kein politisches Mitspracherecht. Dennoch hatte Hamburg durch diesen Rezeß damals die fortschrittlichste Stadtverfassung Deutschlands. Der Hauptrezeß beschäftigte sich in über fünfzig Artikeln mit Einzelheiten wie Bürgertreue, Bürgerrecht, den Schmähschriften, der Ratsämterverteilung, den Ratshonoraren, der Stellung der Oberalten, der Rats- und Bürgerversammlung, Ämter- und Brüderschaften, Gerichtsverordnungen, mit der Erweiterung der Stadtgarnison, dem Kammer- und Bankreglement, der Kleiderordnung, einer Verschärfung des Spiel-Mandats, mit der Überarbeitung von Buchdrucker-, Brot-, Bier-, Gassen-, Apotheken- und Judenverordnungen und der alljährlichen Bursprake, der öffentlichen Verlesung der Gesetze. Erst in Artikel 43 erinnerte man sich an die Bedeutung des Hafens. Die Schiffahrt und der Handel waren in den Jahren der Bürgerunruhen ungehindert weitergewachsen. „Rat und Kollegien mögen einen Augenmerk auf die Anlegung eines Freihafens und die Eindeichung der Alster richten..." Die Elbe zwischen Neumühlen und Altona sollte vor dem Versanden

geschützt werden. Auch Umweltschutzprobleme gab es: „Wegen Verderb des Alsterwassers durch Kattundruckereien sollten Rat und 60er auf Abhilfe denken." Ebenfalls waren Baubeschränkungen notwendig geworden, da sich der „Ausbau in die Gassen hinein als schädlich" erwies. Über Parkplatznöte klagte man auch damals schon: Wer auf eine eigene Kutsche nicht verzichten wollte, mußte die Karosse abends in die Diele stellen oder per Seilwinde oben auf den Boden ziehen. Die Pferde wanderten meist in den dunklen Keller.

Obwohl viele dieser Artikel der Bürgerschaft nie vorgelegt und nie von ihr bestätigt worden sind, wurde der Rezeß ohne nennenswerten Widerspruch akzeptiert. Dafür mag es zwei Gründe gegeben haben: Einmal saß die Angst vor der Anarchie der vergangenen Jahrzehnte noch den meisten Bürgern in den Knochen. Zum anderen hatten alle in der Stadt Interesse am wirtschaftlichen Wachstum.

Gelähmt wurde das öffentliche Leben in jenen Jahren wieder durch das Wüten der Pest. In nur zwei Jahren, von 1712 bis 1714, forderte die schreckliche Seuche nahezu 12000 Todesopfer. Dann kehrte sie Hamburg endgültig den Rücken. Der „Pesthof" außerhalb der Stadttore konnte daher später offiziell zum Krankenhof umbenannt werden.

Ein halbes Jahrhundert zuvor, 1644, war in Hamburg ein Ärztebund gegründet worden. Die Idee für das „Collegium medicum" stammte von Paul Marquard Schlegel, dessen naturwissenschaftliche Sammlung später Grundausstattung eines naturhistorischen Museums wurde.

An dieser Stelle darf auch nicht der Lübecker Joachim Jungius (1587–1657) unerwähnt bleiben, der Rektor des Akademischen Gymnasiums. Er machte sich als Naturwissenschaftler und Philosoph einen solchen Namen, daß sogar

Goethe über ihn schrieb: „Der Mann war Mathematiker und Logiker von Haus aus, hatte sich aber mit freiem Sinn der lebendigen Natur ergeben und seiner Zeit vorschreitende Arbeiten geliefert.“ Im Jahre 1690 hatten sich die Mathematiker der Stadt zur „Kunst-Rechnungsliebenden Sozietät“, der späteren Mathematischen Gesellschaft, zusammengeschlossen. Auch ohne Uni begannen also die Wissenschaften in Hamburg langsam Fuß zu fassen.

Nicht nur Krieg und Geschäfte
Große Köpfe wirken

Während all der politischen Unruhen und Pestschrecken sind wir fast unbemerkt in ein neues Jahrhundert gerutscht. Glücklicherweise gibt es jedoch aus dieser Zeit schöne Erinnerungen, und man kann auch Gutes berichten: Hamburg galt als musikalische Hochburg. Im Jahre 1693 schuf der berühmte Orgelbauer Arp Schnitger (1648–1719) für die Jacobi-Kirche eine der wertvollsten Orgeln der Welt. Bis heute ist sie erhalten, und ihr Klang begeistert noch immer Musikfreunde aus aller Welt. Schnitger liegt im Alten Land begraben. Auch für die kleine Kirche in Neuenfelde baute er eine Orgel, auf der noch heute gespielt wird.
Im Jahre 1700 kam ein fünfzehnjähriger Musikschüler zu Fuß von Lüneburg nach Hamburg, um dem berühmten Orgelvirtuosen und Opernbegründer Adam Reinken (1623–1722) zu lauschen. Es war kein geringerer als Johann Sebastian Bach. Auch ein anderes musikalisches Genie lebte von 1703 bis 1705 in Hamburg: Georg Friedrich Händel. Der junge Geiger wurde in der Stadt zunächst allerdings durch einen Skandal bekannt: Mit dem Musikkritiker, Kom-

ponisten und Sänger Georg Mattheson hatte er während einer Probe einen solchen Streit, daß es nicht nur zu einer Ohrfeige gekommen sein soll. Bei einem Duell mit ihm auf dem Rathausmarkt hatte Händel großes Glück: Die Degenspitze von Mattheson traf nur einen seiner Rockknöpfe und glitt ab. Die beiden Musiker vertrugen sich wieder, und Matthesons Oper „Cleopatra“ konnte uraufgeführt werden.

Während in Hamburgs Stadtmauern zwischen Rat und Bürgerschaft endlich Friede eingekehrt war, tobten im übrigen Europa blutige Machtkämpfe. Prinz Eugen lieferte sich im spanischen Erbfolgekrieg am Rhein bittere Schlachten mit den Franzosen, und es gab Kriegschauplätze in der Türkei, in Rußland und Polen.

Die Bedrohung für Hamburg kam wieder – wie sollte es anders sein – aus dem Norden, wo zwischen Schweden und Dänemark der „Nordische Krieg“ wütete. Aber obwohl das Kriegsgeschehen bis vor Hamburgs Stadttore reichte, Stade zerstört und Altona im Jahre 1713 von den Schweden in Brand gesetzt wurde, konnte sich die Stadt aus den Kämpfen wieder einmal heraushalten. Die Hamburger halfen jedoch den obdachlosen Nachbarn mit Kleider-, Dekken- und Proviantspenden.

Wie schon so häufig vorher, forderten die Dänen Unterstützung von der wohlhabenden Stadt, diesmal in Form von Anleihen. Im Jahre 1713 stattete dann auch noch Zar Peter I. von Rußland mit großem Gefolge Hamburg einen Besuch ab. Er wollte sich allerdings mit dem Gastgeschenk – einem eigens für ihn handgeschmiedeten Silberbecher – (noch heute im Museum für Hamburgische Geschichte) nicht zufriedengeben. Als Verbündeter Dänemarks verlangte er von den geplagten Hamburgern eine halbe Mil-

lion Taler Kriegssteuern. Nur mit Mühe konnte der Rat die Summe auf 300000 Taler herunterhandeln. Teuer wurde es auch, als 1716 der Zar und der Dänenkönig Friedrich IV. drei Monate in Hamburg weilten und die Weinvorräte des Ratskellers dezimierten. Außer diesen schmerzlichen Spesen soll allerdings ein Handelsvertrag mit Ludwig dem Fünfzehnten von Frankreich zustande gekommen sein.
Der Friede von Stockholm, der 1719 den Nordischen Krieg beendete, verschaffte Hamburg nicht nur Ruhe, sondern drängte auch den Einfluß der Siegermacht Dänemark zurück, denn die schwedischen Herzogtümer Bremen und Verden mit Stade wurden nicht Dänemark, sondern Hannover angegliedert. Das machte die Niedersachsen zu Herren des hamburgischen Domkapitels. Im gleichen Jahr kam es zu einer ernsten Verstimmung mit dem Kaiser in Wien: Der Plan, auf dem Gelände der kaiserlichen Gesandtschaft nahe der Michaeliskirche eine repräsentative katholische Kapelle zu bauen, brachte junge fanatische Lutheraner in Aufruhr. Am 10. September 1719 stürmten sie das Gesandtschaftsgebäude und demolierten es völlig. Demütig mußte der Rat beim Kaiser um Verzeihung bitten, reichlich Erstattungsgeld zahlen und das prächtige Görtzsche Palais am Neuen Wall für 120000 Mark kaufen. In dieses Haus zog dann drei Jahre später der kaiserliche Gesandte.
Nun waren Sparmaßnahmen beim Rat angesagt: Bei Mondschein blieben ab sofort die Straßenlaternen dunkel. So verbrauchte man weniger Waltran.
Zurück zur Musikszene: Im Jahre 1720 bewarb sich der inzwischen 35jährige Johann Sebastian Bach um die freie Organistenstelle in St. Jacobi. Der Rat – und darüber rauft sich heute noch mancher Kenner die Haare – entschied sich gegen ihn und stellte einen Unbekannten namens Heidtmann

ein. Dieser hatte allerdings 4000 Mark Silber in den Gotteskasten gespendet – sein Eintrittsgeld.
Bach gab nicht auf und bewarb sich ein Jahr später um das Amt des Kantors und kirchlichen Musikdirektors. Und wieder entschied man total daneben: Auf den Posten kam der damals bekanntere Opernkomponist Georg Philipp Telemann. Mit Bach, der enttäuscht als Hofkapellmeister nach Köthen ging, hatte Telemann eines gemeinsam: Er war äußerst fleißig. Bis zu seinem Tode 1767 schuf er rund 800 Kompositionen, darunter allein vierzig Opern.
1725 rückte die Hamburger Oper ganz in den Mittelpunkt öffentlichen Interesses. Wegen „unsittlicher Texte" („es hungert mich nach Jungfernfleisch") untersagte man die Aufführung der „Hamburger Schlachtzeit". Dreizehn Jahre später mußte das Haus aus Finanzgründen geschlossen werden, obwohl die große Künstlerin Friederike Caroline Neuber 1728 die Theaterleitung übernommen hatte. Die „Neuberin" versuchte ernsthaftes Theater – aber das Hamburger Publikum wollte die alten Spaßmacher.
Seit 1715 gab es die „Teutschübende Gesellschaft", an der ein Kaufmann und späterer Ratsherr intensiv mitarbeitete. Seine hochdeutschen Dichtkünste bewies er in den neun Bänden „Irdisches Vergnügen in Gott": Hinrich Brockes (1680 bis 1747) gilt durch seine enthusiastischen Naturbeschreibungen als Vorläufer Klopstocks. 1723 gab er zusammen mit Geschichtsprofessor Richey und Sprachforscher Fabricius eine „Moralische Wochenschrift" heraus: „Der Patriot". Michael Richeys (1678–1761) „Idioticon Hamburgense" war das erste Niederdeutsch-hamburgische Wörterbuch.
Durch seine heiteren Alstergedichte machte Friedrich von Hagedorn (1708–1754) auf sich aufmerksam. Bessere Touristenwerbung machte damals niemand:

„Befördrer vieler Lustbarkeiten,
du angenehmer Alsterfluß!
Du mehrest Hamburgs Seltenheiten
und ihren fröhlichen Genuß."

Durch ihn erfahren wir, daß es schon damals üblich war, gemütlich auf dem Alstersee zu schippern und bei funkelndem Wein die Geselligkeit zu pflegen.

1730 wurden die Ratsherren verpflichtet, ihr Portrait für das Archiv abzugeben. So hatte plötzlich ein Barockmaler viel Arbeit und wurde auch über Deutschlands Grenzen bekannt: Balthasar Denner (1685–1749). Außer dem schon 1700 gestorbenen Matthias Scheits, dessen Zeichnungen Landschaften und Szenen aus dem Volksleben darstellten, hatten die Hamburger auf dem Gebiet der bildenden Künste kaum Erwähnenswertes zu bieten.

Die „Gemeine Bibliothek" der Stadt war durch die stattliche Büchersammlung des Professors Wolf zur größten offiziellen Bibliothek Deutschlands angewachsen – man brauchte dringend ein neues Gebäude für die rund 50000 Bände. 1735 gründete die Commerzdeputation eine Commerzbibliothek. 1737 schloß sich die erste deutsche Freimaurerloge in Hamburg zusammen. Seit 1745 gab es eine Elbe-Lotsenbrüderschaft, vier Jahre später öffnete die Navigationsschule der Admiralität ihre Pforten für angehende Kapitäne.

Drei neue Kirchen wurden gebaut: 1738 die Christianskirche in Ottensen, 1743 die Dreifaltigkeitskirche in Altona und 1747 die St.-Georgs-Kirche. Wenn neue kommen, müssen alte gehen: Ein Blitzschlag traf 1750 den Turm von St. Michaelis und setzte die Kirche in Brand – die Löschwagen konnten nichts mehr ausrichten. Ein Jahr darauf legte Baumeister Ernst Georg Sonnin (1713–1794) den

Grundstein für einen neuen, eindrucksvollen barocken Kirchenbau. Nach elf Jahren konnte das Gotteshaus am 19. Oktober 1762 seiner Bestimmung übergeben werden. Der hinzugezogene zweite Baumeister, der auch die St.-Georgs-Kirche fertiggestellt hatte, Johann Leonhard Prey, erlebte den Weihgottesdienst nicht mehr. Er war fünf Jahre vorher gestorben.
Zur Absicherung der Kirchtürme und anderer hoher Gebäude gegen Blitzschläge entwickelte der Arzt Johann Albert Reimarus (1729–1814) auch für Hamburg den Blitzableiter. Der Turm von St. Jacobi wurde als erster damit ausgerüstet. Reimarus war – wie sein Vater – Professor am Akademischen Gymnasium. Zusammen mit dem späteren Direktor der zur Ausbildung junger Kaufleute gegründeten Handelsakademie, Johann Georg Büsch (1728–1800) und dem Ratsherrn Kirchhof gründete er im Jahre 1765 die „Hamburger Gesellschaft zur Beförderung der Manufacturen, Künste und nützlichen Gewerbe", kurz „Patriotische Gesellschaft" genannt. Sie sollte Wissenschaften, Künste, Gewerbe und soziale Einrichtungen fördern und den Bürgern zugänglich machen. So wurde eine Kreditsparkasse für Grundstücke und eine verbesserte Feuerkasse gegründet, entstanden soziale Einrichtungen zur Armen- und Krankenpflege und zur Witwenbetreuung, Bildungsstätten für Arbeiter und Handwerker und vieles andere mehr. Sogar Preisausschreiben zur Unterstützung praktischer Erfindungen wurden durchgeführt.
Als größter Nationalökonom seiner Zeit bekam Büsch als erster Bürger der Stadt ein Denkmal. Heute steht es an der Nordwestseite der Lombardsbrücke.
Der Grundstein zur Medienstadt Hamburg wurde in dieser Zeit gelegt. Mehrere Zeitungen erschienen, beispielsweise

1731 der „Hamburgische Unparteiische Correspondent". Es gab damals auch eine französische und lateinische Zeitung. In unmittelbarer Nachbarschaft brachte Matthias Claudius (1740–1815) den „Wandsbeker Bothen" heraus und ließ darin sogar seine volkstümlichen Gedichte abdrukken, wie „Der Mond ist aufgegangen". Aber auch Werke von Goethe und Herder konnte man im Bothen lesen.
1767 trat ein bisher noch wenig bekannter Dichter ins Rampenlicht: Gotthold Ephraim Lessing (1729–1781). Er war Dramaturg im neugegründeten Nationaltheater, das die Oper am Gänsemarkt abgelöst hatte. Seine „Minna von Barnhelm" fand tosenden Beifall, und Lessing wurde entsprechend gefeiert. Seine Theaterzeitschrift „Hamburgische Dramaturgie" hatte weniger Erfolg bei den Hamburgern. Sie wollten keine „moralische Schaubühne", sondern lockere und leichte, unkomplizierte Unterhaltung. Zwei Jahre nach Erscheinen mußte Lessing seine regelmäßige Theaterkritik einstellen.

Zum letztenmal: Dänemark

Ganz so ausschließlich, wie es scheint, konnten sich die Hamburger im 18. Jahrhundert ihren kulturellen Interessen allerdings nicht widmen. Die große Politik, und die hieß damals fast immer auch Krieg, rückte ihnen oft genug dicht vor die Stadttore. Der spanische Erbfolgekrieg hatte die Hansestadt zwar ziemlich unberührt gelassen, aber der Ärger kam natürlich wiederum aus Dänemark: Christian VI. hatte in der Jahrhundertmitte die dänische Krone übernommen und verursachte den Hamburgern wahre Kopfschmerzen. Dänemarks Finanzen waren durch den Nordischen Krieg völlig ruiniert. Für die Anleihen, die man in früheren Jahren vom Hamburger Rat erzwungen hatte, konnte Kopenhagen noch nicht einmal die Zinsen aufbringen. Auch Zwangsanleihen während des Siebenjährigen Krieges (1756–1763) – er verhalf Preußen zur Großmacht – verbesserten die Lage Dänemarks nicht. Die Schuldensituation änderte sich natürlich auch nicht dadurch, daß Hamburg schon vorher dänische Pfänder erhalten hatte, nämlich eine ganze Reihe von Dörfern in den Ämtern Reinbek und Trittau. Die riesigen Schuldenberge der Dänen machten Verhandlungen sinnlos – sie hatten einfach kein Geld. Und weil die Situation für beide Seiten unerträglich geworden war, einigte sich Hamburg mit den Dänen am 27. Mai 1768 im „Gottorper Vergleich". Hamburg verzichtete schlicht auf sämtliche Rückzahlungen. Die Schulden der Dänen waren inzwischen auf vier Millionen Mark banco angewachsen! Gegenleistung: Dänemark mußte Hamburg unwiderruflich als kaiserliche Freie Reichsstadt anerkennen. Sämtlicher holsteinischer Grundbesitz in Hamburg, der Schauenburger Hof in der Steinstraße, der Mühlenhof, die Elbinseln zwischen Billwerder und Finkenwerder – das waren Kaltenhof, Peute, große und kleine Veddel –, der Grevenhof sowie Ortschaften des Amtes Reinbek in den Vier- und Marschlanden mußten an Hamburg abgetreten werden. Die neuen Grenzen wurden durch Pfähle markiert. Von nun an brauchten die Glöckner Hamburgs keine Überstunden mehr zu machen, wenn ein dänischer König gestorben war. Mit der Unabhängigkeit von Dänemark entfiel nämlich das übliche Trauergeläut.

Schon im Jahr darauf – für das Reichskammergericht eine wahre Schnelleistung – bestätigte Kaiser Joseph II. hocherfreut den Gottorper Vergleich. Hamburg bekam Sitz und

Stimme auf dem Reichstag zu Regensburg. Der jahrhundertelange Streit Hamburgs mit Dänemark war nun endlich beigelegt – mit Brief und Siegel.

Kultur und Leben

Der Hamburger Theologieprofessor Hans Samuel Reimarus, Vater des schon genannten Arztes Johann Albert, hatte bei seinem Tode 1768 ein paar unveröffentlichte Aufsätze im Geist der radikalen Aufklärung hinterlassen. Sie trugen Titel wie „Schutzschrift für die vernünftigen Verehrer Gottes". Lessing grub sie aus und veröffentlichte sie in seiner Theaterzeitung als „Fragmente eines Ungenannten". Die darin vertretene Auffassung, Gott sei keine Person, die in das menschliche Dasein eingreife und sich ihr offenbare, beschworen den Zorn der orthodoxen Lutheraner herauf. Ihr Wortführer wurde Hauptpastor Johann Melchior Goeze, der in seinen Kanzelreden und Flugblättern seiner Entrüstung freien Lauf ließ. Lessing antwortete in seinem „Antigoeze", indem er in geschliffenem Stil die Idee der Toleranz verfocht. Künstlerischen Ausdruck fand dieses später in seinem Schauspiel „Nathan der Weise".
Lessings Hamburger Zeit endete 1770, denn das Nationaltheater konnte ihm keinen Posten mehr anbieten, es war finanziell am Ende, obwohl gerade jetzt der junge Theaterleiter Friedrich Ludwig Schröder dem Haus eine neue Bedeutung gab. Im Sinne Lessings wurden die üblichen Ulk- und Possenspiele von der Bühne verbannt. Aufgeführt wurden Dramen von Shakespeare und Schiller. Allzu grausame Szenen mußten jedoch gemildert werden, um zu vermeiden, daß die eng geschnürten Damen in Ohnmacht fielen. Es gab

auch schon eine Art Abonnement: „die Gesellschaft kunstliebender Hamburger“. Sie feierte begabte Schauspieler wie Konrad Ekhof und Dorothea Ackermann wie Stars.
Als Lessing mit seiner hamburgischen Ehefrau nach Wolfenbüttel ging, zog ein anderer „literarischer Stern erster Ordnung“ in die Nähe Hamburgs: Friedrich Gottlieb Klopstock (1724–1803). Er kam von Kopenhagen nach Altona, wohl auch weil er sich in die Hamburgerin Meta Moller verliebt hatte. Auch die Hanseaten feierten ihn und seinen hier vollendeten Messias begeistert. Als er in Ottensen beigesetzt wurde, läuteten in Hamburg alle Glocken.
Die Liebe der Hamburger zur Musik blieb ungebrochen – 1761 war ein neuer Konzertsaal am Valentinskamp entstanden, der sogar beheizt werden konnte. Nachfolger Telemanns als städtischer Musikdirektor war inzwischen Philipp Emanuel Bach (1714–1788) geworden, ein Sohn des großen Johann Sebastian. Obwohl er eigentlich Jurist werden wollte, machte er seine Sache gut und komponierte neben seinen Sonaten auch noch rund vierzig Opern. Das große musikalische Ereignis, die Aufführung des Messias von Händel, fand zwar nicht unter seiner Leitung statt, aber die Hamburger dankten ihm seinen großen Einsatz und gaben ihm in der Krypta von St. Michaelis die letzte Ruhe.
Die Kirche hatte 1778 einen Turm bekommen, der sogar das Straßburger Münster und den Stephansdom in Wien überragte.
Toleranz war angesagt. Was zuvor in Lessings Schriften gefordert war, wurde nun praktiziert. Seit 1785 erlaubte ein neues Edikt den Reformierten und Katholiken den Bau eigener Gotteshäuser innerhalb der Stadtmauern. Sie brauchten nun nicht mehr zum Gebet nach Altona zu reisen. Optische und akustische Belästigung verbaten sich die strengen

Lutheraner jedoch immer noch: Kirchtürme und Glocken waren den Andersgläubigen nicht gestattet. Allerdings ließ Hamburg 1786 eine andere Art der „Himmelfahrt“ zu: Weit über 100000 Menschen sollen verfolgt haben – sie kamen von nah und fern –, wie der Ballonfahrer Blanchard mit seinem Luftballon über der Stadt schwebte.
Hamburg zählte jetzt fast einhunderttausend Einwohner. Das soziale Elend in den Gängevierteln war unvorstellbar geworden. Jeder zwölfte Einwohner verdiente nicht das Existenzminimum, das bei einem halben Taler pro Woche lag – viele Einwohner mußten betteln gehen oder suchten Aufnahme im Spital. Eine Zählung des Hamburger Wohnraums ergab 7904 Häuser, 1839 Wohnkeller, 9561 Säle (= Zimmer) und 3878 Buden. Die feuchten Keller und die Enge, in der die Armen lebten, förderten Krankheiten, und der Hunger war groß.
Das rief Reformer auf den Plan, wie den Kaufmann Baron Caspar Voght, der auf seinem Mustergut in Flottbek neue Anbaumethoden entwickelte, damit die Hamburger besser ernährt werden konnten. Der weitgereiste Mann baute im Jenisch-Park auch die ersten aus Amerika importierten Kartoffeln an. Diese segensreiche, sättigende Knolle sollte sich bald durchsetzen!
Vorbildlich und in ganz Europa berühmt war die Gründung der „Allgemeinen Armenanstalt“ 1788. Die Stadt wurde in Pflegebezirke eingeteilt, und ehrenamtliche Armenpfleger übernahmen statt der Kirche die Fürsorge der Bedürftigen. Baron Voghts Grundsatz: „Arbeitsbeschaffung statt Almosen!“
Hochkonjunktur hatten die Architekten. Die rege Bautätigkeit machte es erforderlich, Straßenschilder aufzustellen und Hausnummern einzuführen, damit das Umherirren Un-

kundiger ein Ende hatte. Prachtvolle Bauten entstanden, wie das neue Waisenhaus an der Admiralitätsstraße (1785). Kaufmannshäuser bekamen schmucke Giebel. Hamburg war eine Reise wert. Allerdings war das, was ein Besucher für Kost und Logis ausgeben mußte, nicht für jeden erschwinglich. Für eine Übernachtung im möblierten Zimmer nahm der Wirt einen halben Taler; sechs Schillinge kostete der halbe Liter Wein oder der Morgenkaffee (ein Taler = 32 Schillinge); der Kutscherlohn betrug einen Taler pro Tag. Das normale Mittagessen kostete 16 Schillinge. Ein Urlaubstag in Hamburg war ungefähr so teuer, wie ein Handwerksgeselle damals an drei Tagen verdiente.
Verwöhnte Gaumen fanden ihre Freude in einem 1789 eröffneten Feinschmeckerlokal am Elbufer bei Nienstedten – und finden sie bis heute: „Jakob“. Seinen Namen bekam es vom französischen Besitzer Jaques, der als ehemaliger Gärtner die Küchenkräuter eigenhändig ausgesät haben soll.
Inzwischen gab es insgesamt fünfzehn Kaffeehäuser in Hamburg – 1799 lud der erste Alsterpavillon zum Tortenschlemmen mit Alsterblick. Zum Kaffee schmeckte auch den Damen eine Zigarre – seit 1788 wurden die dicken braunen Glimmbolzen auch in Hamburg gerollt.
Mit etwas Glück – denn es war vom Wetter abhängig – konnte man sogar gutgebaute, jedoch züchtig verhüllte Schwimmer beobachten, denn 1792 lockte ein Badeschiff am Jungfernstieg plantschfreudige Sportsfreunde an. Das war die erste öffentliche Badeanstalt Deutschlands!
Die Menschen dieser Zeit begannen die Natur zu schätzen und liebten Blumen. Wer es sich leisten konnte, ließ sich außerhalb der Hamburger Stadttore einen Landsitz für den Sommer bauen. Besonders an der Elbchaussee entstanden die ersten Prachtvillen, in die sich Leute wie Lawaetz, Sieve-

king, Bohl, Thornton, Baur und Godeffroy zurückzogen, wenn sie sich vom Geldscheffeln erholen wollten. Rund um die Außenalster wurden hübsche Gärten angelegt, so auch am Westufer, wo man seine freie Zeit damit verbrachte, in den Pflanzen „herumzupöseln". Um welchen Ort es sich handelt, ist klar: Pöseldorf. Auch heute soll es wieder Leute geben, die dort ihre Zeit verpöseln – mit jungem Gemüse!
Das Ende des Jahrhunderts war auch in Hamburg von den Auswirkungen der Französischen Revolution beeinflußt. Zwar sympathisierten die liberalen Bürger Hamburgs zunächst mit den Revolutionären in Paris. Das hinderte sie aber dann keineswegs, Tausende von Emigranten aus Adelskreisen mit offenen Armen zu empfangen. Man gründete sogar ein französisches Theater (allerdings auch ein englisches) und empfand es als besonders fein, wenn man die französischen Adelssitten nachäffte. Die Franzosen förderten das kulinarische Leben und zogen vor allem geschäftliche Beziehungen mit sich. Der gewaltige Handelsaufschwung brachte Reichtum in die Stadt und ermöglichte vielen Bürgern Genuß und Luxus. So mancher moralische Grundsatz geriet in dieser Zeit in Vergessenheit. Das Geld für die – vorläufig letzte – Prasserei war nur allzu leicht erwirtschaftet worden. Die ersten düsteren Wolken zeichneten sich schon am Horizont ab. Weil man sich am ersten Koalitionskrieg der konservativen Mächte Deutsches Reich, England und Rußland gegen das revolutionäre Frankreich nicht beteiligt hatte, wurde Hamburg wichtiger Anlaufhafen für den französischen Handel. Die traditionelle Neutralitätspolitik der Hanseaten zahlte sich auch diesmal wieder aus. Gleichzeitig stand Hamburg aber auch für den englischen Warenverkehr offen, besonders, nachdem die Franzosen 1796 Holland besetzt hielten und Am-

sterdam für den internationalen Handel ausgefallen war. Daher kamen niederländische Emigranten mit Vermögen und guten geschäftlichen Beziehungen in alle Welt in die Stadt.
Der Binnenhafen im Alstertief platzte aus allen Nähten und mußte dringend erweitert werden. Man rammte deshalb eine Reihe kräftiger Baumstämme, „Duckdalben", in den freien Elbgrund und hatte so Liegeplätze für rund vierhundert Schiffe. Wie gesagt, der Handel blühte und damit auch die Schiffahrt. Um 1800 liefen etwa 2000 Segler mit insgesamt 150 000 Tonnen Laderaum pro Jahr in Hamburg ein und aus. Für viele Kaufleute wurden in dieser Zeit auch Westindien und die Vereinigten Staaten von Amerika begehrte Handelsziele. Nachdem die USA im Jahre 1776 unabhängig geworden waren, beglückwünschte der Hamburger Rat den neuen Staat sogleich und schlug 1783 umfangreiche Handelsabkommen vor.
Noch ahnte niemand, daß dieser Wohlstand allzubald ein Ende haben würde. Oder genossen viele Hamburger den Luxus und das süße Leben nur, weil sie sich sagten: „Wer weiß, wie lange noch?"

Hambourg, une bonne ville de l'empire Francaise
Die Franzosenzeit

Schon kurz vor der Jahrhundertwende wurde immer deutlicher, daß Hamburgs Neutralitätspolitik zwischen den europäischen Großmächten zum Scheitern verurteilt war. Abwechselnd erpreßten Frankreich, England, Preußen und Dänemark die reiche, aber machtlose Stadt. Es war verständlich, jedoch nicht besonders weise von Hamburg, dem

britischen Seehelden Lord Nelson, der im Jahre 1800 mit Lady Hamilton die Stadt besuchte, ein glanzvolles Fest zu geben. Hamburg war zwar handelspolitisch der Festlandspfeiler Englands geworden, aber die mit ihnen verfeindeten Franzosen standen immerhin im benachbarten Niedersachsen – die mit ihnen verbündeten Dänen jedoch schon vor der Stadt. Zwei Monate lang wurde Hamburg schließlich – zum erstenmal in der Geschichte – von dänischen Soldaten besetzt. Grollend mußten die Hanseaten zusehen, wie alle Waren ihrer englischen Handelspartner konfisziert wurden. Der Zorn Napoleons auf die Stadt ließ sich nur mit erheblichen Zahlungen besänftigen. Ruhe gab es dennoch nicht. Im Jahre 1803 besetzten die Franzosen das linke Ufer der Elbmündung und damit auch das hamburgische Amt Ritzebüttel. So konnten sie den Engländern den Zugang zur Elbe sperren. Diese antworteten mit einer Blockade der Elbmündung. Die größe Einnahmequelle der Hamburger, die Handelsschiffahrt, war damit zunächst einmal versiegt. Wehrlos mußten sie mit ansehen, wie der englische Gesandte am Grindel von den Franzosen entführt wurde.
Unter dem Einfluß Napoleons veränderte sich die politische Landschaft Deutschlands grundsätzlich. Der Reichsdeputationshauptschluß von Regensburg 1803 machte den alten Rechtszuständen des Reichs ein Ende. Die geistlichen Herrschaften (Fürstbistümer und Reichsabteien) wurden aufgelöst – säkularisiert nannte man das. Neue deutsche Staaten entstanden, wie das Königreich Württemberg und Baden. Die Freiheit der großen Reichsstädte, so auch Hamburgs, wurde anerkannt. Die Säkularisation löste eines der langwierigsten Probleme in Hamburg mit einem Schlag: Der Staat im Staate, das Domkapitel, das immer noch dem Kurfürsten von Hannover als Besitzer des Herzogtums Bremen

gehörte, fiel an die Stadt Hamburg. Das war wahrlich kein Pappenstiel, denn zum Dombesitz zählten: Grund und Boden der gesamten Paulstraße mit Ausnahme von drei Eckhäusern, in der neuen Bergstraße hinter St. Petri achtundzwanzig Häuser, fünf Säle, etliche Keller und Räume, vier Häuser auf dem St.-Petri-Kirchhof, alle Gebäude an der Bergstraße, dazu weitere fünfzig Häuser, Säle und Besitzungen verteilt auf das ganze Stadtgebiet, außerdem noch rund einhundert Morgen unbebautes Weideland in Hammerbrook, Neuengamme und Moorburg.
Jedoch stellte Dänemark Ansprüche auf die zuvor zum Dombesitz gehörenden Dörfer, wie zum Beispiel Poppenbüttel. Hamburg zahlte den häufig klammen Dänen mit barer Münze – es kaufte ihnen die Dörfer ab.
Und was geschah mit dem Zentrum des Domkapitels, dem alten gotischen Dom? Dieses Symbol fremder Herrschaft mitten in der Stadt mochten die Hamburger Lutheraner überhaupt nicht. Was für sie allerdings noch schlimmer war: Seine Renovierung und Unterhaltung kostete viel Geld. So ließen sie ihn einfach abreißen, pietätlos und ohne Sinn für die mittelalterliche Vergangenheit, der sich gerade in jener Zeit im übrigen Deutschland so lebhaft entfaltete.
Wer wissen möchte, wie der alte Hamburger Dom ungefähr ausgesehen hat, muß sich den Meldorfer Dom im schleswig-holsteinischen Dithmarschen ansehen. Er wurde zur gleichen Zeit wie der Hamburger Dom und von denselben Baumeistern errichtet und existiert noch heute.
Drei Jahre später wurde Hamburg eine vollends souveräne „Freie Reichsstadt“. 1806 legte Franz der Erste die deutsche Kaiserkrone nieder: Es gab kein deutsches Reich mehr. Die Hamburger hielten indessen an ihrer Neutralitätspolitik fest. Um das auch weithin sichtbar zu demonstrieren, rissen

sie ihre Festungsmauern nieder. Die Wälle wurden in Parkanlagen umgewandelt: Der Bremer Gartenarchitekt Altmann ließ sie zu großzügigen Promenaden bepflanzen. Der Glaube der Hamburger, sich aus den kriegerischen Auseinandersetzungen Napoleons heraushalten zu können, war aber allzu naiv. Wenige Wochen nach der vernichtenden Niederlage der Preußen bei Jena und Auerstädt besetzte General Mortier auf Befehl Napoleons am 19. November 1806 die Stadt. Aus dem Hauptquartier in Bergedorf erhielten die Hamburger Ratsmitglieder folgende Depesche:
„Meine Herren,
ich nehme Ihre Stadt, im Namen der Majestät des Kaisers und Königs, meines Herrn, in Besitz. – Sagen Sie Ihren Mitbürgern, daß sie ohne Besorgnis sein dürfen, indem ich auf strenge Manneszucht der unter meinem Befehl stehenden Truppen halten werde. Empfangen Sie, meine Herren, die Versicherung meiner besonderen Achtung."
Mortier brachte dreitausend Soldaten mit, darunter vorwiegend Italiener, Spanier, Holländer und auch Deutsche. Sie alle gehörten der französischen Garnison an.
Damit ließen es die Franzosen aber noch nicht genug sein – zwei Tage später verhängte Napoleon über den verhaßten Feind England die Kontinentalsperre. Sämtlicher Handel und Verkehr mit England wurde strengstens untersagt, alle englischen Waren, die in Hamburg lagerten, wurden beschlagnahmt und verbrannt oder mußten für teures Geld zurückgekauft werden. Alle Engländer in der Stadt galten als Kriegsgefangene. Angesehene Handelsfirmen verlegten daher ihre Niederlassungen schleunigst ins Ausland – so z. B. die „Merchant Adventurers". Sie waren ja schon seit fast zweihundertvierzig Jahren in Hamburg ansässig.
Selbst jeglicher Briefwechsel mit England war den Hambur-

gern verboten. – So gingen in der Schiffahrt viele Arbeitsplätze verloren, und mit dem Abbruch der Handelsbeziehungen ging natürlich auch die Industrie zugrunde, die Importware weiterverarbeitete. Fast zehntausend Arbeiter der Zuckersiedereien standen auf der Straße. Die Kattunfabriken mußten schließen. Auch die für Hamburg wichtige englische Kohle blieb aus. Die Kaffeehändler, damals gab es 267 in Hamburg, hatten unfreiwilligen Urlaub. Niemand der inzwischen auf 130000 Einwohner angewachsenen Stadt wußte, wie es weitergehen sollte.
Zunächst einmal behalf man sich mit einem neuen Geschäftszweig, der keineswegs mehr als unehrenhaft galt: Man schmuggelte. Unter größter Lebensgefahr brachten Schleichhändler ihre Waren aus Helgoland, Tönning und Altona in die Stadt. Man ließ sich etwas einfallen, um durch die strengbewachten Stadttore zu kommen. Die Busen einiger Damen bekamen plötzlich Übergröße, manchem Eifrigen wuchs sogar ein häßlicher Buckel oder Bauch. Man richtete sogar Hunde ab, um den kostbaren Kaffee durch die Sperren zu schaffen. Ganz Mutige brachten in ihren hohen Stiefeln Zuckersirup durch die Kontrollen – ihnen hätte man abends wohl gern die Füße geküßt!
Zum Lachen allerdings war es den Hamburgern damals bestimmt nicht zumute – es war eine schwere Zeit. Die fremden Truppen mußten gut einquartiert und bestens versorgt werden. Jeder Soldat durfte von seinen Wirtsleuten pro Tag ein halbes Pfund Brot, Gemüse, Reis, eine Flasche Bier und eine Ration Branntwein fordern. Das war nach damaligem Kriegsgebrauch völlig normal, aber wegen der katastrophalen Wirtschaftslage war es vielen Einwohnern noch nicht einmal möglich, den eigenen Hunger zu stillen. Bei der sprunghaft ansteigenden Zahl der Arbeitslosen war das Ar-

Das Schmuggelgeschäft blühte und duftete. 1806: Köstlicher Zuckersirup wurde in hohen Stiefeln vorbei an den strengen französischen Torwachen in die Stadt geschafft!

menhaus hoffnungslos überfüllt. Utopische Forderungen der französischen Besatzung nach Steuern, Abgaben und Anleihen trieben selbst die wohlhabenden Hamburger Kaufleute an den Rand des Ruins.
In dieser ausweglosen Lage suchte so mancher Trost im Alkohol. Die immer häufiger werdenden Trinkgelage zwangen den Rat, alle öffentlichen Kneipen und Lokale ab 23 Uhr schließen zu lassen. Statt ihren letzten Groschen in flüssige Betäubung umzusetzen, hätten die Hamburger lieber den Forderungen der Franzosen nachkommen sollen. Das war jedenfalls der Wunsch des Rats. Er wollte mit den neuen Herrschern gut auskommen. Die Bürger wurden daher angehalten, zu den Besatzern freundlich zu sein und ihnen Gastfreundschaft zu gewähren. Es war verboten, die Franzosen zu kritisieren. Am Geburtstag des großen Napoleon wurde angeordnet, sich besonders zu freuen: Zur Feier des Tages wurde die Stadt illuminiert. Alle Bürger sollten abends brennende Kerzen in die Fenster stellen. Ob jeder diesem Wunsch nachkam, bleibt dahingestellt.
Um seinen vielen Offizieren angenehme Abwechslung zu verschaffen, lud der französische Marschall die vornehmen Damen der Stadt zu großen Parties. Deren Begeisterung hielt sich jedoch in Grenzen. Mit der Ausrede, sich keinen Wagen leisten zu können, kam keine Lady durch: Der Marschall ließ sie kurzerhand abholen. Da half dann nur noch die beliebte Migräne. Nicht selten aber kamen dann die Herren Offiziere zu einem „Krankenbesuch“ ins Haus.
Vier Jahre lang waren die Franzosen in Hamburg Besatzer, und dann wurden sie Landsleute! Denn Hamburg wurde im Dezember 1810 dem französischen Kaiserreich einverleibt. Die Stadt wurde Sitz der Präfektur des „Departements des Bouches de l' Elbe“, also Hauptstadt des Departements der

Elbmündung, zu dem auch Bremen und Lübeck gehörten. Der Maire, Bürgermeister Dr. Abendroth, stand an der Spitze des Munizipalrats, einem Ausschuß von dreißig Hamburgern, der dem neuen Gouverneur zur Seite stehen sollte. Rat und Bürgerschaft wurden aufgelöst. Statt der herkömmlichen Gesetze trat nun der fortschrittliche „Code Napoleon" in Kraft, und die alten Zöpfe, Gerichte und Behörden, wurden neu geflochten. Das hätte ein Segen sein können, blieb aber angesichts der rücksichtslosen Ausbeutungspolitik, die die Franzosen gegen ihre neuen Mitbürger betrieben, völlig ohne Auswirkung auf die Stadt. Der von Napoleon eingesetzte Generalgouverneur, Marschall Davout – zu deutsch: Prinz von Eckmühl und Herzog von Auerstedt –, war ein korrekter Mann, der sich durch Geschenke nicht beeinflussen ließ. Mit unerbittlicher Härte trieb er die exorbitanten Forderungen ein, die sein Kaiser gestellt hatte, um seine Kriege finanzieren zu können. Hamburg wurde vor allem Opfer des Kampfes gegen England. Sechzehn Millionen Francs hatte die Stadt aufgebracht, um englische Waren, die in der Stadt lagerten, zurückzukaufen. Dennoch beschlagnahmten Davouts Truppen bei strengen Hausdurchsuchungen alles, was an Waren aus England zu finden war, und ließ sie auf dem Grasbrook verbrennen. Die unter Hamburger Flagge segelnden Schiffe wurden zerstört, damit sie den Engländern nicht in die Hände fielen. Etwa dreihundert Koggen moderten im Hafen vor sich hin, Schifffahrt gab es nicht mehr.

Die „große Ehre", so Napoleon, „Stadt ersten Ranges" zu sein, kostete Geld: „Gering genommen" einhundert Millionen Francs für Truppenbesoldung, Armeebedarf, Lazarett- und Hospitalkosten – sogar die Zerstörung der Hamburger Handelsschiffe ließ sich der große Kaiser bezahlen. Als der

Senat 1811 sein Amt niederlegen mußte, wurde die Staatskasse von den Franzosen übernommen. Das Hamburger Wappen ersetzte man durch den „räuberischen französischen Adler mit doppeltem Schlunde“, kurz und bissig auch „Aasvogel“ genannt. In den Hamburger Forsten trieb man Raubbau und fällte ca. 3500 Bäume.

Bei dieser Schreckensherrschaft war es nicht verwunderlich, daß am Weihnachtsabend 1812 so manches Auge leuchtete, als die Nachricht von der vernichtenden Niederlage der „Grande Armee“ in Rußland nach Hamburg kam. Weil der Gabentisch ohnehin leer blieb, war Hoffnung das schönste Weihnachtsgeschenk.

Auf die plötzlich unsicher gewordene militärische Lage reagierten die Besatzungstruppen mit doppelter Härte. In den Zeitungen, sie erschienen damals zweisprachig, las man von Niederlagen, von der Not und Unterdrückung natürlich nichts. Wenn man den Blättern Glauben schenkte, war Hamburg eine blühende Stadt – dank der unbesiegbaren Armee der Franzosen.

Doch die ersten französischen Offiziere, die aus Rußland in die Stadt kamen, waren Nachricht genug. Halb verhungert, mit schrecklichen Erfrierungen an Gesicht und Gliedmaßen, baten sie um Hilfe. Von den Hamburgern, die zusammen mit anderen Hansestädtern aus Norddeutschland mit der Grande Armee nach Rußland gezogen waren, ist kaum einer zurückgekommen. Nur das „Unkraut“, wie inzwischen Marschall Davout bezeichnet wurde, „verging nicht“! „Der einzig gute Zug an diesem Unmenschen“, so war jeder Hanseat überzeugt, “würde sein Leichenzug werden“.

Sehnsüchtig erwartet: die Russen

In jenem Winter 1812/13 regte sich durch Krieg und Unterdrückung in Hamburg, wie überall in Deutschland, ein neues nationales Bewußtsein. Freiwillige wurden heimlich an Waffen ausgebildet. Führende Patrioten wie Verleger Perthes, Dachdecker Mettlerkamp, Diplomat Sieveking, Rechtsanwalt Dr. Beneke und Autor Dr. v. Heß nahmen unter strenger Verschwiegenheit Kontakt zu Preußen auf. Von Not bedängte Einwohner machten sich auch wegen der zunehmenden Schwäche der französischen Besatzer immer offener Luft. Es kam zu Tumulten, denen auch vor allem die verhaßten französischen Zöllner zum Opfer fielen. Am 12. März 1813 endlich schnürten die Franzosen ihre Bündel und zogen aus Hamburg ab. Sie wollten sich dem flüchtenden Hauptheer Napoleons anschließen.

Eiligst wandten sich die Honoratioren der Stadt an den Kommandeur der nächstgelegenen Einheit der Verbündeten, den aus Baden stammenden Oberst der russischen Armee, Graf Tettenborn. Dieser setzte sich sofort mit seinen Truppen Richtung Hamburg in Marsch.

Ein Zug „weißgekleideter, blühender Jungfrauen aus guter Familie" empfing eine Woche später am 18. März 1813, nachmittags um drei Uhr eintausendfünfhundert Kosaken am Stadttor. In überschwenglicher Freude wurden Männer- und Pferdehälse umschlungen und geküßt, Kränze und Geschenke verteilt. „Da schmolzen auch die ehernen Herzen der russischen Krieger: Man sah Tränen der Rührung über ihre markigen, gegerbten Gesichter kullern. Um ihre Anteilnahme noch deutlicher zu zeigen, stimmten die Befreier schwermütig-heitere Nationallieder an, so daß nun ein seltsames Gewirr aus Kosakenliedern, Hurrageschrei, Glokkengeläut, Freudenschüssen und anderen Ausbrüchen der patriotischen Lust entstand, daß die Herzen bebten und die Fenster zitterten. Jubelnde Zuschauer winkten mit weißen Tüchern und warfen Blumen und Kränze auf die vorüberziehenden Krieger. Darauf folgten die Handwerker, grüne Zweige an den Hüten und flatternde Fahnen aller Art in der Luft schwenkend; dazwischen aber schmetterte unaufhörlich der Ruf: „Vivat Kaiser Alexander! Hoch lebe unser Erretter!" So ungefähr schildert uns der Augenzeuge Clemens den Freuden-Frühlingstag.

Alle Not der Franzosenherrschaft war plötzlich vergessen. Niemand ahnte allerdings, daß sich bewahrheiten sollte, was Polizeipräfekt d'Aubignose beim Abzug der Franzosen gedroht hatte: „Auf Wiedersehen in zwei Monaten!"

Die erste Bürgerschaftsversammlung nach langer Zeit beschloß, alle Wünsche des russischen Obristen zu erfüllen. Der Rat indes versuchte, die Euphorie der Bevölkerung zu dämpfen, und hatte auch Grund dazu. Im Gegensatz zu dem spröden Franzosen Davout war der Befreier Tettenborn sehr empfänglich für Geschenke und gab deutlich zu verstehen, daß er eine üppige Belohnung für seine unblutige Befreiungstat erwarte.

Die hanseatische Bevölkerung nahm die russischen Retter gern bei sich auf, obwohl ihre Sitten und Gebräuche mitunter einige Toleranz erforderten: „Die einquartierten Kosaken und Baschkiren erregten viel Mißvergnügen bei den Haushälterinnen. Wurde ihnen Butter vorgesetzt, so rieben sie diese sofort ins Haar, bis dieses in einzelnen Striemen herunterfiel. Aus den Messingleuchtern zogen sie die Talglichter heraus und verzehrten sie, indem sie mit Wohlbehagen in die glatten, weißen Stangen hineinbissen. Am gefähr-

lichsten war ihre Leidenschaft für Hundefleisch..." Oberst Tettenborn ließ eine Feldtruppe, die „Hanseatische Legion", zu der sich auch Lübecker Freiwillige gesellten, und eine Bürgerwehr zum Schutz der Stadt aufstellen. Bereits am Tag nach der Bürgerversammlung hatten sich 900 Freiwillige zwischen 14 und 50 Jahren verpflichtet – nach einer Woche waren es bereits 2000. Das Exerzieren auf dem Domplatz begann. Der berühmte Spendenaufruf in Preußen „Gold geb ich für Eisen!", wurde auch in Hamburg laut. Die junge Wilhelmine Behrmann forderte alle „edlen deutschen Frauen und Mädchen" auf, Schmuck zu spenden oder auf modische Kleider und Vergnügungen zu verzichten und die „Hanseatische Legion" damit zu unterstützen. Ein Herr von Hess sammelte auf diese Weise über zehntausend Mark.
Ende April traf die Hiobsbotschaft ein: Die Franzosen kehrten zurück. Hamburg mußte sich beeilen, die Verteidigung der Stadt zu organisieren. Weil es kaum noch möglich war, Waffen zu beschaffen, half man sich mit Vogelflinten, Knabenspielzeugen und Piken und versuchte schnellstens, die alten – zuvor eigenhändig zerstörten Befestigungen notdürftig wiederherzustellen. An der Veddel wurde eine Schanze aufgeworfen, man errichtete Geschütz-Batterien und baute ein Blockschiff, bestückt mit Kanonen. Vergeblich wartete man auf die preußische Infanterie, die zur Verstärkung gerufen war. Davout hatte bereits mit zwanzigtausend Soldaten das südliche Elbufer erreicht, breitete sich zwischen Winsen und Buxtehude aus und schickte sich an, die Elbe zu überqueren. Vom Turm der Michaeliskirche war gut zu beobachten, wie die Franzosen Flöße zum Übersetzen ans Nordufer der Elbe zimmerten. Über den Kanonendonner, den die kleine Hamburger Bürgerwehr mit einer Haubitze und einem 24pfünder von der Insel Wilhelmsburg aus blind

in Richtung Harburg eröffneten, dürften die Franzosen nur geschmunzelt haben. Der Kampf der Hamburger war kurz und aussichtslos. Am 30. Mai 1813 rückten die französischen Truppen nach zehnwöchiger Abwesenheit wieder in Hamburg ein – für die Bürger fast ein Weltuntergang. Und Oberst Tettenborn und seine Kosaken? Er hatte den Einmarsch der Franzosen nicht mehr abgewartet. Sein letzter Tagesbefehl an die Bürgergarde: „Der Gang des Krieges ruft jetzt – wir hoffen zu entscheidenden Siegen – die kaiserlich-russischen Truppen nach einer anderen Bestimmung ab." Dann war der Oberst mit seinen Mannen eiligst losgezogen. Tettenborn war nicht nur geldgierig, sondern auch ein Hasenfuß.

Das Jahr des Leidens

Noch bevor die Fünfte Division der „Grande Armee" in die Stadt eingerückt war, erreichte den Rat bereits ein erster französischer Befehl. Die Hamburger sollten schnellstens für beste Verpflegung der Soldaten sorgen: 60000 Rationen Brot, Fleisch, Salz, Bier und Essig, 120000 Rationen Branntwein – eine Ration hatte 1/16 Liter – sowie 50 Ochsen „für etwaige unerwartete Bedürfnisse" sollten bereitgehalten werden. „Sie werden gefälligst dafür Sorge tragen, daß ich Seiner Exzellenz die Vollziehung seiner Befehle melden kann, daß Sie geeignete Maßregeln ergreifen, um die nötigen Lebensmittel zu morgen herbeizuschaffen. – In Zukunft haben Sie dafür zu sorgen, daß den Administrationsbeamten die Lebensmittel, welche man verlangt, geliefert werden, um sie zu verteilen..." Es wird hieraus deutlich, daß die Franzosen keinerlei Pardon mehr kannten. Zwar ge-

hörte Hamburg ihrer Ansicht nach zum französischen Kaiserreich, aber die Stadt wurde behandelt wie feindliches Ausland, das man, wie in Kriegszeiten üblich, bis auf den letzten Blutstropfen auspreßte. Marschall Davout und der ihm beigeordnete General Graf Vandamme nahmen auf nichts und niemanden Rücksicht, galt es doch die französische Herrschaft durchzusetzen. Im Volksmund hießen die beiden nur „Marschall Wut und General Verdammt" – ein Zeichen für den damals vorherrschenden Galgenhumor.
Um jeden weiteren Widerstand im Keim zu ersticken, mußten alle Hamburger sämtliche Waffen – einschließlich Munition, einzelner Waffenteile und Hirschfänger – binnen 24 Stunden bei der französischen Besatzung abliefern. Zur Bestrafung für die Rebellion der Stadt während der ersten Besetzung forderte Napoleon 48 Millionen, zahlbar innerhalb eines Monats. Aber das Jahreseinkommen der Stadt lag nur bei ca. 5 Millionen! Zur Durchsetzung dieser Forderung wurden dreißig namhafte Hamburger Kaufleute als Geiseln in Haft genommen. Napoleon: „Die beste Art, die Hamburger zu strafen, ist, die Kaufleute zahlen zu lassen!" Die Riesensumme konnte jedoch mit bestem Willen nicht aufgebracht werden – verständlicherweise, denn die Kassen waren in dieser Zeit wirtschaftlicher Flaute bei Staat und Bürgern leer. Zehneinhalb Millionen konnte man mit Mühe zusammenkratzen. Also beschlagnahmten die Franzosen kurzerhand das „Depot sacre", die „heiligen" Privatdepots der Hamburgischen Bank. Dieser unerhörte Vorgang, der einem Bankraub gleichkam, brachte ihnen zusätzliche 7,5 Millionen Mark banco. Für Gehaltszahlungen ließ man gnädigerweise ein paar Silberbarren liegen.
Arbeitslosigkeit war in dieser Zeit an der Tagesordnung, gerade in den ärmeren Schichten. Jede Person, die zu schwerer

körperlicher Arbeit fähig schien, wurde daher zu Schanzarbeiten verpflichtet – für eine Mark Lohn pro Tag. Die französische Militärbesatzung griff jeden auf, der Hände hatte und eine Schaufel halten konnte, sogar Frauen und Kinder. Wer sich nicht schmutzig machen wollte, mußte Ersatz stellen: Die Franzosen forderten sechstausend Arbeiter pro Tag, um Wälle, Bastionen, Schanzen und Zitadellen zu errichten und Gräben auszuheben. Sogar die alten Alsterschuten wurden als Sperrschiffe am Jungfernstieg verankert.

Hamburg, so hatte Napoleon entschieden, sollte um jeden Preis gehalten werden.

Diesen Befehl führte sein Marschall Davout ebenso sorgfältig wie unbarmherzig aus. Er ließ die erste gepflasterte Landstraße Norddeutschlands als gerade Verbindung zwischen Harburg und Hamburg bauen. Eine über vier Kilometer lange feste Pfahlbrücke, die „Franzosenbrücke“, verband die Elbinseln miteinander. Unterbrochen wurde diese im Volksmund verfluchte „Teufelsbrücke“ nur an den beiden damals nicht überbrückbaren tiefen Elbarmen. Dort installierte man Seilzugfähren, mit denen etwa fünfhundert Soldaten oder siebzig Pferde zugleich übersetzen konnten. Das war exakt das, was Napoleon in Absatz 4 seines Verteidigungsplanes für Hamburg angeordnet hatte: „Alle Inseln sind durch ein System von Redouten (Festungen) und Deichen zu sichern, über die kleinen Wasserarme Brücken auf eingerammten Pfählen anzulegen und auf jeder derselben zwei Fähren bereitzuhalten, wie ich es in Antwerpen getan: eine für Ebbe und eine für Flut. So daß es leicht ist, 500 Mann Infanterie auf einmal hinüberbringen zu können.“

Dafür leisteten mehrere tausend Hamburger 83 Tage

schwerste Fronarbeit. Alles, was bei einer Verteidigung der Stadt im Wege sein konnte, mußte weichen, um freies Schußfeld zu haben. Kurzerhand ließen die Franzosen 841 Häuser, 454 Buden und 108 Fabriken, Nebengebäude nicht mitgerechnet, abbrennen. Allerdings nicht ohne vorher den Feuerwachendienst zu informieren. Das übliche „Lärmblasen" dieses Wachdienstes war nämlich mit den Angriffsignalen des Feindes zum Verwechseln ähnlich.
Von Billwerder bis St. Pauli wurden alle Dörfer und Gehöfte dem Erdboden gleichgemacht. Ganze Wäldchen mußten verschwinden. Die Not der Obdachlosen war unbeschreiblich. Für die Unterbringung des Militärs war indes gut gesorgt – nicht einmal zu frösteln brauchten die hohen Herren beim Herannahen des Winters. Einem Divisionsgeneral mußten täglich Heizmaterial für drei Zimmer, Kohle für zwei weitere, vier Wachskerzen und ein Talglicht gestellt werden. Der rangniedere Bataillonschef hatte immerhin noch Anrecht auf ein beheiztes Zimmer für sich allein und zwei Wachskerzen.

„Den Hamburgern soll nichts übrigbleiben als die Augen, um ihr Elend zu beweinen!"

Dies war der Wahlspruch der Franzosen. Strenge Ausgangsbeschränkung und ein Versammlungsverbot brachten nicht nur das öffentliche Leben der Stadt zum Erliegen. Auch private Treffen fielen aus, da „jedes Zusammenstehen von mehr als vier Personen" bei Strafe untersagt war. Das galt natürlich auch für Frauen, und selbst für einen harmlosen Morgentratsch setzte es Rutenschläge und Kerkerstrafen.
Die Kunde von der französischen Niederlage in der Völker-

schlacht bei Leipzig im Oktober 1813 veranlaßte die Besatzungsbehörden zu noch drakonischeren Maßnahmen. Am 12. November wurde folgender Befehl erlassen:
„Da die Stadt Hamburg sich im Belagerungszustand befindet und die Kriegsgegebenheiten nebst der herannahenden Winterzeit die Zufuhr von Lebensmitteln und Brennmaterialien erschweren könnte, so laden wir die Einwohner jeder Klasse ein, sich mit Lebensmitteln und Feuerung bis zur nächsten Ernte, nämlich bis Monat Juli 1814, zu versehen. Diejenigen, welche ihre Verproviantierung im Laufe des gegenwärtigen Novembers nicht besorgen, werden sich aussetzen, daß sie aus der Stadt gewiesen werden, wenn selbige blockiert oder belagert werden sollte ..."
Pro Person und Tag veranschlagte man „ein Pfund Mehl und Korn, ⅜ Pfund Fleisch, ½ Pfund Gemüse oder Hülsenfrüchte, $\frac{1}{18}$ Quart Wein oder Branntwein, ½ Lot Salz sowie genügend Heizmaterial". Nun war kein Pferd, keine Katze, kein Hund, keine Ratte und keine Maus mehr des Lebens sicher. Sogar der Schwanenbestand der Alster schrumpfte auf zwei Exemplare zusammen. Dennoch folgten die Hamburger dieser Anordnung nur zögernd. Sie lehnten eben alles ab, was von der französischen Besatzung kam. Jeder Bürger, der die geforderten Vorräte nicht beschaffen konnte, mußte die Stadt verlassen. Dennoch hielt sich bei weitem nicht jeder an diese Anweisung, obwohl sie ja eigentlich im Kriegsfall dem Schutz der Zivilbevölkerung selbst diente.
Am Tage vor Weihnachten im Jahre 1813 wurden alle Häuser auf den geforderten Vorratsbestand kontrolliert. Diejenigen, die nicht die verlangten Mengen Proviant vorweisen konnten, wurden auf dem Gänsemarkt mit Kolben- und Säbelhieben zusammengetrieben, verprügelt und aus der Stadt

gescheucht. Über zweitausend Menschen, darunter Alte, Kranke, Säuglinge und Behinderte, wurden, nachdem man sie durchs Dammtor und Millerntor hinausgeschafft hatte, ihrem Schicksal überlassen.
Mindestens 1100 Menschen überlebten diese grausige Weihnacht nicht. Die meisten starben an Hunger und Kälte, manche gaben sich selbst den Tod. Diese Toten wurden in einem Massengrab beigesetzt, das man auf einer Kuhweide bei Ottensen ausgehoben hatte. Ein Gedenkstein aus dem Jahre 1815 erinnert an diese schlimme Zeit: „An dieser Stelle ruhen die Gebeine von 1138 Hamburgern, welche mit vielen Tausenden ihrer Mitbürger von dem französischen Marschall Davoust im härtesten Winter 1813 und 1814 aus dem belagerten Hamburg vertrieben, mit menschenfreundlicher Milde in Altona aufgenommen, von dessen edlen Bewohnern sowie von früher ausgewanderten Landsleuten in ihrem Elende unterstützt und verpflegt, demungeachtet aber Opfer ihres Kummers und ansteckender Seuchen wurden. Im Jahre 1841 ist dieses Monument mit den Gebeinen von Ottensen hierher versetzt worden."
Das Ereignis von Weihnachten 1813 ist den Hamburgern als eine ihrer schwersten Heimsuchungen für viele Jahrzehnte im Gedächtnis geblieben. Die Nachbarstadt Altona und die umliegenden Dörfer in Schleswig-Holstein nahmen sich, so gut es ging, der Vertriebenen an. Zur lebensbedrohenden Kälte dieses Winters kamen auch noch Seuchen hinzu. Zahllose Menschen starben in ihren elenden Unterkünften – und auch die Besatzer wurden nicht verschont. Obwohl der Stadtkommandant die Waisenhäuser hatte räumen lassen – die Kinder wurden aufs Land gebracht – und mindestens vierhundert Privathäuser requirieren ließ, reichten die Lazarette keineswegs. An manchen Tagen starben mehr als

siebzig Soldaten. Sie wurden vor den Stadttoren verscharrt.
Je mehr sich die militärische Lage für die Franzosen verschlechterte, um so härter zog Marschall Davout die Zügel an. So ließ er unter anderem auch private Proviantvorräte für seine Soldaten beschlagnahmen. Die Hungersnot wuchs. Auch für Gutsituierte wurden Lebensmittel unerschwinglich. Die französischen Soldaten schlichen, zu Skeletten abgemagert, durch die Straßen und durchwühlten schließlich sogar Abfallhaufen nach Eßbarem. Den Offizieren ging es da besser – sie sollen sich – kaum vorstellbar in dieser Zeit – derweil an reich gedeckten Tafeln „die Bäuche vollgeschlagen haben".
Jeder, der sich darüber beschwerte, daß die Kirchen Hamburgs durch die Franzosen entweiht worden waren – dort waren Pferdeställe, Munitions- und Vorratslager eingerichtet –, jeder, der sich erfreut über die Niederlage Napoleons äußerte, mußte damit rechnen, als „Spion" zum Tode verurteilt zu werden. Die französischen Machthaber gaben sogenannte „Sicherheitskarten" aus, die bei Kontrollen vorgezeigt werden mußten.
Ende April 1814 mußten die Franzosen endlich aufgeben. Vom Michaelisturm flatterte die weiße Fahne. Und Stoßseufzer der Erleichterung gingen durch die zugrundegerichtete Stadt. Am 5. Mai wurde der freie Handel wieder gestattet, der erste öffentliche Markt auf dem Hamburger Berg ausgerufen und die Schanzenarbeiter entlassen – ohne Bezahlung natürlich, die Kassen waren leer.
Der Abzug der Franzosen zog sich hin. Nach und nach räumten sie ihr „Spielfeld". Die Hamburger hatte die Franzosenzeit seit 1806 über 140 Millionen Mark gekostet. (Zum Vergleich: Das Einkommen einer Arbeiterfamilie lag damals bei 250 Mark pro Jahr!)

Am 31. Mai erfolgte endgültig die Sprengung der französischen Fesseln. Der russische General Bennigsen wurde mit Jubelrufen in der Stadt empfangen. Eigens zu diesem Befreiungstag hatte Schauspieldirektor Schmidt ein Theaterstück in der Schublade verwahrt. Während der Aufführung wanderte von der Bühne ein endloses Band als Symbol der Liebe und Eintracht durch alle Zuschauerreihen. Es sollte den Hamburgern neuen Mut zum Wiederaufbau ihrer Stadt und zum Neubeginn von Handel und Wirtschaft geben.

Freie und Hansestadt Hamburg

Wie schrecklich diese Franzosenzeit auch gewesen war, man konnte sagen: Hamburg steht noch. Zwar waren die Hamburger völlig verarmt und ausgeplündert, aber ihre Energie und ihren Lebenswillen hatte man ihnen nicht nehmen können. Das unter der französischen Herrschaft erwachte Nationalgefühl blieb erhalten. Ebenso wie das wohl damals aus dem französischen Adieu abgeleitete Auf-Wiedersehen der Hamburger, das wohlbekannte „Tschüß“. Auch soll der Schnack „Fisematenten“ aus dieser Zeit stammen. Da die heißblütigen Besatzer die Hamburger Töchter mit „Visite ma tente“ in ihr Zelt lockten, verbot die Mutter streng: „Mach mir ja keine Fisematenten!“
Hamburg schloß sich mit den anderen Hansestädten Lübeck und Bremen sowie mit der freien Stadt Frankfurt im Juni 1815 dem Deutschen Bund an, der vom berühmten Wiener Kongreß als Nachfolgeorganisation des Deutschen Reichs ins Leben gerufen wurde. Hamburg war jetzt nicht nur dem Namen nach „Freie Stadt“, sondern besaß volle Staatssou-

veränität. Für den Wiederaufbau des Handels war besonders wichtig, daß der Wiener Kongreß die Schiffahrt auf allen deutschen Flüssen freigab.
Die Neutralitätspolitik Hamburgs hatte nun ein Ende. Als Mitglied des Bundes war die Stadt zur Bündnistreue verpflichtet. Aber wer dachte jetzt nach den Jahren der Unterdrückung an neue Auseinandersetzungen?
Die Rückkehr der Hanseatischen Legion am 30. Juni 1814 war allen zu schmerzlich gewesen, 364 junge Männer aus Hamburg und Lübeck waren gefallen. Auf militärischen Schutz wollte man aber dennoch in Hamburg nicht verzichten. So wurde eine Bürgerwehr gegründet, der Männer im Alter von 20 bis 44 Jahren angehörten. Uniform und Waffen mußten sie selbst stellen. Es gab nahezu 8000 Aktive, von denen 1500 als Corps der Armee des Deutschen Bundes zur Verfügung standen. Allabendlich wurden Waffen- und Schießübungen abgehalten. Dazu kamen im Sommer die „Revuen" außerhalb der Stadttore. Das Exerzieren war auch für die Zuschauer ein kleines Fest:
„Sie marschierten mit brausender Musik, der Tambour voran, aber plaudernd, nach allen Fenstern grüßend, die Knarre bald auf der linken, bald auf der rechten Schulter, und die Ehefrauen und Liebsten wandelten nebenher, die den Proviant zusteckten..."
Im Sommer waren weiße Leinenhosen vorgeschrieben, aber man sah zwischendurch auch schwarze Hosenbeine. „Den Herren waren Leinenhosen zu kühl und nicht angenehm bei Regenwetter, das im Hamburger Staat zu herrschen pflegt." (Th. Birt)
Auch das Stadtbild bedurfte gründlicher Renovierung. 120000 Menschen, die im Staate Hamburg lebten, wollten ihre Stadt so schön wie möglich gestalten. Die nun wirklich

nicht mehr benötigten Befestigungsanlagen wichen herrlichen Promenaden. Der Neue Jungfernstieg entstand, indem man einen Teil der westlichen Alster zuschüttete. „Durch eine Caprice eines Grundbesitzers am Lombardwall leider in schiefer Richtung". (Clemens)
Statt der muffigen, gedeckten Torwege an den Stadtausgängen planten die Architekten nun helle, lichte Dammwege. Der übliche Torschluß wurde von der Torsperre abgelöst. Für gutes Geld kam man jetzt auch nachts in die Stadt. Fußgänger zahlten beim Torwächter von 21–22 Uhr zwei Schilling, von 22–23 Uhr vier, bis Mitternacht sechs und danach das Doppelte. Ein Wagen wurde bis 22 Uhr mit 12 Schillingen berechnet, danach mit 24. So nahm ein Fuhrmann – natürlich gegen Bezahlung – so viele Anhalter wie möglich mit und machte so ein gutes Geschäft.
Die von den Franzosen planierten Vorstädte wurden schöner als zuvor wieder aufgebaut. St. Pauli bekam eine neue Kirche. Apropos St. Pauli: Im Jahre 1822 wurde in St. Georg ein Stift für gefallene Mädchen eingerichtet, um sie auf sittliche Bahnen zurückzuführen. Zwei Jahre lang durften sie keinen Besuch empfangen, statt dessen wurden sie in Handarbeiten und Religion unterrichtet.
Für die innere Ordnung sorgte seit 1815 eine nach französischem Vorbild organisierte Polizeiverwaltung. Sie heißt seit 1821 in Hamburg Polizeibehörde. Auch das Gesundheitswesen wurde neu geordnet, um Kurpfuschern das Handwerk zu legen. 1823 konnte das Allgemeine Krankenhaus St. Georg eingeweiht werden. Es bot mehr als eintausend Patienten Platz. Ein großes Handelsgericht sorgte für eine schnelle Abwicklung von Rechtsstreitigkeiten unter Kaufleuten. – Ein Jahr nach dem Ende der napoleonischen Schrecken lief das erste Dampfschiff den Hamburger Hafen

an: Die „Lady of the Lake“ aus England. Bereits 1820 wurde das erste dampfbetriebene Fährschiff zwischen Hamburg und Harburg in Betrieb genommen. Das „Denkmal Davouts“, die Franzosenbrücke, mußte wegen Baufälligkeit abgerissen werden.

Die Stadtsilhouette wurde durch den Bau des gotischen St. Jacobikirchturms bereichert. Im selben Jahr, 1827, gründete man auch die Hamburger Sparkasse.

Der Wohlstand, der langsam wieder in die Stadt einkehrte, war ebenso wie in anderen Großstädten nicht gerade gerecht verteilt. So fielen Meldungen über die Pariser Revolution von 1830 auch in Hamburg auf fruchtbaren Boden. Berechtigte Empörung über soziale Härten, wie die Verteuerung der Grundnahrungsmittel, löste zum Teil sinnlose Zerstörungswut aus. Öffentliche Gebäude, die Cafés an der Alster, die Häuser wohlhabender Juden wurden Opfer des Vandalismus. Die Wiederherstellung der Ordnung durch Polizei und Bürgerwehr forderte etliche Tote und Verletzte.

In jenen Jahren blühten aber auch die schönen Künste in Hamburg auf. Die wohlhabenden Bürger hatten wieder Muße, ins Theater zu gehen. 1827 wurde im neuen Theater an der Dammtorstraße Goethes Egmont aufgeführt. Der Musiklehrer und Dirigent Albert Methfessel aus Tübingen komponierte 1828 das Hammonia-Lied nach dem Text von Georg Nikolaus Bärmann: „Heil über Dir, Hammonia, oh wie so herrlich stehst Du da!“ Diese Hymne der „Stadt Hamburg, in der Elbe Auen“, gab dem Stolz der Bürger auf ihre Stadt Ausdruck.

Für Musik hatten die Hamburger seit eh und je viel übrig. Künstler mit klangvollen Namen besuchten die Stadt, so 1830 auch Paganini. Die dämonische Erscheinung dieses

„Teufelsgeigers“ bei seinen drei Auftritten in Hamburg hat Heinrich Heine beschrieben. Zehn Jahre später kam auch Franz Liszt. Er unterstützte die nicht gerade mit Reichtum gesegneten Musiker der Philharmonie mit dem Erlös aus einem Wohltätigkeitskonzert.
Apropos Heine: Daß der Neffe des reichen und wohltätigen Kaufmanns Salomon Heine einmal einer der bedeutendsten Schriftsteller Deutschlands in der ersten Hälfte des 19. Jahrhunderts werden würde, glaubte damals – außer ihm selbst – niemand, der ihn in den Cafés an der Alster herumsitzen sah.
1831 kam – nicht unerwartet – die Cholera auch nach Hamburg. Die aus Indien eingeschleppte Seuche forderte fast fünfhundert Todesopfer. Sie tauchte in den folgenden Jahrzehnten in der Stadt immer wieder auf. Allmählich wurde den Ärmsten klar, wie sie sich verbreitete, aber eine wirksame Bekämpfung der Ursachen durch den Bau sanitärer Anlagen lag außerhalb ihrer Macht. Zu den großen Übeln dieser Zeit gehörten auch die verheerenden Sturmfluten. Die von 1825 hatte weite Gebiete an der Elbe überschwemmt und fast 800 Todesopfer gefordert.
Es heißt, wenn mehr als drei Deutsche ein gemeinsames Interesse haben, gründen sie einen Verein. So war es auch in der Zeit des Biedermeier. Die Hamburger machten darin keine Ausnahme: 1816 wurde die Hamburger Turnerschaft – Vater Jahns Vermächtnis – ins Leben gerufen, ein Kunstverein 1822. Verein auf Verein folgte: Um das Jahr 1840 gab es beispielsweise einen „Verein für Armen- und Krankenpflege“, bei dem nur weibliche Mitglieder zugelassen waren, einen „Verein St. Georg“, einen „Israelitischen Verein für Krankenpflege“, einen zur „Fürsorge entlassener Sträflinge“ und sogar einen „gegen Tierquälerei“.

Auch gemeinsame Berufsinteressen führten die Menschen nach der Arbeit zusammen: Es gab einen „Verein zur Beförderung nützlicher Gewerbe unter den Israeliten", einen „Verein für Kriegspflichtige", und Hamburger Reeder, Techniker, Grundeigentümer, Schulleiter und Jünglinge fanden sich ebenfalls in Vereinen zum fruchtbaren Gedankenaustausch. Besondere Bedeutung in der Stadt gewann vor allem der „Verein für Hamburgische Geschichte". Im „Verein für Volksgesang" wurde aus voller Kehle geschmettert. Das Deutschlandlied von Hoffmann von Fallersleben auf der Urlaubs- und Badeinsel Helgoland gedichtet, gehörte nun auch zum deutschen Liedgut. 1841 wurde es erstmalig von Studenten und der Hamburger Turnerschaft auf dem Jungfernstieg vor Streit's Hotel öffentlich gesungen. Die Melodie holte man sich von Haydns „Gott erhalte Franz den Kaiser".

Auch der Teufel Alkohol mußte schon damals bekämpft werden: Im „Mäßigkeitsverein". Man verteilte sogar Plakate gegen den „Branntweindrachen". Das Bier war in diesem Feldzug gegen die Alkoholiker ausgenommen: In den Vereinsschänken gab es Bier und Bouillon satt. Möglicherweise hatte der Verein schon deshalb vier Jahre nach seiner Gründung 1600 Mitglieder.

Zu den wichtigsten sozialen Einrichtungen, die in jener Zeit entstanden und fast immer auf Privatinitiative zurückgingen, gehörten das Rauhe Haus, eingerichtet für verwahrloste Kinder von dem Lehrer Johann Heinrich Wichern, das von Salomon Heine gestiftete Israelitische Krankenhaus und die Armen- und Pflegestationen von Amalie Sieveking.

Auch im Hafen tat sich was! Die Schiffahrt hatte sich inzwischen so rasant entwickelt, daß die vorhandenen Hafenbekken nicht mehr ausreichten. Für eine Million Mark wurde eine Erweiterung am Johannisbollwerk und ein neuer Hafen für kleinere Schiffe hinter dem Brook in Angriff genommen. Der erste dampfbetriebene Bagger grub, was das Zeug hielt, damit die Fahrrinne der Elbe nicht versandete. Höchste wirtschaftliche Bedeutung hatte natürlich die Neue Börse. Sie war von den Architekten Wimmel und Forsmann nach Pariser Vorbild entworfen, am 2. Dezember 1841 fertiggestellt und ist bis heute erhalten. Einem großen Hauptsaal mit einer „unverhältnismäßigen Menge Pfeilern, die den Zuschauerraum nur verringerte", schliessen sich vier hohe, für Besucher bestimmte Bogengänge an. Außer den zwanzig Geschäftszimmern im Parterre, die für die Makler bestimmt sind, gibt es ein Obergeschoß, in dem Börsenhalle, Commerzium, Bibliothek und weitere kleine Säle untergebracht sind. Die Gebäudefront ist zum Adolphsplatz gerichtet, wo früher das Maria-Magdalenenkloster gestanden hatte.

Seit 1838 wußten Reeder, Börsen- und Assekuranzmakler durch einen optischen Telegrafen, wann genau Schiffe und Fracht einlaufen würden. Ein Altonaer namens Schmidt hatte diese Blinkfunklinie von Cuxhaven über neun Stationen durch drei Staaten, nämlich Dänemark, Hannover und Hamburg, zum Baumhaus am Hafen eingerichtet. Die erste Art von schnellem Schiffsmeldedienst.

Geschwindigkeit wurde auch in der Schiffahrt Trumpf. Für die Englandroute wurden in Hamburg drei Schiffe gebaut, und je zwei Dampfer pendelten zwischen der Hansestadt und Le Havre, Dünkirchen und Amsterdam. Dampfschiffverbindungen gab es auch nach Harburg, Cuxhaven, Stade, Itzehoe und Helgoland. Dorthin reisten schon damals die ersten Badetouristen.

Auch die Elbe aufwärts nach Magdeburg und durch die Havel nach Berlin fuhren jetzt Dampfschiffe. Dennoch beherrschten immer noch die Segler das Hafenbild. Im Jahr 1842 steuerten insgesamt 4496 Schiffe Hamburg an, darunter erst 378 „Dampfer". Wie sehr die Hansestadt immer noch wirtschaftlich mit England verbunden war, läßt sich daraus ablesen, daß etwa ein Viertel dieser Schiffe, genau 1568, aus Großbritannien kam.

Die Zahl der Schiffe, die aus Übersee in Hamburg einliefen, war demgegenüber viel geringer: 57 kamen aus Süd-, 55 aus Nordamerika, ganze drei aus Afrika. Nachdem die süd- und mittelamerikanischen Kolonien Spaniens und Portugals selbständig geworden waren, hatte Hamburg „Kolonien erhalten", d. h. man konnte endlich den Handel mit diesen Staaten aufnehmen. So erreichten 158 Schiffe aus Westindien und 129 aus Brasilien die Hansestadt. Der Gesamtwert der in jenem Jahr 1842 über Hamburg eingeführten Waren betrug mehr als 700 Millionen Mark banco. Die Stadt besaß insgesamt 235 eigene Schiffe. Für den Schutz der ausländischen Händler und Seeleute, die „Kolonialwaren", vor allem Kaffee, Zucker und Gewürze nach Hamburg brachten, sorgten über 150 Konsulate.

Dem Aufschwung im Handel folgte die Industrie. Sie bediente sich nun auch immer mehr der Dampfkraft. Die herkömmlichen Wassermühlen wurden durch große Dampfmühlen abgelöst, es entstanden Sägewerke, Furnierschneidereien, Fabriken für die Metall-, Textilien-, Chemikalien- sowie für die Tabakverarbeitung.

Zum schnellen Weitertransport der über See eingeführten oder in der Stadt weiterverarbeiteten Waren wollten die Hamburger nun auch an Land die Dampfkraft nutzen. Zunächst sollte eine Eisenbahn Hamburg mit Lübeck verbinden. Der Bau dieser Strecke scheiterte jedoch am Einspruch Dänemarks. Die Dänen kassierten lieber ihren Sundzoll, wenn Schiffe zwischen Hamburg und Lübeck um Jütland herum fuhren. Der Nord-Ostsee-Kanal existierte noch nicht. Außerdem war eine Bahnverbindung von Kiel nach Altona vorgesehen. Von einer geplanten Verbindung nach Berlin verlief die Trasse zunächst allerdings nur von Hamburg ins benachbarte Bergedorf. Der Engländer William Lindley wurde beauftragt, dieses Projekt in Angriff zu nehmen. Der Nahverkehr innerhalb Hamburgs war bereits verbessert: Seit 1834 konnte man „Hallo Taxi" rufen – ein Engländer hatte einen Droschkendienst eingerichtet –, Taxis mit einer Pferdestärke. Und sieben Jahre später verkehrte regelmäßig zwischen der Palmaille in Altona und dem Schweinemarkt am Steintor ein Omnibus. Die Beförderungsbestimmungen dieser Pferde-Omnibus-Linie von Basson & Co. lauteten: „Der Eintritt in die Wagen, deren Benutzung dem ganzen Publikum (omnibus ist Lateinisch und heißt: für alle) bestimmt ist, ist jedem anständig Gekleideten ohne Ausnahme gestattet." Zunächst hingen die Abfahrtszeiten von der jeweiligen Stimmung des Kutschers ab, aber bald mußten sich diese laut Polizeiverordnung nach den Kirchturmglocken richten. Auch für die Schüler, die vor den Toren der Stadt wohnten, gab es Pferdefuhrwerke – die ersten Schulbusse!

Die Revolution des Verkehrs jedoch hieß Eisenbahn! Der große Tag der Einweihung Hamburgs erster Strecke nach Bergedorf, der ersten Trasse in Norddeutschland überhaupt, war auf den Himmelfahrtstag, den 5. Mai 1842 festgesetzt. Aber manchmal kommt es anders als man denkt!

83 Stunden lang: Der große Brand

In der Nacht zu diesem Himmelfahrtstag störte um ein Uhr in der Früh eine Feuerglocke den friedlichen Bürgerschlaf. In der Deichstraße 44 (später ‚Brandsanfang'), bei einem Zigarrenmacher, hatte ein Nachtwächter dicken Qualm bemerkt und Alarm geschlagen. Im Vertrauen auf die bewährten Löschapparate der Feuerwehr drehte sich bestimmt so mancher Bewohner des Nikolai-Kirchspiels kaum beunruhigt in seinem Bett auf die andere Seite. Aber nicht für lange, denn die neunzehn Glockenschläge von den Türmen, Zeichen dafür, daß es immer noch brannte, wollten nicht aufhören. Ihr Geläut ging inzwischen fast unter im Geschrei der erregten Menschenmenge. Durch die extreme Trockenheit des Frühjahrs und die leicht entzündlichen Waren, die in den umliegenden Speichern lagerten, fand das Feuer reiche Nahrung. Außer Holz, Lumpen, Kampfer und Schellack befanden sich auch 350 Fässer Arrak darunter. Da man sie nicht mehr abtransportieren konnte, ließ man den Schnaps einfach ins Fleet laufen. Man beachtete nicht, daß Ebbe war und die Feuerwehr ihr Spritzwasser aus eben diesem Fleet holte. Mit Arrak statt Löschwasser in ihren Schläuchen – so ein Augenzeuge – führten die braven Feuerwehrleute nichtsahnend den Flammen immer neue Nahrung zu. Durch den anhaltenden starken Südwestwind wurde das Feuer schnell vorangetragen und hatte mittags bereits den Rödingsmarkt erreicht. Trotz der herannahenden heißen Gefahr hielt Pastor Wendt noch in St. Nikolai um 12 Uhr den Himmelfahrtsgottesdienst ab. Schon eine Stunde später erfaßten die ersten Funken den Turm. Vier Stunden später war von der schönen Kirche nur ein rauchendes,

schwarzes Gerippe übriggeblieben. Kunstschätze von unermeßlichem Wert waren vernichtet.
Bereits um fünf Uhr morgens hatte Spritzenmeister Adolph Repsold den Vorschlag gemacht, dem Feuer durch eine Schneise Einhalt zu gebieten – aber der Rat gab erst jetzt die Erlaubnis zu den notwendigen Sprengungen.
Zu spät, die gewaltige Feuerwalze konnte auch dadurch nicht mehr aufgehalten werden. Durch den neuen Telegrafen wurde Hilfe von der Nachbarschaft erbeten. Die Flammen, die sich nach zwei Seiten ausgebreitet hatten, erreichten nun die Neuenburg, das Buchlager Hoffmann & Campes, den Neuen Wall und gleichzeitig die Alte Börse und das Rathaus an der Trostbrücke. Der Entschluß zur Sprengung war gerade gefaßt worden. Um 2.30 Uhr nachts hielt Bürgermeister Benecke eine ergreifende Abschiedsrede, und kurz darauf fiel das Gebäude unter dem Getöse von achthundert Pfund explodierenden Schießpulvers in sich zusammen. Nur ein Teil des Archivs und Bruchstücke wichtiger Schriften und Akten konnten vorher in Sicherheit gebracht werden.
Die Idee, durch Sprengung den Brand zu lenken, war zwar großartig, aber es fehlte an Erfahrung bei der Durchführung. Nicht immer wurden die richtigen Gebäude in die Luft gejagt. Das Feuer ließ sich durch nichts stoppen. Immerhin hatte der Schutt die Keller der Bank geschützt, in dem Gold- und Silberbarren lagerten. Nach Sprengung der Alten Börse verwandelte sich der Alte Krahn daneben in eine lodernde Fackel.
Die Panik der obdachlos gewordenen Menschen war unbeschreiblich: Bepackt mit ihrer wichtigsten Habe irrten sie wie blind umher und suchten einen Fluchtweg aus der glühenden Hitze. Wer Glück und Geld hatte, ließ seine geret-

tete Habe mit einem Karren aus dem Dammtor fahren. Eine Fuhre kostete einhundert Mark – soviel wie ein Arbeiter in sechs Monaten verdiente! In diesem Chaos suchte natürlich auch das Gesindel sein Geschäft. Es wurde geplündert, was das Zeug hielt.
Am Morgen des 6. Mai 1842 war das Feuer bedrohlich in die Nähe der Neuen Börse gerückt, kaum sah man eine Chance zur Rettung dieses prachtvollen Gebäudes. Nun hatte aber ein als spleenig verschrieener Engländer namens Smith für seine eigene Wasserversorgung eine Anlage gebaut, die ihn fast 200000 Mark gekostet hatte: die erste mit Druck arbeitende Wasserkunst. Bis zum Freitag morgen konnte Smith mit kräftigem Wasserstrahl die Flammen zurückhalten, dann wurde seine Anlage selbst Opfer des Feuers und er mußte aufgeben. Einer aber gab nicht auf: Der Commerzdeputierte Theodor Dill versuchte mit wenigen Hilfskräften und zunächst nur 3½ Eimern Wasser (!), das Übergreifen der Flammen auf die Börse zu verhindern. Sozusagen tropfenweise goß man von dem wertvollen Naß Kelle um Kelle auf die bereits glühenden Dachbalken und verhinderte so die Zerstörung des erst vor einem halben Jahr bezogenen Börsengebäudes. Während die Börse gerettet werden konnte, zog das Feuer weiter, vernichtete alle Gebäude am Alten Wall, an der Mühlenbrücke, am Mönkedamm, an der Kleinen und Großen Bäckerstraße und der Johannisstraße. Auch durch die Alster ließ sich das Inferno nicht aufhalten und am 6. Mai abends erreichte die vernichtende Walze das alte Eimbeksche Rathaus am Dornbusch, das dänische Posthaus an den Großen Bleichen und das Haus des sehr reichen Senators Jenisch. Die Schadenfreude der armen Leute äußerte sich: „Nu kriegt de Grooten ook mal ehre Betaalung!" Ein bezeichnender Satz für die damalige Zeit, denn oben

und unten waren zu weit voneinander entfernt und fühlten sich nicht einmal in der Not als Gemeinschaft. Dennoch ließ Jenisch alles an die Armen verschenken, was man nicht abtransportieren konnte.
Fast ungehindert fraß sich das Feuer weiter, von kräftigem Wind angetrieben. Zwanzigtausend Männer und Frauen kämpften dagegen an, energisch, aber unkoordiniert. Die Flammen rückten nach Nordwesten zum alten Jungfernstieg und gleichzeitig nach Südosten zur Petrikirche vor. Trotz eilig vorgenommener Sprengungen – ausgerechnet jetzt ging das Pulver aus – ragten am Morgen des 7. Mai nur noch zwei Mauerreste aus den verkohlten Balken auf. Die wichtigsten Kunstschätze St. Petris hatte man vorher in Sicherheit bringen können. Das Nachbargebäude, das Johanneum, konnte durch den entschlossenen Einsatz aller Wasserkräfte des schon genannten Smith den Flammen entrissen werden.
In der Bevölkerung steigerte sich die Panik zum absoluten Chaos – niemand traute der Windrichtung, jeder, ob aus Alt- oder Neustadt packte sein Hab und Gut und versuchte, aus der Stadt zu kommen.
Entlang der Alster bemühte sich die Bürgerwehr, unterstützt von preußischen und hannöverschen Artilleristen, durch Sprengung und Zerschießen der Häuser das Feuer aufzuhalten. Streits Hotel, die Villen von Salomon Heine und Rothschild, die Alsterhalle und zahllose andere Gebäude brachen zusammen. Zucht- und Spinnhaus an der Alster wurden ebenfalls ein Raub der Flammen. Die Insassen hatte man vorher in sicheres Gewahrsam gebracht. In der allgemeinen Verwirrung gab es auch böse Gerüchte über Brandstiftungen. Merkwürdigerweise gab man den Engländern die Schuld und der Rat mußte einschreiten, um die Lynchjustiz des Pöbels zu verhindern. „Wer nur englisch

aussah, wurde gefährlich angerempelt“, schrieb Dichter Friedrich Hebbel. Als dritte Kirche brannte Sonntag nacht die alte St. Gertrud-Kapelle ab.
Am Morgen des 8. Mai kam endlich die erlösende Nachricht: An den Kurzen Mühren, deren unteres Ende jetzt „Brandsende“ heißt, hatten die rund dreihundert Wasserspritzen das Feuer unter Kontrolle. Allmählich konnte man jetzt das wahre Ausmaß der Schäden überblicken. Ein Viertel der Stadt war nur noch ein rauchender Trümmerhaufen. Wenn für die Betroffenen auch schmerzlich, ein Positivum des Brandes war die Vernichtung der schrecklichen Elendsquartiere. Insgesamt hatte das Feuer 41 Straßen erfaßt, rund zweitausend Häuser waren verbrannt oder gesprengt. Die Zahl der Obdachlosen, für die jetzt schnelle Hilfe nötig war, lag bei fast 20000. Die neue Eisenbahn nach Bergedorf wurde durch die Ereignisse zwar nicht mit den üblichen Feierlichkeiten eingeweiht, doch dampfte sie schon fleißig hin und her: Notleidende wurden aus der Stadt und Hilfsgüter hineingebracht. Hamburgs hilfsbereite Nachbarn stellten Notunterkünfte, Lebensmittel und Geld zur Verfügung, um das schlimmste Elend zu lindern. Gemessen am Ausmaß der Katastrophe war die Zahl der Toten nicht sehr hoch. Es waren 51. Allein 17 Menschen wurden beim Feuerlöschen im Weinkeller eines Kaufmanns am Burstah von Trümmern verschüttet, als sie ohne Zeche ihren eigenen Brand löschten. Nachdem das Feuer bezwungen war, begann zunächst eine umfangreiche Bestandsaufnahme. Die Schadensliste der verbrannten Waren gibt einigen Aufschluß über die damals in der Stadt gelagerten Handelsgüter: 1200 Ballen Baumwolle, 350 Ballen Twist, rund zwei Millionen Pfund Kaffee, über 22 Millionen Pfund Zucker, 460 Fässer Tabak sowie 30 Säcke Reis, 500 Zentner Rüböl, 100000 Pfund

Palmöl, 1000 Fässer Rosinen, 200 Ballen Hanf, 250 Stück Kleesaat, 300 Last Getreide, 36 000 Stück Häute, 32 000 Stück Leinen, Korb- und Packwaren. Außerdem Drogerie-, Gold-, Silber- und andere Manufakturwaren. Nicht zu vergessen die leicht entzündlichen Farben und Lacke sowie die Alkoholika. Das waren allein 8000 Fässer Wein und mehr als 1000 Faß Rum, Arrak oder reiner Sprit. Der Gesamtschaden des Großen Brandes lag bei rund neunzig Millionen Mark. Zum Vergleich: Die Staatseinnahmen der Hansestadt betrugen in jener Zeit 5,5 Millionen pro Jahr. Der Wiederaufbau ging schnell voran, nicht zuletzt durch die Hilfe der Nachbarländer. Spenden kamen aus aller Welt, sogar aus Afrika. Am großzügigsten war der russische Zar. Er spendete mehr als 150 000 Mark. Insgesamt kamen weit über sechs Millionen zusammen.

Nichts ist verloren – die Elbe ist nicht verbrannt!

Mit dieser hoffnungsvollen Einstellung überzeugte Bankier Salomon Heine, einer der reichsten Einwohner Hamburgs, seine Mitbürger und unterstützte sie auch tatkräftig, indem er mit seinem Vermögen die Kreditwürdigkeit Hamburgs erhielt und den Diskontsatz auf vier Prozent stabilisierte.
„Unser geliebtes, schönes Hamburg ist nicht verloren, und unsere regsamen Hände werden, wenn auch allmählich, und zwar in Monaten und Jahren, das schon aufzubauen wissen, was das furchtbare Elend in Stunden und Tagen so hastig zerstörte.“ So lautete der Aufruf des Rates an die Bevölkerung am Nachmittag des 8. Mai 1842. Das geliebte Hamburg sollte schöner werden!

Wie schon gesagt, war auf schreckliche und schnelle Art genügend Raum für neue und bessere Bauten geschaffen. Viele Elendsquartiere, baufällige Häuser und enge, muffige Gassen – einige waren so schmal, daß nicht einmal Löschwagen hindurchkamen – hatte das Feuer vernichtet.
Die Stunde der großen Architekten war gekommen: Der uns schon bekannte englische Ingenieur Lindley, der alles Venezianische liebende Gottfried Semper, der seinen Markusplatz vor dem Rathaus verwirklichte, Alexis de Chateuneuf und Carl Ludwig Wimmel haben sich als Baumeister in dieser Zeit einen besonderen Namen gemacht. Jetzt war es möglich, die Straßen in doppelter Breite anzulegen, die Bürgersteige zu pflastern und unbebaute Plätze mit Bäumen zu bepflanzen. Die Häuser erhielten flachere Dächer, wurden verputzt und mit Schmiedeeisen verziert. An der geretteten Neuen Börse entstanden Banken, das Rathaus, daneben ein neues Verwaltungsgebäude für Gericht und Zoll.
Vorläufig tagten Rat und Bürgerschaft im Waisenhaus. Die Kinder hatte man nach Eppendorf verlegt. Für ein Jahr war nun eine 19köpfige Deputation zuständig für den Wiederaufbau, die Neuordnung und die Festsetzung der Steuern und des Zolls. Zu den Mitgliedern gehörten Spalding, Amsinck, Jenisch und Kellinghusen, alles Namen, die noch heute durch Straßenschilder wohlbekannt sind. Um bei Bürgerschafts- und sonstigen Sitzungen nicht durch das lautstarke Wagenrasseln gestört zu werden, ließ man die Straße vor dem Waisenhaus mit Holz pflastern. Das förderte die Konzentration, jedenfalls bei solchen, die noch nicht schwerhörig waren. Das Durchschnittsalter der Oberalten lag nämlich bei 75 Jahren! Nicht nur deshalb begann das Volk, Kritik an der Obrigkeit zu üben. Zu erwähnen ist auch, daß von den 130000 Einwohnern, die Hamburg zur

Zeit des Brandes hatte, nur 6882 wahlberechtigt waren. Um bei den Zahlen zu bleiben: 4901 Kinder wurden in dem Jahr geboren, 5658 Menschen zu Grabe getragen. Aus dieser Statistik kann man zwar keine grundlegende Tendenz ableiten, doch lassen die Zahlen den Schluß zu, daß die alte Erfahrung, Städte wachsen nur durch Zuzug von außen, noch aktuell war.
Damals gab es 2310 Konfirmationen und 1534 Trauungen. Neben der Schaffung neuer Häuser, Straßen und Verwaltungsgebäude beschäftigte man sich aber auch mit dem Wiederaufbau von Handwerk und Handel. Die Schiffahrt hatte durch den Großen Brand kaum Einbußen erlitten: Am 1. Januar 1843 lagen immerhin 211 Schiffe im Hamburger Hafen. Fremde Matrosen sah man allerdings in der Stadt nicht so gern, da man Plünderungen fürchtete. Diese gehörten ohnehin zur Tagesordnung und hielten die Polizei in Trab.
Nach dem Wiederaufbau begann man die Häuser Hamburgs nach einem neuen Schema zu numerieren. Es hat sich bis heute bewährt: Die Hausnummern jeder Straße begannen vom Stadtzentrum aus und je nach Straßenseite vergab man gerade oder ungerade Zahlen. Wichtigste Neuerung nach dem Brand war die Schaffung eines unterirdischen Sielsystems, geplant und ausgeführt vom genialen Lindley. Es sorgte für den Abtransport des Schmutzwassers in die Elbe. Dadurch verringerten sich die üblen Gerüche in den Straßen. An Klärwerke dachte man allerdings damals noch nicht. Auch offene Auffanganlagen der Abwässer, die sogenannten „Hasenkuhlen“, deren Ausdünstungen besonders im Sommer unerträglich waren, verschwanden durch die neue Kanalisation nach und nach.
Eine weitere Neuerung in den Straßen waren die Gaslaternen anstelle der bisherigen Öllampen. Diese aus England

importierte Beleuchtungsart hatte ein Privatmann aus der Gröninger Straße bereits 1817 erprobt: „Herr C.-G. Heise hat das Souterrain seines großen Hauses durch eine ebenso schöne Einrichtung mit brennender Luft nach englischer Art beleuchtet und erwärmt. Die Beleuchtung ist ebenso wunderbar als zauberisch angenehm." Sechs Jahre später konnte jedermann unter diesem Zauber bei Gastwirt Peter Ahrens, genannt Peter ‚Gas', in der Neustadt tanzen – hausgemachtes Steinkohlenlicht sorgte in seinem Etablissement für prickelnde Atmosphäre.

Auch die Verkehrsverbindungen wurden ausgebaut. Seit 1843 konnte man – gegen Wegegeld – auf einer gepflasterten Chaussee von Hamburg über Ahrensburg nach Lübeck fahren. Es ist die heutige B 75. Ein Jahr später wurde die König-Christianslinie oder auch ‚Ostseebahn' von Altona nach Kiel eingeweiht. Der damalige Bahnhof lag an der Palmaille und war von Architekt Semper entworfen worden. 1895 wurde er zum Neuen Altonaer Rathaus umgebaut. Weil die Dänen sich querstellten, kam erst 22 Jahre später ein Anschluß nach Hamburg durch die Verbindungsbahn zustande. 1846 konnten die Hamburger, reichlich in Dampf gehüllt, Berlin mit der Bahn besuchen.

Eine Eisenbahn über die Elbe nach Süden, die heutige Hauptverkehrsrichtung, stand damals noch nicht zur Debatte. In jener Zeit, nämlich 1847, wurde auch eine Gesellschaft gegründet, die später zu einer der bedeutendsten Reedereien der Welt zählte: die Hamburg-Amerikanische-Packetfahrt-Aktien-Gesellschaft, kurz HAPAG genannt. Auch Deutsche waren vom Goldrausch in der Neuen Welt infiziert. Die Zahl der Auswanderer nach Amerika nahm von Jahr zu Jahr zu. Bald blühte sogar der Export von Goldgräber-Fertighäusern. Bei der ersten Dampferlinie über den

großen Teich nach New York – Begründer war Sloman – gab es ab 1850 lange Wartelisten.
Aber zurück ins Jahr 1846: Am anderen Elbufer, gegenüber den jetzigen „Landungsbrücken“, wurde die Stülckenwerft errichtet. Heute klafft dort eine große Lücke, denn die Schiffsbaugesellschaft mußte wegen Unrentabilität nach dem Zweiten Weltkrieg demontiert werden. Es bestehen aber Pläne, dieses wertvolle Gelände wieder nutzbar zu machen.
Sechs Jahre nach dem Großen Brand war, wiederum dank der Initiative des Engländers Lindley, endlich auch die Wasserversorgung in Hamburg gesichert. Er holte das Hamburger Trinkwasser aus der Oberelbe – nichtahnend, daß auch diese einmal unter Verschmutzung zu leiden hätte. Das erste Wasserwerk in Rothenburgsort machte einen alten Berufsstand überflüssig, die Wasserträger. Nach dem Bau der „Stadtwasserkunst“ waren diese meist Senioren ihren Nebenverdienst los. Der berühmteste unter ihnen war der Artillerist a. D. Georg Daniel Christian Hummel, der schon etwas „tüdelig“ im Kopf war. Auf seinem Weg mit den beiden Eimern brummte und summte der alte Mann vor sich hin. Da durfte er sich nicht wundern, daß die Kinder ihn nachäfften und „Hummel-Hummel“ hinter ihm herriefen. Er antwortete mit dem bekannten „Mors Mors“, einer praktischen niederdeutschen Verkürzung von Goethes Zitat aus Götz von Berlichingen. Manche Leute sind so berühmt, daß man ihren Tod nicht glauben mag. Hummel war 1836 an einer Lungenentzündung gestorben. Aber erst achtzehn Jahre später trug man seinen Untermieter in der Großen Drehbahn 36, Johann Wilhelm Benz, als Wasserträger Hummel zu Grabe. Der Ausspruch „Hummel, Hummel – Mors, Mors“ ist als Losungswort der Hamburger unsterb-

Immer eine passende Antwort auf Lager: Wasserträger Hummel-Hummel, der doch eigentlich Johann Wilhelm Bentz hieß

lich geworden. Auch heute noch sieht man bei großen Stadtfesten in Hamburg die traditionsreichen Originale in ihrer zünftigen Kleidung und Ausrüstung, neben dem Hummel auch die Zitronenjette, den Aalweber und Vetter Kirchhoff.

Das nächste wichtige „Wasserereignis" jener Zeit war der Bau der ersten Dampfbadeanstalt am Schweinemarkt, daher auch als Schweinebad bezeichnet. Eine gründliche Reinigung war jedenfalls gewährleistet. Für Hausfrauen, die hier ihre Wäsche waschen wollten, gab's grüne Seife kostenlos. Für wenig Geld konnten sie an den Waschständen warmes Wasser bekommen. In einigen Berufen, wie bei den Tiefbauarbeitern, den Maurern und Zimmerleuten wurde zusätzlich zum Lohn ein Badegeld gezahlt, damit sie sich ein warmes Wannenbad in einer Badeanstalt genehmigen konnten. Badezimmer gab es damals in den Wohnungen äußerst selten.

Die kulturellen Bedürfnisse der Hamburger waren in der Katastrophe nicht untergegangen. 1843 entstand am Alten Pferdemarkt, dem heutigen Gerhart-Hauptmannplatz, durch Privatinitiative das Thalia Theater. Und Richard Wagner persönlich dirigierte im Opernhaus am Dammtor die Uraufführung seines Rienzi. Sehr betrauert wurde im Jahre 1847 der Tod des Hamburger Komponisten Felix Mendelssohn-Bartholdi. Er war im Alter von nur 38 Jahren in Leipzig gestorben.

Zehn Jahre später verbreiteten die Altonaer Nachrichten, sie gab es schon seit 1850, eine Schreckensnachricht: Am 13. August war der Postdampfer Central America in einem Sturm untergegangen. Zwar war der Tod von 446 Passagieren schrecklich genug, aber an Bord hatten sich zudem noch Goldbarren im Wert von zwei Millionen Dollar befunden.

Über diese hatte man an der ohnehin wackeligen New Yorker Börse schon voll disponiert. Auf den ‚Schwarzen Freitag' folgte eine dreimonatige Weltwirtschaftskrise. Sie brachte, wie ein Hamburger Bankier meinte, die Bank- und Kaufleute der Hansestadt stärker ins Schwitzen als der Große Brand. Wechsel platzten, Konkurse wurden angemeldet, Sparer kündigten ihre Einlagen, und in den Speichern stapelten sich Waren, die niemand mehr abrief. Die Rettung kam im Dezember aus Österreich: Kaiser Franz Joseph I. schickte eine Anleihe von zehn Millionen Mark in Form von Silberbarren. Die Wechselverpflichtungen übernahmen zu 40 Prozent die Banken. Der Name „Heine" hatte wieder für eine Lösung gesorgt. Carl Heine erwies sich als würdiger Nachfolger seines berühmten Vaters Salomon.

Jetzt konnte die Hamburger Wirtschaft ungehindert weiterwachsen! Der Außenhandel erreichte nie dagewesene Ausmaße. Die weltpolitische Entwicklung war Hamburg entgegengekommen, denn die südamerikanischen Staaten, die in den zwanziger Jahren ihre Unabhängigkeit von den Spaniern und Portugiesen erkämpft hatten, suchten Partner in Europa. Vor allem, wie schon erwähnt, wurde Brasilien, das Schwierigkeiten mit den Engländern hatte, ein bevorzugter Partner der Hansestadt. Seit der Hamburger Handel das westliche Mittelmeer, wo die Franzosen nach der Eroberung Algiers der Piraterie endgültig ein Ende gemacht hatten, die Westküste Afrikas ebenso wie Ostindien, Singapur, China, Japan und Australien erreicht hatte, konnte man die Stadt und ihren Hafen mit Fug und Recht als „Tor zur Welt" bezeichnen. Hamburg unterhielt inzwischen 172 Konsulate. Die Schiffe wurden immer größer und konnten somit immer mehr Ladung befördern. Daher mußte der verhältnismäßig

langsame Löschvorgang in die Schuten und Lastkähne beschleunigt werden. Man beschloß, dampfbetriebene Kräne direkt am Kai aufzustellen, um die Waren aus den Schiffen umladen zu können. Weil mit der Schiffsgröße auch der Tiefgang zunahm, das ständige Leuchtfeuer auf Neuwerk, der Leuchtturm in Cuxhaven und das erste Feuerschiff in der Elbmündung zwar den richtigen Weg wiesen, die Elbe an vielen Stellen aber gefährlich flach war, mußte sich der Wasserbaudirektor Dalmann zur Regulierung des Stromes etwas einfallen lassen. Zur Vertiefung der Elbe und des Hafens wurden Saug- und Eimerbagger eingesetzt, Deiche gebaut, Durchstiche und Verlegungen von Flußmündungen durchgeführt. Leuchtfeuer und Tonnen sollten zusätzlich fortan für ungehinderte Schiffahrt sorgen. Im Winter hielten Eisbrecher die Fahrrinne offen. Um mehr Anlegeplätze zu schaffen, wurde die Zahl der Duckdalben vergrößert, Kais aufgemauert und künstliche Hafenbecken geplant. Das erste dieser Art war der später (1866) fertiggestellte Sandtorhafen. Immer wurde das Prinzip des offenen Tidehafens (ohne Docks und Schleusen) beibehalten. Ebbe und Flut können sich bis heute ungehindert entfalten.
Völlig verschätzt hatte man sich, als man 1857 den Raddampfer ‚Helene' vom Rheinland aufkaufte und ihn für die vielen Alsterlustigen einsetzen wollte. Er war viel zu groß für Schleusen und Brücken und mußte schleunigst weiterverkauft werden. Erst zwei Jahre später, 1859, ging der erste Alsterdampfer auf Jungfernfahrt.

Nach 148 Jahren eine neue Verfassung

Die Verwaltung Hamburgs war reformbedürftig, darüber bestand in fortschrittlichen Kreisen kein Zweifel. Schon beim Großen Brand hatten sich die Mängel deutlich gezeigt. Der altehrwürdige Rat hielt jedoch eisern am Althergebrachten fest.

Nach der Februarrevolution 1848 in Paris und den darauffolgenden Ereignissen in Deutschland war die Unruhe der Bürger auch in Hamburg nicht mehr zu dämpfen. Im Gegensatz zu anderen deutschen Städten kam es allerdings nicht zu blutigen Auseinandersetzungen. Demokratische Einrichtungen, die man kurzfristig schuf, blieben auch nur kurzfristig bestehen. Die Wahl der Vertreter Hamburgs zur Nationalversammlung in Frankfurt, bei der zum ersten Mal alle Hamburger – allerdings wie damals üblich nicht die Hamburgerinnen – gleiches Stimmrecht hatten, blieb für viele die einzige Wahl in ihrem Leben. Hamburgs Interessen wurden in Frankfurt von drei liberalen Abgeordneten vertreten: dem Juristen Moritz Heckscher sowie den Kaufleuten Ernst Merck und Edgar Ross. Dies sollte den Hamburgern vorerst an Demokratie genügen. Für die notwendige Weiterentwicklung der Verfassung der Stadt, die den Erfordernissen eines modernen Staates gerecht wurde, gingen zwölf weitere Jahre ins Land.

Im September 1860 schließlich trat sie in Kraft. Von nun an gab es keinen Rat mehr, sondern einen Senat, der aus achtzehn „Hoch- und Wohlweisheiten“, den Senatoren bestand. Der Name hatte gewechselt, aber die traditionsreiche Amtstracht blieb – sonst hätte man sich aus eigener Tasche neu einkleiden müssen. Der schwarze, pelzbesetzte Rock, die Bundhosen und die Schnallenschuhe waren ja noch einiger-

maßen bequem. Der weiße, breite Mühlsteinkragen jedoch war höchstens gut, um eventuelle Kopfschuppen vom dunklen Rock fernzuhalten, und der schwarze, breitkrempige Hut, der sowieso meist in der Hand getragen wurde, war genauso starr und konservativ wie oftmals sein Träger.
Aus seiner Mitte wählte der Senat die beiden „Magnifizenzen", den ersten und zweiten Bürgermeister – meistens die ältesten Juristen unter ihnen. Der Senat konnte sich von nun an beim Ausscheiden eines Senators einen neuen nicht mehr selbst aussuchen. Eine neu gebildete Bürgerschaft und der Senat gemeinsam hatten sich auf den Nachfolger eines beispielsweise verstorbenen Senators zu einigen. Das war oft nicht leicht und dauerte endlos. Aber in den langen Beratungszeiten gab es Wein und Zigarren gratis für die Bürgerschaft, die Senatoren mußten sich traditionsgemäß mit heißer Schokolade begnügen. Eine neue Wahl dieser Art fand erst wieder beim Ausscheiden oder Ableben des nächsten Senators statt, er wurde nämlich auf Lebenszeit gewählt.
Alle sechs Jahre wurden die 192 Mitglieder der Bürgerschaft neu ernannt. Dieser Vorgang war noch komplizierter als die Wahl eines Senators: 84 von ihnen wurden von allen Hamburger Bürgern gewählt, die über 25 Jahre alt waren und nachweisen konnten, daß sie mindestens 1200 Mark jährlich versteuerten. Die Wahl weiterer 60 Abgeordneter stand den „Notablen" zu, das waren verdiente Männer aus Senat und Bürgerschaft, Beamte, Juristen, Pastoren, Ärzte und ehrenwerte Kaufleute. Die restlichen 48 Abgeordneten der Bürgerschaft wurden von den Grundeigentümern gewählt.
So gab es Bürger in dieser Zeit in Hamburg, die kein Wahlrecht hatten. Andere hingegen, wie zum Beispiel manche Grundbesitzer, durften gleich drei Stimmen abgeben. War

Senatorenwahl 1860:
„Fühlte sich ein Mitglied des hohen Gremiums ermattet, dann begab er sich in die ‚Rathauslaube', wo auf einem Tisch Erfrischungen und ermunternde Getränke aller Art aufgebaut waren ..."

das Klassenwahlrecht auch alles andere als fortschrittlich, so brachte die neue Verfassung endlich die erhoffte Gewaltenteilung: Die Gesetzgebung (Legislative) lag jetzt gleichberechtigt in den Händen von Senat und Bürgerschaft, die ausübende Gewalt (Exekutive) oblag dem Senat und die rechtsprechende (Judikative) allein bei den Gerichten. Das Obergericht wurde also vom Senat getrennt. Auch die konfessionellen Beschränkungen wurden aufgehoben. Doch mußten Juden sieben Jahre warten, bis sie das Hamburger Bürgerrecht bekommen konnten. Die bisherigen Kollegien, also der 48er und der 60er-Ausschuß und andere Institutionen dieser Art, wurden von einem 20köpfigen Bürgerausschuß abgelöst, der die Einhaltung der neuen Verfassung und der Gesetze überwachen sollte und Ausgaben bis fünftausend Mark ohne Rechenschaft bewilligen durfte. Alles in allem war es doch ein kleiner Schritt auf dem Weg zur Demokratie.

Wenn die politischen Rechte der meisten Hamburger auch noch beschränkt waren, so konnten sie sich jetzt wenigstens freier bewegen: Die Torsperren fielen noch im selben Jahr. Die nächtlichen Pendler zwischen Stadt und Umland konnten nun ihr Kleingeld stecken lassen, denn die Schlagbäume wurden für immer beseitigt. Heute erinnern nur noch die Namen Rotherbaum, Lübscher Baum, Sechslingspforte und Eppendorfer Baum an die Hürden, die vorher Stadtkern und Vororte getrennt hatten.

Jetzt entwickelten sich diese Vororte zu Stadtteilen. Die schönsten waren damals schon die Villenviertel an der Außenalster. Für weniger Zahlungskräftige entstanden Massenquartiere, die sogenannten Mietskasernen, vor allem in Barmbek und Eimsbüttel.

Begünstigt durch die politische Entwicklung nahm der Ver-

kehr von und nach Hamburg einen großen Aufschwung. 1861 fiel der Stader Elbzoll, und eine gerade Straßenverbindung nach Süden über die Wilhelmsburger Reichsstraße bis Harburg wurde angelegt. Allerdings mußte man über die Elbe am Grasbrook die Fähre nehmen – eine Eisenbahnbrücke gab es erst ab 1872. Nach der Niederlage Dänemarks 1864 konnte endlich auch die Bahn nach Lübeck gebaut und der Anschluß an die Strecke Altona-Kiel, die schon erwähnte Verbindungsbahn, eingerichtet werden. Altona wurde 1866 preußisch. Ein vierspänniger Pferdebus fuhr jetzt nach Blankenese und die allererste Pferdestraßenbahn nach Wandsbek. Zu weiteren Reisen gehörte immer noch eine Portion Mut und viel Zeit, denn die Kaleschen und Postkutschen blieben zunächst noch Hauptbeförderungsmittel. Aber manchmal gab es zwingende Gründe, in andere Länder aufzubrechen. So reiste 1862 der knapp dreißigjährige Hamburger Johannes Brahms (1833–1897) einigermaßen verbittert nach Wien. Er hatte sich vergeblich als Dirigent der Philharmonischen Gesellschaft in Hamburg beworben. Nach Bach war Brahms der zweite große Musiker, der Hamburg den Rücken kehren mußte, weil ihn die Stadt nicht wollte. 27 Jahre danach, also 1889, wurde Brahms Ehrenbürger von Hamburg – zu spät – er fühlte sich inzwischen in Wien zu Hause.
Seßhafte Bürger ohne Fernweh blieben in der Stadt und amüsierten sich. Abwechslung gab es genug, wie zum Beispiel den ersten zoologischen Garten am Dammtor, heute Planten un Blomen. Der liberale Kaufmann Ernst Merck, der im selben Jahr auch den „Verein zur Rettung Schiffbrüchiger“ gegründet hatte, setzte 1863 Alfred Brehm, der uns als Autor von „Brehms Tierleben“ bekannt ist, als Direktor ein.

Auch das Alsterschippern wurde immer beliebter. Nur die Mode der Damen verhinderte das Einsteigen in die kleinen Ruderboote: Man trug riesige Reifröcke, Krinolinen genannt. Die letzten Kreationen aus Paris wurden in den vornehmen Geschäften und Passagen am Jungfernstieg ausgestellt. Schon damals liebte man den Bummel durch die Einkaufspassage, zum Beispiel den Sillems Basar. Dunkle Hafengassen und enge Twieten – sie lagen als „Zweite" hinter der eigentlichen Straße – mied man als feine Dame lieber. Das finstere Gängeviertel der Neustadt wurde auf Anregung der Brüder Wex saniert. So entstanden die Brüder- und die Wexstraße am Großneumarkt, durch die wir heute mit Nostalgiegefühlen schlendern und wo sich Kellerkneipen, Restaurants und Weinlokale angesiedelt haben. Im „Klein-Neumarkt" befindet sich Hamburgs ältester noch erhaltener Weinkeller.
Wenn das rege Treiben auf dem Altonaer Fischmarkt vorüber war, traf man sich ab 1867 bei „Eier-Cohrs" zum steifen Grog.

Jetzt konnten die Schiffe auch direkt am Kai festmachen und nicht mehr im Strom an Duckdalben. Vater des modernen Tidehafens mit Kaimauern und Gleisanschlüssen war Wasserbaudirektor Johannes Dalmann. Das erste richtige Hafenbecken war der Sandtorhafen.
Im selben Jahr trat Hamburg dem Norddeutschen Bund bei, den die Preußen ins Leben gerufen hatten. Nun kam endlich Ordnung ins Postwesen. Bisher hatte es nämlich sieben verschiedene Postämter in der Stadt gegeben: das Dänische, Schwedische, Mecklenburgische, Preußische, Freistädtische, Hannoversche und das von „Thurn und Taxis". Da sollte sich einer auskennen, wenn er einen Liebesbrief zum

Beispiel nach Bremen schicken wollte! Ab 1868 vertraute man alle Briefe dem „Norddeutschen Bundes-Oberpostamt“ an – sogar die ersten Briefkästen wurden an den wichtigsten Straßenecken aufgestellt.
Der Norddeutsche Bund war die Vorstufe des Deutschen Reiches, das im Januar 1871 nach dem Sieg Preußens und seiner Verbündeten über Frankreich in Versailles ausgerufen wurde. Die Farben der Reichsflagge wurden vom Norddeutschen Bund übernommen: schwarz-weiß-rot: schwarz-weiß für Preußen und weiß-rot für die Hansestädte. Auch die Militärhoheit war nun an Preußen übergegangen – schon im Deutsch-Französischen Krieg hatte nicht mehr das Bürgermilitär von Hamburg gekämpft, sondern das „Infanterieregiment 76 (Zweites Hanseatisches) – der Beitrag Hamburgs für die preußische Armee.
Das nahe Bergedorf und die Vierlande gehörten seit 1867 zu Hamburg – den bisherigen Partner Lübeck hatte man ausgezahlt.
Um beim Thema Geld zu bleiben: 1874 mußten die Hamburger Mark Courant, Mark Banco, Schillinge, Dreilinge, Sechslinge und Scheidemünzen vergessen und umrechnen, denn es wurde das Dezimalsystem eingeführt. Die neue Währung hieß Reichsmark und hatte 100 Pfennige. Die Umrechnung und Umgewöhnung war nicht ganz einfach, denn eine Mark Courant entsprach 1,20 Reichsmark und eine Mark Banco sogar 1,50 RM. Die schlechten Rechner hatten es aber fortan etwas leichter im Mathematik-Unterricht.
Zu den wichtigsten Neuerungen, die mit der Reichsgründung einhergingen, gehörte die Einführung des allgemeinen Schulzwangs. Bisher waren die Schulen in Hamburg Privatsache gewesen, meist Angelegenheit der Kirche. Nach preußischem System wurden jetzt staatliche Volksschulen

eingerichtet und die Pädagogen in staatlichen Seminaren einheitlich ausgebildet. Überhaupt wurde Bildung, besonders aber die Volksbildung, ein Ziel, das sich besonders die immer wirksamer agierenden Sozialisten und Gewerkschafter gesetzt hatten. Auch sogenannte „Bürgerliche" wie Alfred Lichtwark bemühten sich darum. Lichtwarks Motto: Erziehung zur Kunst und durch die Kunst. Seit 1886 Direktor der Kunsthalle, die 1869 gegründet worden war, erweiterte er ständig die städtische Gemäldesammlung. Erst jetzt kam der schon 1810 verstorbene Maler der Romantik, Philipp Otto Runge, der auch das Märchen vom „Fischer und syne Fru" geschrieben hat, zu seiner hohen Wertschätzung. Schon in der ersten Jahrhunderthälfte hatte es in Hamburg eine Kunstszene gegeben, aber keiner dieser Maler errang Weltruf. Ihre Namen sind links und rechts der Fuhlsbütteler Straße verewigt und sie beweisen, daß auch Künstler in der Stadt des Kommerz leben mochten. Bekannt wurden die Familie Speckter und die Brüder Suhr durch Steindrucke und Stiche, die das Leben im alten Hamburg zeigen. Durch sie weiß man heute, wie es vor dem Großen Brand in Hamburg ausgesehen hat.

Der Bildung des Geschmacks sollte auch das Museum für Kunst und Gewerbe dienen, das Justus Brinckmann im Jahre 1877 im Schulgebäude am Steintor mit viel Liebe einrichtete.

Zum sportlichen Höhepunkt des Jahres entwickelte sich mehr und mehr das 1869 ins Leben gerufene Deutsche Derby. Der Wettkampf der dreijährigen Galopper wurde auch gesellschaftliches Ereignis, bei dem man sich modische Ideen holen konnte.

Die größten und ausgefallensten Damenhüte, die nicht immer nur von den Damen der großen Welt getragen wurden,

erregten Aufmerksamkeit. Flirten ist schließlich auch ein Sport!
Anonymes und daher vollkommen uneingeschränktes Flirten war auf den Maskeraden möglich, die auch in Mode gekommen waren. Die erste Maskerade des Karnevalvereins „Klimperkasten“ wurde 1872 gefeiert. Die Arme des Herrn fest um die schlank geschnürte Damentaille gelegt, schwebten die Paare übers Parkett – der Wiener Walzer erfreute sich auch in Hamburg großer Beliebtheit.
Johann Strauß kam 1874 sogar persönlich in die Hansestadt. Im Carl-Schultze-Theater an der Reeperbahn dirigierte er seine „Fledermaus“.
Den echten Fledermäusen stand im selben Jahr ein neues Winterquartier zur Verfügung: Der Turm von St. Nikolai überragte mit 174 Metern alle anderen Türme der Stadt. Sechs Jahre später war auch der schöne Turm der Petrikirche vollendet. Die Glöckner konnten Hamburgs Weiterentwicklung besonders gut beobachten: Gerade im Verkehrswesen tat sich etwas. Hamburg als Knotenpunkt des Nordens verdichtete sich, denn von nun an fuhr auch die Eisenbahn nach Süden. Die Elbbrücken wurden 1872 fertig. Die Linie führte, wie heute noch, über Harburg nach Hannover. Die Norderelbbrücke war zunächst nur für die Eisenbahn gebaut – Straßenverkehr rollte hierüber erst fünfzehn Jahre später.
Auch innerhalb der Stadt beschleunigte sich der Verkehr. Das „Rauchende Plätteisen“, die erste Dampfstraßenbahn, fuhr ab 1897 mit einer Geschwindigkeit von 16 Kilometern in der Stunde nach Wandsbek. Die Fahrkarte kostete 25 Pfennige. Das war nicht gerade billig, wenn man bedenkt, daß viele Hamburger nur rund einhundert Mark im Monat verdienten! Da hatte es der Chef der 1875 gegründe-

ten Kriminalpolizei mit 666 Mark monatlich schon besser! Er und seine Familie konnten sich auch eine Droschke leisten. Das lange Feilschen um den Fahrpreis entfiel ab 1880. Von nun an sorgten an den Wagen angebrachte Taxameter für eine geregelte Abrechnung.
Im Norden ihrer Stadt richteten die Hamburger einen herrlichen Parkfriedhof – den inzwischen größten Europas – ein: Ohlsdorf. Nicht nur für die Toten ist der Friedhof Ohlsdorf eine Ruhestätte – wegen seiner schönen Anlagen ist er Anziehungspunkt für Fremde und Einheimische. Der alte Friedhof an der Jungiusstraße, wo jetzt die Messehallen stehen, wurde eingeebnet. Ganz in der Nähe des Friedhofs entstand auch die neue „Korrektionsanstalt" – Hamburgs Gefängnis – in Fuhlsbüttel, kurz „Santa Fu" genannt. Ebenfalls nicht weit entfernt gründete Sengelmann die vorbildlichen Alsterdorfer Anstalten für geistig Behinderte.
Die erste Gartenbauausstellung 1880 auf der Moorweide bot ihren Besuchern nicht nur Grünes, sondern auch ganz Neues: Die Blütenpracht erstrahlte auch im Dunkeln, und zwar mit Hilfe von elektrischem Licht! Schon zwei Jahre später ließen die Stadtväter diese neumodischen, elektrischen Bogenlampen auf dem Rathausmarkt installieren. Dabei war erst 1873 die gesamte Straßenbeleuchtung von Öl auf Gas umgerüstet worden! Zur Versorgung mit dieser damals ziemlich übelriechenden und noch giftigen Energie waren auf dem Grasbrook und in der Flotowstraße in Barmbek Gaswerke gebaut worden. Die Kohle, aus denen man das Gas gewann, wurde mit Schuten herbeigeschafft.
Überhaupt der Fortschritt: Die Fernsprecher kamen nach Hamburg, und schon im ersten Jahr nach der Eröffnung des Stadtfernsprechnetzes gab es 206 zahlende Teilnehmer. Nicht von allen wurde diese Form der Kommunikation be-

grüßt. Der Berliner Maler Max Liebermann, der gern in Hamburg arbeitete, sagte zu einem Senator, als dieser ihm sein Telefon vorführte: „Na ja, man klingelt, und Sie gehen hin."

Verbesserungen gab es auch im Gesundheitswesen. Die Firma Beiersdorf meldete 1882 ihr „gestrichenes Wundpflaster" zum Patent an, und 1884 gründete Professor Curschmann das Allgemeine Eppendorfer Krankenhaus.

Mit großen Schlagzeilen berichteten die Norddeutschen Nachrichten – sie gab es seit 1879 – von einem schrecklichen Schiffsunglück in der Nordsee: Vor Borkum waren im Nebel zwei Dampfer zusammengestoßen. Das Unglück forderte 416 Tote!

Schier unaufhaltsam war die Seeschiffahrt gewachsen. Im Jahr der Reichsgründung wurde die Hamburg-Südamerikanische Dampfschiffahrtgesellschaft, kurz „Hamburg-Süd" genannt, ins Leben gerufen. Sieben Jahre später schon, 1878, fuhren die ersten Linienschiffe sogar bis Chile. Der Hamburger Reeder Adolph Woermann beherrschte mit seiner „West-Afrika-Fahrt" (seit 1868) den Handel in diesem Teil des schwarzen Kontinents.

Im Hamburger Hafen gab es damals noch alle heimischen Fischarten, darunter auch köstliche Störe. Wegen ihres günstigen Preises wurden sie gern gegessen.

Daß eines Tages Dynamit auf der Elbe schwimmen würde, hatte wohl niemand geahnt – außer Alfred Nobel, der 1867 auf einem Elbdampfer vor Krümmel seine hochexplosive Erfindung gemacht haben soll.

Im Hamburger Hafen war gebaut worden, und zwar kräftig. Der ersten Kaimauer von 1866 folgte Kilometer um Kilometer. Der erste Petroleumhafen war im Jahre 1873 seiner Bestimmung übergeben worden, und vier Jahre später tat man den ersten Spatenstich zum Bau von Blohm & Voss. Von dieser weltbekannten Werft sollten später viele Ozeanriesen vom Stapel laufen.

An dieser Stelle ist besonders zu erwähnen, daß seit der Französischen Revolution die Arbeiterbewegung – der Zusammenschluß von verschiedenen Arbeitergruppen zu „Gewerkervereinen" – auch in Hamburg ihren stetigen Fortgang nahm. Zur Durchsetzung annehmbarer Arbeitsbedingungen und gerechter Löhne gab es schon damals ein einfaches Mittel: Man legte die Arbeit nieder. Streiks waren in jener Zeit schwieriger als heute und nur von wechselndem Erfolg gekrönt, denn die Mittel der Gemeinschaftskassen, aus denen Streikgelder gezahlt werden konnten, waren beschränkt. Immerhin stand die Gründung der Allgemeinen Arbeiterunterstützungskasse in Hamburg Modell für andere Städte.

Aus dem im Jahre 1863 in Leipzig gegründeten ADAV (Allgemeiner Deutscher Arbeiter Verein) unter Lasalle, dessen Vorstand auch die Hamburger Audorf und Perl und der Harburger York angehörten, hatten sich die Verfechter einer internationalen Richtung (Bebel, Liebknecht u. a.) abgezweigt und 1869 die Sozialdemokratische Arbeiterpartei gegründet. Sie vertrat die Lehren von Karl Marx (1845 und 1849 in Hamburg) und Friedrich Engels, deren Bücher in Hamburg, das damals schon als Pressezentrum galt, verlegt wurden.

1878 war dann auf Betreiben Bismarcks vom Reichstag das „Gesetz gegen die gemeingefährlichen Bestrebungen der Sozialdemokratie" (Sozialistengesetze) erlassen worden. Dadurch wurde auch in Hamburg die Beteiligung an sozialistischen Versammlungen unter harte Strafen gestellt. Diese Gesetze blieben bis 1890 in Kraft, hatten aber wenig bewirkt. Das Streben der Arbeiter nach mehr Gerechtigkeit auf allen Gebieten ließ sich nicht aufhalten, und Hamburg entwickelte sich zu einer Art Mittelpunkt der Arbeiterbewegung – so schrieb die Kölner Presse: „Arbeiter aus Hamburg gehören zu denen, die am lautesten deklamieren." Auch das Genossenschaftswesen begann Formen anzunehmen. 1894 gründete man die Großeinkaufs-Gesellschaft Deutscher Konsumgenossenschaften, kurz GEG genannt.

Der Eiserne Kanzler: Hart wie Granit

Die Hafenstädte Hamburg und Bremen lebten vom freien Handel. Das hatte man bei der Gründung des Norddeutschen Bundes ebenso eingesehen wie vier Jahre später bei der Reichsgründung. So blieben die Hansestädte außerhalb des Reichszollgebietes – es gab sogar einen Paragraphen, der besagte, daß ein Zollanschluß nur auf ihren eigenen Wunsch erfolgen konnte. Ende der siebziger Jahre änderte sich aber die deutsche Wirtschaftspolitik! Reichskanzler Bismarck ging vom Freihandelsprinzip zur Schutzzollpolitik über – und fragte höflich, aber bestimmt aus Berlin an, wann die Hamburger nun endlich ihren Wunsch nach Anschluß äußern würden. Eine so wichtige Stadt des Reiches konnte nicht außerhalb der politischen Entscheidung der Regierung bleiben. Hamburgs Bürgermeister Dr. Kirchenpauer wollte jedoch die wohlbewährte Tradition wahren – hatte er doch schließlich vor zehn Jahren den Artikel über die Zollfreiheit der Hansestädte durchgesetzt. Er lehnte jede Verhandlung darüber ab. Starrsinn läßt sich nur mit eisernem Druck beheben, dachte sich Bismarck und ließ den Hamburger Senat wissen, daß er Altona und das gesamte Niederelbegebiet zollmäßig von Hamburg abtrennen würde. Jeder Hering, der nach Hamburg geliefert wurde, hätte dann verzollt werden müssen. Das war zuviel für den 72jährigen Kirchenpauer. Er dankte ab und überließ dem jüngeren und diplomatischeren Johannes Versmann das politische Feld. Der neue Bürgermeister hatte erkannt, daß es keinen Zweck hatte, sich die Zähne am Granitblock Bismarck auszubeißen – sein übergroßes Denkmal am Stintfang ist bezeichnend. Versmann gelang es, mit der Regierung in Berlin einen Kompromiß auszuhandeln, der Hamburg zunächst einen Zeitgewinn und dann auch finanzielle Unterstützung für die notwendige Umstellung brachte. Der Vertrag über Hamburgs Eintritt in das Reichszollgebiet wurde 1881 geschlossen, aber es dauerte sieben Jahre, bis er in die Praxis umgesetzt wurde: Hamburg bekam einen Freihafen. Er umfaßte ungefähr ein Drittel des Gesamthafengeländes. Innerhalb seiner Grenzen durften alle Waren zollfrei verladen, umgeschifft oder weiterverarbeitet werden – wie heute noch. Für den Ausbau des Freihafens – er kostete 106 Millionen Mark – stellte das Reich 40 Millionen zur Verfügung. Das Bild der Stadt wurde tiefgreifend verändert. Das alte Kaufmannsviertel in St. Katharinen mußte weichen, über 20000 Menschen wurden umgesiedelt, vorrangig nach Barmbek und Eimsbüttel, und es entstand eine eindrucksvolle Speicherstadt mit Kanälen, Kaimauern und Verwaltungsbauten: Heute noch der größte zusammenhängende Lagerhauskomplex der Welt. Wie lange er seinen Zweck noch erfüllen wird, ist ungewiß – Pläne, diese dicken Mauern, die jede moderne Klimaanlage überflüssig machen, zum Wohn- und Vergnügungsviertel umzurüsten, gibt es bereits.

Der neuen Wirtschaftsidee, dem Kolonialismus, folgten die Hamburger anfänglich mit großer Zurückhaltung. Dem

„Deutschen Kolonialverein“ waren bei der Gründung in Berlin nur 38 Hamburger beigetreten – von insgesamt 3260 Mitgliedern! Später änderte sich das. Die Hamburger, deren Geschäftsleute an den Kolonien gut verdienten, obwohl diese Gebiete gesamtwirtschaftlich keinen Gewinn einbrachten, wurden begeisterte Anhänger des Kolonialgedankens. Sie gründeten sogar ein Kolonialinstitut, das später Teil der Universität wurde. Ein Tropenkrankenhaus am Hafen wurde gebaut, das Bernhard Nocht Institut. Es wurde weltberühmt.
Die Organisation des Hafenbetriebs übernahm die im Jahre 1885 gegründete Freihafen-Lagerhausgesellschaft – später HHLA. Ein Jahr später verließ der erste Tankdampfer „Glückauf“ den Hafen, um in den USA Erdöl zu bunkern – damals war der Name ‚Ölpest‘ noch unbekannt. Im Hamburger Hafen stand der stärkste Dampfkran der Welt – er verkraftete ein Gewicht von 150 Tonnen. Die Hafenarbeiter, die wegen der Errichtung der Freihafenzone nicht mehr in unmittelbarer Nähe der Kaianlagen wohnen durften (sie hatten fortan oft einen Fußweg von ca. 1 ½ Stunden zurückzulegen), mußten das letzte Stück zu ihrem Arbeitsplatz über die Elbe übergesetzt werden. Zu diesem Zweck wurde die Hafen-Dampfschiffahrt A. G., die HADAG, gegründet. Ihre kleinen flinken Fährschiffe kamen schon damals überall hin – sie betrieben den Nahverkehr zu Wasser.
Am 29. Oktober 1888 legte Kaiser Wilhelm II. den Freihafenschlußstein an der Brooktorbrücke, und der Weg zum Binnenland war frei. Aus dem Welthafen Hamburg wurde der Deutsche Hafen zur Welt!
Eine neue Führung bekam die Reederei HAPAG. Der 31jährige Albert Ballin, er wurde Freund und Berater des Kaisers, trat in die Geschäftsleitung. Unter ihm entwickelte

sie sich vor dem Ersten Weltkrieg zur größten Reederei der Welt. Ab 1890 konnten die schnellen Schiffe, wenn sie am roten Felsen von Helgoland vor der Elbmündung vorübersegelten oder -dampften, statt der englischen die deutsche Flagge im steifen Nordseewind flattern sehen. Der Tausch Helgolands gegen die Rechte an Sansibar, Uganda und Teile Kenias schien zwar völlig unökonomisch zu sein, aber vielleicht hatte damals schon ein kluger Kopf diese „Goldgrube“ des Zwanzigsten Jahrhunderts erkannt. Außerdem war es für das Deutsche Reich strategisch von großer Bedeutung, nicht mehr die englische Flagge – und damit auch ihre Kanonen – direkt vor der Haustür zu haben. Heute freuen wir uns, diese zollfreie Insel als Urlaubs- und Ausflugsziel ansteuern zu können, wenn auch „De Reis no Helgoland“ häufig eine überaus alkoholische Unternehmung ist!

Die Cholera

Die Verbundenheit des Hamburger Hafens mit der ganzen Welt – insbesondere aber auch die vom Hamburger Senat völlig vernachlässigte Weiterentwicklung der Maßnahmen zur besseren Trinkwasserversorgung und Schmutzwasserentsorgung brachte 1892 die Cholera-Epidemie in die Stadt. In einer Zeit also, in der die zivilisierte Welt große Seuchen nur noch aus historischen Romanen kannte. Vermutlich von einem Schiff aus Übersee eingeschleppt, breitete sich die Cholera mit einer großen Geschwindigkeit aus.

Alle Vorsichtsmaßnahmen versagten. Der heiße, trockene Sommer begünstigte die Seuche. In zehn Wochen erkrankten fast 17000 Menschen, etwa 8600 fanden den Tod. Auf dem Ohlsdorfer Friedhof wurden in Tag- und Nachtschich-

ten Massengräber ausgehoben, um die Leichen möglichst schnell zu beseitigen. Hauptgrund für die rasende Verbreitung der Cholera war das ungefilterte Trinkwasser aus der Elbe, mit dem sich vor allem die Menschen in den vom Hamburger Brand verschonten „Pesthöhlen" der Gängeviertel versorgten. Dort in den engen Gassen um die Stein-, Niedern- und Spitalerstraße und in den Bezirken am Hafen lebten die Menschen gedrängt in feuchten Kellern, engen, niedrigen Zimmern und Wohnungen ohne ausreichende Kanalisation. Mit der Seuche wuchs die Panik unter den Handelspartnern. Die Angst vor Ansteckung ließ Geschäftsverkehr und Warenaustausch ins Stocken geraten. Schiffe durften weder ein- noch auslaufen. Reisen und Auswanderungen wurden untersagt, Briefe aus Hamburg ungeöffnet verbrannt. Mutige steckten ihre Post auf einen Spieß und desinfizierten sie im heißen Rauch.
Rund um die Uhr waren in der Stadt die Desinfektionskolonnen im Einsatz, um die Cholerabakterien mit dem übelriechenden Chlorkalk zu vernichten. „Einige Sanitätsbeamte sprengten mit großen Malerquasten, ob auf Tote oder Kranke, große Mengen Chlorkalk..." (Liliencron). Flugblätter mit Verhaltensmaßregeln wurden gedruckt. Für die Verteilung sorgten die Sozialdemokraten und wurden dafür öffentlich belobigt. Sie hatten nämlich in der Zeit der Sozialistengesetze, die ihnen jede politische Betätigung verboten hatte, ein heimliches Verteilernetz für ihre Flugschriften aufgebaut, das sich jetzt viel effektiver erwies als alle Aufrufe des Senats. Ihnen trauten die Armen sowieso nicht.
Jetzt aber war politische Gesinnung Nebensache, galt es doch, das nackte Leben zu retten. Zum Beispiel durfte man nur abgekochtes Wasser trinken – und nicht an die Wirkung des desinfizierenden Alkohols glauben.

Aus jenen Tagen stammt übrigens der Vers: „Juppheidi und Juppheida, Schnaps ist gut für die Cholera!"
Mit der Ausrede, von der Seuche völlig überrascht worden zu sein, konnten sich die Stadtväter diesmal nicht entschuldigen. Schon Jahrzehnte vorher hatten Ärzte und Sozialarbeiter auf die menschenunwürdigen, hygienisch total unzureichenden Verhältnisse in den Armenvierteln hingewiesen. Aber der Senat, der jegliche Eingriffe in die Rechte der Grund- und Hausbesitzer fürchtete – und das waren seine Mitglieder oft selbst – reagierte gar nicht oder nur zögernd. Robert Koch, der Entdecker der Cholera-Bakterien, den die Hamburger während der Epidemie in ihrer Not aus Berlin herbeigerufen hatten, bezweifelte beim Anblick der Gängeviertel, daß er sich in Europa befand!
Nach Abklingen der Seuche wurden sogleich Sanierungspläne in die Tat umgesetzt: Hinterhöfe und Gänge von einem halben Meter Breite und nur zwei Metern Höhe wurden fortan baupolizeilich nicht mehr zugelassen. Eiligst wurde das im Bau befindliche Wasserfiltrierwerk Kaltehofe fertiggestellt. Und Hamburg bekam eine Müllverbrennungsanlage.

Ein Platz an der Sonne

Der anfangs eher skeptisch beurteilte Zollanschluß brachte nun doch raschen weiteren Aufschwung für Hamburgs Handel. Es gelang den hanseatischen Überseekaufleuten schnell, die Reichsregierung davon zu überzeugen, daß die wirtschaftlichen mit den politischen Interessen des Reiches übereinstimmten, und man noch seinen „Platz an der Sonne" brauchte: Kolonien. Bismarck hatte da zwar seine

Zweifel, aber er war bereit, den Geschäften deutscher Kaufleute mit politischen Aktionen nachzuhelfen, wenn es das „Ansehen“ des Reiches gebot. So kam zum Beispiel der Hamburger Reeder Adolf Woermann, der die Westafrika-Schiffahrt beherrschte und damit den Verkehr zu den Kolonien Togo, Kamerun und Deutsch-Südwest seinen Wünschen entgegen. Da Woermann zugleich auch Reichstagsabgeordneter war, mischten sich wirtschaftliche mit politischen Interessen.
Die Geschäfte des „Südseekönigs“ Johann Cesar Godeffroy brachten das Deutsche Reich dazu, sich ein schönes Stück Südseeparadies einzuverleiben. Godeffroy hatte auf Samoa einen Alterssitz erworben. Mit dem Kauf dieser Trauminsel riskierte das Deutsche Reich eine nachhaltige Verstimmung in den Beziehungen zu den USA.
Nachdem Bismarck vom jungen Kaiser Wilhelm II., der nach dem Tod Wilhelms I. und dessen Sohn Friedrich III. im Jahre 1888 die Thronfolge angetreten hatte, zur Abdankung genötigt wurde, bezog der alte Reichskanzler sein „Klein-Samoa“ im Sachsenwald. Viele Hamburger wallfahrteten förmlich nach Friedrichsruh, um dem facettenreichen, klugen Staatsmann einen Besuch abzustatten. Ob die umstrittene Kolossalstatue von Lederer und Schaudt am Stintfang (1906), die als „Götzenbild“ verurteilt wurde, dem alten Herrn gerecht wird, ist unsicher.
Die Stadt an der Elbe wuchs und zog immer mehr Menschen an. Viele kamen nicht nur „auf Besuch“, sondern blieben für immer. Es mehrten sich Zuwanderer besonders aus den mecklenburgischen und preußischen Provinzen.
Von 1865 bis 1900 verdreifachte sich die Einwohnerzahl von 250000 auf über 700000! Das Geldverdienen in der Großstadt war aber gar nicht so leicht, wie sich mancher vorge-

stellt hatte: Ein Arbeiter verdiente immer noch weniger als tausend Mark im Jahr, ein Dienstbote in einem der Herrschaftshäuser in Harvestehude zum Beispiel nur dreihundert Mark – Kost und Logis waren jedoch frei. Es war schwer, eine große Familie zu ernähren, denn oft standen der Hausfrau weniger als fünzig Pfennige pro Tag zur Verfügung, um die hungrigen Mäuler stopfen zu können: Dafür konnte sie damals 2 ½ kg Brot oder ½ Pfund Butter erwerben. Beim Eiermann verzichtete sie meist auf das unbeschädigte für 5 Pfennige und nahm das billigere Knickei. Für den schwer arbeitenden Familienvater mußte sonntags auch mal Fleisch auf den Tisch gebracht werden – das Pfund für 60 Pfennige. Oft wurde allerdings das Hausstandsgeld bereits am Zahltag erheblich dezimiert: Welcher durstige Mann gab sich nach einem 12-Stunden-Tag schon mit nur einem ‚Lütt un Lütt' (Bier und Korn) zufrieden? Der Kneipenwirt kassierte für eine Runde schon 15 Pfennige. Häufig wurde beim Drink am Abend auch die Arbeit für den nächsten Tag vermittelt – besonders die Wirte am Hafen spezialisierten sich gegen Spesen auf Arbeitsvermittlung nach dem Prinzip: „Je höher die Zeche, desto sicherer Dein Job!"
Ein Constabler (Polizist) im Ruhestand bekam im Monat einhundert Mark Pension. Die Mehrzahl der Männer hatte zu kämpfen, um wenigstens 1000 Mark im Jahr zu verdienen. Aber auch diese Summe reichte nicht, um als Bürger mit politischen Rechten anerkannt zu werden.
Ein neues Wahlrecht, das am 2. November 1896 verabschiedet wurde, hob zwar die Gebühr (30 Mark) für den Erwerb des Bürgerbriefes auf, verlangte aber, daß der Antragssteller mindestens fünf Jahre lang ohne Unterbrechung 1200 Mark jährlich versteuern mußte, um das Recht zu erhalten, jene Hälfte der Bürgerschaft mitwählen zu dürfen,

die den weniger Begüterten zugestanden wurde. Um den kostbaren Bürgerbrief sein eigen nennen zu können, versteuerte mancher Arbeiter mehr, als er wirklich verdiente. Der Bürgereid lautete:
„Ich gelobe und schwöre zu Gott, dem Allmächtigen, daß ich der Freien und Hansestadt Hamburg und dem Senat treu und hold sein, das Beste der Stadt suchen und Schaden von ihr abwenden will, soviel ich vermag; daß ich die Verfassung und die Gesetze gewissenhaft beobachten, alle Steuern und Abgaben, wie sie jetzt bestehen und künftig zwischen dem Senate und der Bürgerschaft vereinbart werden, redlich und unweigerlich entrichten und dabei, als rechtschaffener Mann, niemals meinen Vorteil zum Schaden der Stadt suchen will. So wahr mir Gott helfe!"
Nicht einmal vier Prozent der Einwohner, nämlich 26000 Männer, hatten im Jahre 1896 dieses Papier in der Schublade. Mit dem neuen Klassenwahlrecht sollte der Vormarsch der Sozialdemokratie gebremst werden. Daß sie aber immer mehr Zulauf in der Bevölkerung fand, bewiesen die Reichswahlen. Bei ihnen konnte jeder volljährige Mann seine Stimme gleichberechtigt abgeben. Dabei zeigte sich, daß Hamburg Hochburg der Sozialdemokraten war. Denn bereits 1890 hatte die SPD alle drei Wahlkreise der Stadt gewonnen. Der Mann, der oft aus Berlin angereist kam, um die von ihm mitbegründete Partei auf ihren Versammlungen zu vertreten, und zum Idol eines jeden Arbeiters wurde, war August Bebel. Er hatte schon im Jahre 1883 den Wahlkreis 1 – Altstadt und St. Georg – erobert. Das Bild des bärtigen Politikers hing damals in so mancher Wohnküche. Immer stärker wurde auch der Einfluß der Gewerkschaften – 1896 lag die Zahl der Mitglieder in Hamburg bei 19000.
Genau so viele Arbeiter waren auch im Hafen beschäftigt.

Der durchschnittliche Tageslohn betrug 3 bis 4,20 Mark bei einer Knochenarbeit von zwölf Stunden und ohne Garantie, auch täglich beschäftigt zu werden. Um ihre Forderungen nach höherem Lohn, kürzerer Arbeitszeit (denn oft war ein Arbeiter mit Anmarsch über 15 Stunden auf den Beinen) und Verbesserung der unwürdigen Arbeitsbedingungen durchzusetzen, begannen 16690 Hafenarbeiter im Winter 1896 den für Hamburg bis dahin größten Streik. Elf Wochen ruhte die Arbeit, doch die Arbeitgeber – seit fünf Jahren gab es den Allgemeinen Arbeitgeberverband – blieben hart. Der strenge Winter und angeheuerte Streikbrecher von auswärts halfen ihnen dabei. Trotz Mithilfe der Bevölkerung: „Jungens, holt fast!" brach der Streik am 6. Februar 1897 zusammen. Der schwere Kampf war erfolglos – nur die Matrosen hatten am Monatsende ganze fünf Mark mehr in der Lohntüte. Allerdings hatte der Arbeitskampf die Behörden der Stadt veranlaßt, einen Hafeninspektor einzusetzen, der die korrekte Auszahlung der Löhne, die vorher in den Kneipen verteilt worden waren, überwachen sollte. Und die Reeder richteten eine Heuerstelle für die Seeleute ein.

Für repräsentative Zwecke war Geld genug vorhanden. Der endlose Bau des neuen Rathauses, im Jahre 1886 begonnen, kostete die Stadt jährlich etwa eine Million Goldmark. Ursprünglich hatten sich zehn Architekten zum Rathaus-Baumeister-Bund zusammengeschlossen – bis zur Fertigstellung 1897 blieben noch sieben übrig: Haller, Grotjan, Hanssen, Hauers, Meerwein, Stammann und Zinnow. Sie alle erwarteten sicher kein kleines Honorar! Nicht weniger als viertausend Pfähle mußten in den Marschboden gerammt werden, um den gewaltigen Sandsteinbau zu tragen. Die vielen Baumeister verdarben zwar nicht den Brei, aber jeder brachte seinen Lieblingsstil in dem Gebäude unter: Renaissance,

Neorenaissance, Barock und Klassizismus – eine Mischung, die als „Eklektizismus“ beschmunzelt wurde. Jetzt hatte Hamburg nach über einem halben Jahrhundert Provisorium – nach dem Brand hatte man sich mit Waisenhaus und Kunsthalle beholfen – wieder einen politischen Mittelpunkt und der Bürgermeister angemessene Empfangsräume für seine hohen Gäste. Zwei Jahre zuvor, bei der feierlichen Einweihung des Kaiser-Wilhelm-Kanals 1895, der Verbindung von Elbe und Ostsee, von Brunsbüttel nach Kiel – heute Nord-Ostsee-Kanal –, hatte der Senat für den kaiserlichen Besuch auf der Binnenalster eine künstliche, schwimmende Insel errichten lassen, auf der 1600 Gäste feiern konnten. Dieser Empfang war zwar originell, aber eine Holzinsel ist nun mal kein Ersatz für ein Rathaus.
Das Verhältnis zu Kaiser und Reich war inniger geworden. Die neue breite Straße, die durch das Neustädter Gängeviertel gezogen wurde, taufte man sogar Kaiser-Wilhelm-Straße. Und auf dem Rathausmarkt konnte Kaiser Wilhelm II., der alljährlich zum Deutschen Derby die Hansestadt besuchte, weder die jubelnden Hamburger noch das große Bronzedenkmal seines Großvaters übersehen. Meistens hatte Wilhelm das Glück, daß beim Einlaufen seiner Yacht Hohenzollern in den Hamburger Hafen die Sonne schien – die Hanseaten nannten das „Kaiserwetter“.

Zwanzigstes Jahrhundert – Das Unvollendete!

Silvester! Ausgelassen und übermütig rutschte Hamburg ins neue Jahrhundert. Entweder man blieb „to Hus“ unter dem bereits nadelnden Weihnachtsbaum, leistete sich vielleicht einen fetten Karpfen statt des damals billigen Störs und beduselte sich mit dem beliebten Silvesterpunsch. Oder man feierte auf den Straßen und holte sich gegen kalte Hände und als Getränkegrundlage einen heißen „Appelkooken“ heute schlicht Berliner. – Die Bäcker kannten in dieser Nacht keinen Ladenschluß.

Scharen verkleideter Kinder waren unterwegs und „rummelten“: Sie rührten mit einem Stock in einem mit einer Schweinsblase bespannten Topf, was dumpfe Trommellaute ergab, und sangen dazu: „Rummel, rummel rooken, giv mi'n Appelkooken!“ Am liebsten aber nahmen sie Geld, logisch! Über eine „tote Innenstadt“ brauchten sich die Stadtväter damals keine Sorgen zu machen, es herrschte reges Treiben und Toben. „Je oller, desto doller“ und je lauter, desto besser! Johlend tanzte Alt und Jung in den Gassen St. Paulis. Auch wer im Gehen schon leicht seemännisch schaukelte: Muttern konnte man immer noch kräftig herumschwenken. Aus lauter ‚Furcht‘ vor den wildgewordenen „Pappschlägern“, die mit ihren großen Fächern aus Pappe feste auf hübsche Hinterteile klopfen wollten, flüchteten die Mädchen kreischend in die Arme wildfremder Retter. Lautstark grölte man die lustigen Lieder von Hein Köllisch, der vom „Stiefelwichs-Fabrikanten“ zum Volkssänger aufgestiegen war. Die damaligen Hits „Köm un Beer“ und der „Hamburger Droschkenkutscher“ waren ebenso beliebt wie „De Reis no Helgoland“ und „To Pingsten, ach wie scheun“, wofür es allerdings zu Silvester noch etwas zu kühl war, ihren Text zu befolgen, den man aber schon für 20 Pfennige kaufen konnte. Tosenden Beifall erhielt auch Emil Naucke im Etablissement Sagebiel, nachdem er seine 462 Pfund Körpergewicht sportlich, artistisch und komisch zur Schau gestellt hatte. Es war einer seiner letzten Auftritte – noch im selben Monat versagte während einer seiner an-

strengenden Shows das Herz. An seiner Beisetzung beteiligte sich eine große Zahl trauernder Anhänger.
Die sonst so steifen, etwas schwerfälligen Hamburger waren schon damals bei Festivitäten wie umgekrempelt.
Etwas verhaltener, aber keineswegs unlustiger ging es bei den „feinen Leuten" zu, die in teuren Restaurants, Hotels und Tanzlokalen den Champagner fließen ließen.
Nach langer Nacht weckte man den Bürgermeister am Neujahrsmorgen musikalisch, damit er pünktlich ab 13 Uhr im Empfangssaal des Rathauses die Hände seiner Bürger schütteln konnte. Diese Sitte hat sich bis heute erhalten.

Das Jahrhundert der Frau und der Mobilität

In den vergangenen Jahrzehnten waren Frauen nur dann bekannt geworden, wenn sie sich mit Armen- und Krankenpflege, wie Amalie Sieveking (1794–1859) und Elise Averdieck (1808–1907) oder mit Erziehungsfragen befaßten, wie Charlotte Paulsen (1798–1862) und Emilie Wüstenfeld (1817–1874). Als 1870 das preußische Schulwesen für alle, auch für die Mädchen, obligatorisch wurde, gab es in Hamburg schon seit drei Jahren eine Gewerbeschule für Mädchen, die erste in Deutschland dieser Art. Im Jahre 1872 wurde mit den „Unterrichtsanstalten des Klosters St. Johannis" auch eine erste höhere Mädchenschule gegründet. Die Zeit, in der Mädchen nur Handarbeiten machten, war vorbei. Die erste in Hamburg bekannte Naturwissenschaftlerin war Amalie Dietrich. Sie lebte von 1821 bis 1891 und hatte auf geradezu abenteuerlichen Reisen in die Südsee die Pflanzensammlung des Botanischen Gartens erweitert.
Trotz arger Bedenken der Emanzipationsgegner, daß „das

Familienleben geschädigt, das Eheleben gelockert, die Kinder vernachlässigt und die Sitten verwirrt würden", gründeten mutige Vertreterinnen des sogenannten schwachen Geschlechts 1900 den „Hamburgischen Verein zur Förderung von Frauenbildung und Frauenstudium". Für Mädchen war das Abitur und damit die Voraussetzung für ein Studium kaum erreichbar, es gab auf den Gymnasien nur Jungenklassen. In Ausnahmefällen bereiteten sich Mädchen privat auf die Reifeprüfung vor und ließen sich, wie 1901 die Arzttochter Charlotte Engel-Reimers, als Externe an einem Jungengymnasium prüfen.

Später wurde sie sogar Professor der Nationalökonomie in Berlin.

Es ging den Frauen der bürgerlichen Schichten weniger ums Mitverdienen, sondern um gesellschaftliche Gleichberechtigung und Anerkennung. Bei den ärmeren Schichten war es ohnehin üblich, daß die Frau, wenn nur irgend möglich, sich als Wäscherin, Putzfrau, Näherin oder Friseuse verdingte. An politische Rechte für Frauen war noch gar nicht zu denken.

Daß die damalige Mode der Gleichberechtigung im Wege stand, hatten die Vorkämpferinnen der Emanzipation schnell erkannt. Sie waren fast alle Anhängerinnen der neuen Reformkleider und gingen mit den enggeschnürten Hüft- und Taillenformern, den Korsetts, hart ins Gericht. Dabei waren diese Marterinstrumente so beliebt, daß man den Mädchen beim Schulturnen untersagen mußte, sie anzubehalten.

Doch beim Baden in der im Jahre 1901 eröffneten Frauenabteilung der Badeanstalt Schwanenwik, die im ersten Jahr schon von 580000 weiblichen Gästen genutzt wurde, lösten sich die Schnüre. Allerdings hatten die Da-

men jener Zeit noch eine ganze Menge Stoff am Körper, wenn sie ins Wasser gingen.
Als absolut hinderlich erwiesen sich in der Öffentlichkeit die riesigen Hutgebilde samt Schleier. Sie schützten zwar vor allzu nahem Herrenkontakt, nahmen aber, vornehmlich in der Straßenbahn, allzuviel Platz weg. Die langen und spitzen Hutnadeln, mit denen der Kopfputz im Haar festgesteckt wurde, entpuppten sich auf den langen Plüschbänken der Elektrischen als echte Bedrohung für die Nachbarn. So wurden die Schaffner angewiesen, Frauen mit „solchen gefährlichen Waffen" nicht zu befördern. Für fünf Pfennige verkaufte man später Hutnadelschützer.
Mit Unfällen außerhalb der Wagen hatte man ohnehin genügend Ärger, obwohl die Häufigkeit in keinem Verhältnis zu den heutigen Unfallziffern stand.
Die offenen ‚Perrons' der Straßenbahnen verlockten zum Aufspringen, was nicht immer gutging. Der Fahrer konnte ja wegen der Schienen nicht ausweichen, wenn ein Hindernis im Weg war. Ab 1904 brachte man vor jedem Triebwagen ein metallenes Fangnetz an, das sich automatisch senkte, wenn es mit einem Hindernis in Berührung kam. So konnten wenigstens frontal keine Fußgänger, Radfahrer, Kinder oder Tiere mehr unter die Räder geraten. Die Straßenbahn, die in Hamburg nicht einmal hundert Jahre alt werden sollte, war seit 1894 elektrifiziert. Sie hatte eine Oberleitung und schaffte auch größere Steigungen. Ein zusätzliches Pferdegespann war nun an „Bergen" nicht mehr erforderlich. Binnen drei Jahren hatte die saubere und billigere Elektrik alle Pferde ausgespannt. Nur die Pferdebahn nach Wandsbek hielt sich noch ein Vierteljahrhundert.
Nervenschonender und sehr beliebt war der ruhige Alsterdampfer. Von allen an der Alster liegenden Stadtteilen

konnte man sich für zehn Pfennige zur Arbeitsstelle fahren lassen, wenn sie in der Innenstadt nahe dem Jungfernstieg lag. Die weiße Alsterflotte pendelte bis ein Uhr nachts zwischen Carlstraße und Harvestehude sowie zwischen Schwanenwik und Alte Rabenstraße. Ab 1911 gab es den Fährdienst sogar rund um die Uhr. Das Fahren mit dem Alsterdampfer war auch ein Freizeit- und Feierabendvergnügen – es gab aber immer noch genügend Leute, die den Groschen lieber noch einmal umdrehten und zu Fuß gingen.

Zuwachs bei den Musen

Nach der Oper und dem Thalia-Theater wurde im Jahre 1901 das Deutsche Schauspielhaus eröffnet. Auch Altona hatte seine Theater. Seit 1905 machte hier das Schillertheater dem Stadttheater und dem Carl-Schultze-Theater an der Reeperbahn Konkurrenz. Noch mehr als heute war damals ein Abonnement eine gesellschaftliche Verpflichtung. Man begeisterte sich am jährlichen Herbstgastspiel des großen Tenors Enrico Caruso genauso wie an den in Mode gekommenen Operetten. Dem reinen Amüsement diente das Ernst-Drucker-Theater am Spielbudenplatz mit seinen Volksstücken in plattdeutscher Sprache – heute ist daraus das St. Pauli-Theater geworden. Einen Platz im Stehparterre gab es schon für fünfzig Pfennige – dafür verzichtete so mancher Lehrling gern auf zwei Tafeln Schokolade.

Konzertveranstaltungen fanden in der 1908 eingeweihten neubarocken Musikhalle einen angemessenen Rahmen. Das schmucke Gebäude war von dem Reeder Carl Laeisz gestiftet worden. Seine schnellen „Flying P-Liners", benannt mit dem Anfangsbuchstaben P, weil er seine Frau liebevoll Pudel nannte, wie Pamir, Pommern, Padua und Passat, gehörten mit zu den letzten Großseglern, die um Cap Horn an die Westküste Südamerikas fuhren, um Salpeter zu holen. Auch die literarische Szene belebte sich um die Jahrhundertwende. In der ersten Hälfte des 19. Jahrhunderts waren Heinrich Heine und Friedrich Hebbel, die sich lange in Hamburg aufhielten, kaum zur Kenntnis genommen worden. Jetzt wurden die Gedichte und Erzählungen des Detlev Freiherr von Liliencron (1844–1909), Stücke und Romane des Lehrers Otto Ernst Schmidt (1867–1926) ebenso wie die Gedichte von Gustav Falke (1855–1916) und Richard Dehmel (1863–1920) in Zeitungen und literarischen Zirkeln lebhaft diskutiert. Die plattdeutsche Sprache befand sich auf dem Rückzug. In den sogenannten besseren Kreisen sprach man nur noch Hochdeutsch.

Der Finkenwerder Fischersohn Johann Wilhelm Kinau, 1880 geboren – er fiel 1916 in der Schlacht am Skagerrak – schrieb unter dem Pseudonym Gorch Fock Erzählungen wie ‚Hein Godenwind' und den erfolgreichen Roman ‚Seefahrt ist Not'. Sein Bruder Rudolf Kinau (1887–1975) schilderte in heiteren Geschichten auf Platt die Fischer- und Bauernwelt. 1902 wurde die ‚Dramatische Gesellschaft' gegründet, die später unter dem Einfluß von Gorch Fock und Fritz Stavenhagen zur ‚Niederdeutschen Bühne', heute Ohnsorg-Theater, umgewandelt wurde. Bis heute ist das Theater dem Plattdeutschen treu geblieben, wenn auch für TV-Übertragungen des besseren Verständnisses wegen die Dialoge abgewandelt werden: Die Schauspieler sprechen dann eine Legierung aus Hoch- und Plattdeutsch, das sogenannte Hamburger „Missingsch". Der plattdeutschen Folklore nahm sich die aus Amateuren gebildete ‚Finkwarder Speeldeel' an.

Immer schneller und bequemer

Jede Eisenbahnlinie hatte in Hamburg ihren eigenen Kopf- und Endbahnhof. So war das Umsteigen von einer Linie zur anderen zeit- und nervenaufreibend. Was die Preußen so lange verhinderten, wurde im Jahre 1906 Wirklichkeit: Der neue Hauptbahnhof, dessen Eisen- und Glaskonstruktion beeindruckte, wurde seiner Bestimmung übergeben.
Ehrengäste empfing die Stadt jedoch im eleganteren „Fürstenbahnhof" am Dammtor.
Eine besondere Treppe erlaubte den Stadtvätern, ihrem erlauchten Besuch einen ‚großen Bahnhof' zu bereiten.
Schneller ging es auch innerhalb der Stadt auf Schienen – ober- und unterirdisch. Die S-Bahn von Blankenese bis Ohlsdorf fuhr seit 1906 (zwei Jahre später schon elektrisch), und nach Berlin war Hamburg die zweite Stadt Deutschlands mit einer Hoch- und Untergrundbahn. Der Stadtring (Rathaus-Barmbek-Kellinghusenstraße-Millerntor) war bereits 1912 fertig. Im Folgejahr wurden schon fast fünfzig Millionen Fahrgäste gezählt. Auch die Alstertal- und die Walddörferbahn wurden in Angriff genommen. Der schöne Norden sollte nicht nur Ausflugs- sondern auch Siedlungsgebiet werden. Bis 1914 waren im Alstertal erst zwölf Grundstücke gekauft worden – ihre Mindestgröße wurde auf fünftausend Quadratmeter festgesetzt – die Pflanzen- und Tierwelt am Alsterufer sollte erhalten bleiben.
Die neumodischen „Stinkkarren", die Autos, waren anfangs sehr verpönt. Wegen ihrer Luftverpestung und ihrer „ordinären Häßlichkeit" verweigerten die Behörden ihre Zulassung. Statt dessen gab es Elektrotaxen und später auch Elektro-Postautos, die im Schneckentempo durch die Straßen glitten. Schließlich mußte man aber doch dem Fort-

schritt nachgeben und gestattete 1911 die ersten Benzindroschken auf Hamburgs Straßen – beschränkte aber ihre Geschwindigkeit auf 20 Kilometer in der Stunde. Gefährliche Raserei wie in Berlin, wo 25 km/h erlaubt waren, wollte man nicht. Zu den ersten motorisierten Hamburgern gehörte übrigens der ‚königliche Kaufmann' Adolph Woermann – er hatte sich schon im Jahre 1900 von der Pariser Weltausstellung ein Automobil mitgebracht. Aber noch im Jahr der Zulassung starb der reiche Reeder.

Für höhere Geschwindigkeiten war der Luftraum frei. 1912 wurde in Fuhlsbüttel die erste große Luftschiffhalle eingeweiht. Bald konnten wagemutige Geschwindigkeitsfans für einhundert Mark in der Stunde bei über einhundert km/h im Zeppelin die Aussicht von oben genießen, oder für vierhundert Mark zur Kieler Woche schweben.

Und auch Flugzeuge eroberten den Luftraum: 1913 wurde der Weltrekord im Dauerflug der Eindecker von Hamburg aus gestartet. Die „Centrale für Aviatik" flog Non-Stop in zwölf Stunden nach Dresden und zurück.

Nach dem Motto „immer schneller, immer größer" ging es auch in der Schiffahrt zu. Im Jahre 1912 lief der 52 117 Bruttoregistertonnen fassende Luxusliner, die ‚Imperator' der HAPAG vom Stapel der Vulcan-Werft, getauft von Kaiser Wilhelm II. Sie sollte die Fahrt über den großen Teich beschleunigen. Obwohl die Reederei Laeisz mit ihren schnellen Seglern großen Erfolg hatte, waren die Dampfschiffe auf dem Vormarsch. Sie konnten mehr Ladung aufnehmen: Unter Hamburger Flagge fuhren 1914 insgesamt 585 Segelschiffe mit einer Gesamttonnage von 267 301 NRT und 764 Dampfschiffe mit 2 618 049 BRT. Das neue Schiff der Superlative übertraf sogar die englische „Titanic" an Größe und Luxus. Letztere war, wenige Tage alt, auf ihrer Jung-

fernreise in der Nacht zum 15. April 1912 mit einem Eisberg kollidiert und gesunken. Am Bau des deutschen schwimmenden Nobel-Hotels waren dreitausend Menschen beteiligt. Das Verhältnis von Passagierzahl und Besatzung betrug 4 zu 1.
Die imposante ‚Imperator' stellte sich zwar als technische Fehlkonstruktion heraus und mußte mit einem Aufwand von einer Million Mark überholt werden, aber bei Blohm & Voss lagen noch zwei größere Luxus-Liner auf Kiel: die ‚Vaterland' und die ‚Bismarck'.
Größer und luxuriöser wurden auch Hamburgs Herbergen. Seit 1906 gab es im Palast-Hotel sogar Zimmer mit Bad und Telefon! Wollte man länger in der Stadt bleiben, mietete man sich vielleicht eine der geräumigen 6-Zimmer-Wohnungen in der Isestraße, wenn man Geld hatte. Die Miete im Jahr: 1500 Mark. Die Privatvillen mit Alsterblick waren schon damals heiß begehrt und wie heute ausschließlich in zahlungskräftigen Händen. Der Durchschnitts-Hamburger gab damals rund 15 Prozent seines Einkommens für Miete aus. Dreiviertel aller Wohnungen kosteten weniger als 50 Mark im Monat. Allerdings gab es da kein ‚Mädchenzimmer'. Die Hausfrau war ihr eigener Dienstbote, zog ihre Kinder allein auf und nähte auch den ‚Matrosenanzug' selbst. Ein eigenes Klo in der Wohnung war schon Fortschritt, ein eigenes Bad sehr, sehr selten.
„Gehn wir mal nach Hagenbeck, Hagenbeck, Hagenbeck!" Eine neue Attraktion gab es ab 1907 in Stellingen. Carl Hagenbeck (1844–1913), ein Fischhändlersohn aus St. Pauli, verwirklichte seine Idee der gitterlosen Freigehege für wilde Tiere. Der neue Zoo lockte mit der berühmten Löwenschlucht und exotischen Völkerschauen.
Für die abendliche Unterhaltung der nunmehr eine Million

Einwohner der Stadt sorgten zunehmend Kinos. Zunächst waren es kleine Buden auf den Rummelplätzen, in denen kurze, flimmernde Filmchen gezeigt wurden, dann wurden die Filme länger und die Kinos größer und bequemer. Nach 1911 gab es dann die ersten abendfüllenden Spielfilme, für die man riesige Lichtspieltheater mit über tausend weichen Polstersitzen baute.

Eine bittere Pille mußten die Hanseaten in den Jahren des Aufbaus schlucken: Im Sommer 1906 schreckten lodernde Flammen aus dem Turm der Michaeliskirche die Hamburger auf: „Unser Michel brennt!" Das Feuer war bei Dachdeckerarbeiten entstanden. Für den Wiederaufbau wurden dreieinhalb Millionen Mark bewilligt, und nach sechs Jahren Rekonstruktion erhob sich das Wahrzeichen Hamburgs wieder hoch über die Dächer der Stadt.

In den Hafen einlaufende Schiffe mußten sich nun nicht mehr nur mit dem schon erwähnten fünfzehn Meter hohen steinernen, schwerbewaffneten Bismarck begnügen. Er steht seit 1906 auf einem neunzehn Meter hohen Sockel, in dem acht deutsche Stämme in Reliefform so dargestellt sind, daß sie den ersten Reichskanzler tragen.

„Unter buschig dichten Brauen blitzt Dein Aug' granitgehauen mahnend in die Gegenwart", dichtete Hoefft. Nun hatte auch Hamburg seinen ‚Roland' – er schaut weit über den Hafen hinaus nach England.

Das damals als Weltwunderwerk Bezeichnete zu seinen Füßen scheint er zu übersehen: den 448,5 Meter langen, sechs Meter unter der Sohle des Flusses liegenden Elbtunnel! Treppen und Aufzüge bringen seit 1911 Passanten und Fahrzeuge in die beiden Tunnelröhren, deren Breite damals für Pferdefuhrwerke völlig ausreichend war. Für die Hamburger Arbeiter ein großer Gewinn: Jetzt kam man noch schneller auf die andere Elbseite nach Steinwerder, wo die Werft Blohm & Voss noch Arbeit genug hatte.

Ein Schumacher, der nicht durch Schuhe berühmt wird

Gebaut wurde nicht nur im Hafen. Seit der Bremer Fritz Schumacher 1909 nach Hamburg gekommen war, um als Oberbaudirektor Hamburgs Neubauten eine richtungsweisende Linie zu geben, bekam die Stadt ein neues Gesicht. Der gutaussehende Junggeselle widmete sich ganz seiner großen Liebe, dem nordischen Backstein, dessen „Herbe und Strenge“ dem Nebel und dem Seewind der Hafenstadt am besten trotzten. Unter seiner Leitung entstanden wichtige öffentliche Gebäude: die Finanzbehörde am Gänsemarkt, das Tropeninstitut am Hafen, die Kunstgewerbeschule am Lerchenfeld, das Johanneum an der Maria-Louisen-Straße, das Museum für Völkerkunde an der Rothenbaumchaussee, das Museum für Hamburgische Geschichte und das Krematorium am Ohlsdorfer Friedhof. „Das Schaffen mit dem lebendigen Baustoff Pflanze“ verwirklichte er in einem neuen Erholungsgebiet, dem Stadtpark. Er wurde im Jahre 1914 eingeweiht, obwohl die Gärtner noch eifrig buddelten und nach englischem Vorbild geplant,mit gepflegtem Rasengrün, ausgedehnten Fuß- und Reitwegen, dem Wasserturm, kunstvollen Gartenanlagen mit gestifteten Brunnen und Statuen. So lockte er schon am ersten Tag Tausende von Besuchern an. Ganz besonderer Anziehungspunkt war natürlich der große Parksee mit Café und Bootsinsel. Wer an lauen Sommerabenden – sie soll es damals gegeben haben – auf der Alster und ihren Seitenarmen keinen Platz mehr finden konnte, hatte nun eine Ausweichmöglichkeit. Das Paddelbootfahren war bei Hamburgern nämlich außerordentlich beliebt. Nicht unbedingt der Sportsgeist, sondern das verliebte Herz zog gegen Abend so manches Pärchen zu den Anlegestegen. Mit eigenem oder gemietetem Boot versuchte man dann, ein stilles Plätzchen unter romantischen Trauerweiden, zum Beispiel am Feenteich, zu finden. Weil sich viele von dieser Anstrengung im Abenddunkel wohl zu lange „auszuruhen“ pflegten, verabschiedete der sittenstrenge Senat folgendes Gesetz: „Das Stilliegen aller mit Personen besetzten Lustfahrzeuge vom Beginn der Straßenbeleuchtung an ist verboten.“

Schumacher sorgte nicht nur für Lust in grünen Lungen, sondern auch für Ordnung und Sauberkeit auf Straßen und Plätzen. Abfallkörbe wurden aufgestellt, sogar an der Schaffung von Bedürfnisanstalten ging die Planung nicht vorbei!

In der breiten Schneise der Mönckebergstraße ließ Schumacher keinen architektonischen Wildwuchs zu. Die Fassaden der neuen Geschäfts- und Kontorhäuser sollten eine harmonische Einheit bilden.

Wesentlich mitgeprägt hat Schumacher auch den Schulbau in Hamburg, der energisch vorangetrieben wurde. Zwei der eindrucksvollsten Schulen der Zeit stehen noch heute am Rübenkamp und an der Krausestraße: Immer noch gab es staatliche und private Volksschulen nebeneinander, und das übliche Schulgeld sorgte für das Gehalt der Lehrer – 1200 Mark im Jahr. Wer Volksschullehrer werden wollte, mußte schon damals harte Prüfungen bestehen: Nur jeder fünfte Bewerber zur Präparandenanstalt, so hieß das Lehrerseminar, wurde zur Ausbildung zugelassen. Die Schule, Pflicht ab dem 6. Lebensjahr, war nur für die Kinder der

„Das Stilliegen aller mit Personen besetzter Lustfahrzeuge vom Beginn der Straßenbeleuchtung an“ mußte verboten werden.

Ärmsten, deren Vater weniger als eintausend Mark im Jahr verdiente, schulgeldfrei. Die Volksschulen forderten von den Eltern zwischen 12 und 48 Mark, die Realschulen 144 Mark und die Gymnasien und Oberrealschulen 192 Mark im Jahr. Wer es sich leisten konnte, schickte sein Kind auf die teuren Privatschulen. Deshalb blieb es nicht aus, daß sich deutliche Standesunterschiede bemerkbar machten. Es war nicht nur wichtig, einen Schulabschluß zu haben, sondern auch, wo man ihn gemacht hatte.

Die seit langem geforderte staatliche höhere Schulausbildung für Mädchen war 1910 endlich Wirklichkeit geworden – in der Hansastraße und am Lerchenfeld gab es jetzt Mädchengymnasien, und die alte Klosterschule bekam einen gymnasialen Zug. Der Konkurrenzkampf um die Studienplätze konnte beginnen. Doch mit einem Studium in Hamburg war es immer noch nichts. Die einflußreichen Kaufleute hatten etwas gegen eine derart elitäre Bildungsstätte wie die Uni – sie würde die Stoßkraft der Wirtschaft und des Handels mindern, meinten sie. Was sollte ein Kaufmann schon mit einem Studium?

Mit Energie ging man in jenen Jahren daran, die Gängeviertel zu beseitigen, in denen immer noch Tausende in menschenunwürdigen Wohnverhältnissen lebten. Als im Jahre 1912 die südliche Altstadt zum Abriß geräumt wurde, zählte man allein in der Niedernstraße siebentausend Menschen, die in 150 Häusern gehaust hatten! Sie wurden in Stadtteile mit schöneren und gesünderen Wohnungen umgesiedelt. Sie mußten aber dafür längere Arbeitswege und damit höhere Kosten in Kauf nehmen. Die Arbeitsbedingungen, besonders im Hafen, waren immer noch sehr hart, obwohl die tägliche Arbeitszeit auf neun Stunden verringert war. Die Mittagspausen waren lang, 1 ½ bis 2 Stunden, und wer nicht zum Essen nach Hause konnte, weil er nicht mehr hafennah wohnte und das Fahrgeld hoch war, holte sich einen Eintopf für dreißig Pfennige aus der „Kaffeeklappe". Diese Volkskaffeehallen hatte ein gleichnamiger Verein ins Leben gerufen, um dem Alkoholkonsum bei der Arbeit entgegenzuwirken. In der fünfzehnminütigen Pause „Foftein" konnten die Hafenarbeiter einen Becher Kaffee für fünf Pfennige schlürfen. Er war billiger als das allseits beliebte Bier.

Immer wieder kam es zu Arbeitskämpfen. Ein vierwöchiger wilder Streik im Sommer 1913, an dem sich 18000 Werftarbeiter beteiligten, blieb ohne Erfolg.

Die sozialen Schatten änderten aber wenig an dem Bild des vor Aktivität berstenden Wirtschaftslebens in Hamburg. Der Hafen bot jetzt den Seeschiffen Liegeplätze in einer Länge von insgesamt 64 Kilometern. Moderne Dampf- und Elektrokräne an den Kais sorgten für schnelles Löschen der Ladung, die entweder in den riesigen Lagerschuppen verschwand oder zum Weitertransport auf Güterwagen gehievt wurde. Die Schienen der Hafenbahn führten direkt am Kai entlang. Es gab aber auch Schuten und Ewer, auf denen die Fracht in Schwerstarbeit in die Speicherstadt „gepekt" wurde. Wie die Gondolieri in Venedig, nur wesentlich schweißtreibender und unromantischer, schoben die Ewerführer ihre schwer beladenen Fahrzeuge mit langen Stangen, die sie in den schlammigen Fleetgrund stießen, vorwärts.

Nach der ‚Vaterland' mit 50000 BRT taufte nun am 20. Juni 1914 Kaiser Wilhelm II. höchstpersönlich die 56500 BRT große ‚Bismarck' und ließ die Sektflasche am Bug des bei Blohm & Voss gebauten Giganten zerschellen. Seine Liebe zur Seefahrt war so groß, daß er, als acht Tage später, am

28. 6. 1914 die Nachricht von den unheilvollen Schüssen in Sarajewo eintraf, sich nicht abhalten ließ, die Regatten auf die Kieler Förde bis zu Ende anzusehen.
Die meisten Besucher des Hamburger Sommerereignisses, des Deutschen Derbys auf der Horner Rennbahn, zeigten sich dagegen besorgt, als sie von der Ermordung des österreichischen Thronfolgers Franz Ferdinand und seiner Gemahlin erfuhren. Wer immer sich an diesen warmen Sommertagen im Urlaub befand – beliebte Reiseziele der Hamburger waren damals Cuxhaven, Travemünde, Helgoland und für Mondäne die Insel Sylt – kam schleunigst mit ‚Kind und Kegel' nach Hause zurück.
Als einen Monat später die Kriegserklärung Österreichs an Serbien bekannt wurde, war den meisten klar, daß es nicht bei einer Auseinandersetzung auf dem Balkan bleiben würde. Die Kriegsbegeisterung, die dann ausbrach, können wir heute nicht mehr nachvollziehen. Auf den Straßen lagen sich die Menschen in den Armen. Jetzt würde man es dem „perfiden Albion", so wurde England in den Zeitungen genannt, einmal zeigen können. Besonnene Männer, wie Albert Ballin, der seinen großen internationalen Einfluß und die Freundschaft mit dem Kaiser genutzt hatte, um die Spannungen zwischen Berlin und London zu mildern, fühlten sich völlig isoliert. Die Mitglieder der Hamburger Handelskammer kamen ihnen wie „ein Haufen Verrückter" vor.

52 Monate Erster Weltkrieg

Die überschwengliche Jubelstimmung, mit der das Hamburgische Infanterieregiment 76 am achten August vor dem Hannoverschen Bahnhof verabschiedet wurde, hielt an. Noch von einem ganz schnellen Sieg des Deutschen Heeres überzeugt, betrieben weder Behörden noch Privathaushalte sinnvolle Vorratswirtschaft. Als aber der Krieg nicht enden wollte und in den Berichten von der Front nur von mörderischen Materialschlachten und vollkommen sinnlosen Stellungskämpfen die Rede war, als kaum noch Männer ohne Uniform herumliefen und auch die ganz jungen Hamburger eingezogen wurden, legte sich die Begeisterung zumindest in den Schichten, die unmittelbar betroffen waren. Die Frauen mußten bei Bahn, Post und in den Rüstungsbetrieben die Männerarbeiten übernehmen. Durch die Blockade der Alliierten wurde die Versorgung der Zivilbevölkerung mit Lebensmitteln immer schwieriger. Der schreckliche ‚Steckrübenwinter' 1917/1918 hat diese dicke Wurzel, die auch als „Mecklenburger Ananas" bezeichnet wurde, für Generationen als Symbol des Hungers in Verruf gebracht. Milch- und Brötchenmann kamen schon lange nicht mehr. Die tägliche Fettration hatte kaum die Größe eines Stücks Würfelzucker. Obst und Gemüse vom Wagen konnten die geplagten Mütter, die nun die Rolle des Vaters und Ernährers übernehmen mußten, ebenfalls nur noch auf Zuteilungsmarken bekommen. Glücklich, wenn man ein oder zwei Schweineknochen ergattern konnte, um die tägliche Kohl- oder Rübenwassersuppe geschmacklich zu verfeinern. Wohl dem, der Verwandte auf dem Lande hatte! Hamsterfahrten zum Bauern ersetzten nun den Sonntagsausflug, und der Schwarzhandel blühte. Bei den Bemühun-

gen um eine möglichst gerechte Lebensmittelverteilung bewährte sich in Hamburg die 1899 gegründete Konsumgenossenschaft ‚Produktion'. Die PRO hatte mit über einhundert Läden und Spezialgeschäften eine einflußreiche Stellung in der Hamburger Wirtschaft. Ihre Mitglieder, überwiegend Arbeiter, die den Gewerkschaften nahestanden, spürten die Härte des Krieges am ehesten und waren daher auch am ehesten bereit, sich dem Verteilungsschema zu unterwerfen. Für die Feldarbeit in der ländlichen Umgebung der Stadt mußten schon die kleinen Hamburger Jungs und Deerns kräftig zupacken. Nicht selten wurden die Kinder barfuß oder in ausgedienten Soldatenstiefeln mit Sohlen aus geflochtenem Papierband losgeschickt. Ganze Schulklassen sammelten im Sachsenwald Bucheckern zur Ölherstellung.
Trotz aller Not und Opfer war die Bevölkerung diszipliniert und ruhig geblieben – zunächst. Die Tage vor dem Waffenstillstand am 9.11.1918 brachten für viele, die bis zuletzt an das Wunder eines Sieges geglaubt hatten, die Ernüchterung. Für manche war es ein Tag des „Verrats", für alle aber bedeutete er endlich das Ende des Tötens.
Die schreckliche Bilanz am Jahresende 1918: 40000 Männer der Stadt hatten in Flandern, in der Champagne, vor Verdun, in Rußland, auf dem Balkan und auf dem Meer ihr Leben lassen müssen. Allein das Regiment 76, das mit 3000 Soldaten ausgezogen war, meldete 2353 Gefallene. Dazu kamen Tausende von Verwundeten. Für die Kriegsinvaliden war ebensowenig gesorgt wie für die Witwen und Waisen. Die Lebensmittel blieben rationiert, und die Protestmärsche der Hungernden zum Atlantic-Hotel, wo sich die englische Lebensmittelkommission einquartiert hatte, waren erfolglos.

Die Matrosen kommen – mit roter Nelke im Gewehrlauf

Die sich immer klarer abzeichnende Niederlage Deutschlands in dem mehr als 4jährigen Krieg hatte den Kampfgeist der Soldaten rasch schwinden lassen. Vor allem die Matrosen waren nicht mehr bereit, sich in strategisch sinnlosen Aktionen verheizen zu lassen. Anfang November meuterten sie in Kiel. Schnell sprang der Funke auf die Werftarbeiter in Hamburg über. Das Gewerkschaftshaus am Besenbinderhof wurde von Aufständischen besetzt. Im Gegensatz zur Mehrheit der Gewerkschaftler und der SPD planten sie eine Revolution, den totalen Umsturz des Staates. Demonstrationsmärsche mit roten Fahnen und Karabinern wurden organisiert, um die Bevölkerung zu beeindrucken. Die Revolutionäre planten Überfälle, um sich noch mehr Waffen zu beschaffen. Am 6. November 1918 fand eine Massenversammlung auf dem Heiligengeistfeld statt. Diese 20 Hektar große Grünfläche, größer als die Binnenalster, lud sonst zur Vorweihnachtszeit die Menschen zum Domvergnügen. 1893 waren nämlich die traditionellen Jahrmärkte vom Gänse-, Zeughaus-, Pferde und Großneumarkt hierher verlegt worden.

Am 8. November stürmten die Revolutionäre das HAPAG-Haus. Albert Ballin, der nicht nur die HAPAG zu Weltruhm gebracht hatte und immer für Vernunft und Ausgleich eingetreten war, ertrug diese Erschütterung nicht. Er schied am darauffolgenden Tag, an dem in Berlin die Republik ausgerufen wurde, aus dem Leben. Die Hohenzollern-Herrschaft war zu Ende: Wilhelm II. „wurde abgedankt" und suchte Zuflucht in Holland.

Gegen die Aktionen der Radikalen waren Gewerkschaften

und SPD zunächst machtlos. Es gab blutige Straßenschlachten und Überfälle auf Offiziere. Die Macht in Hamburg ging auf den „Arbeiter- und Soldatenrat" über, der fast ausschließlich von Mitgliedern der Unabhängigen Sozialistischen Partei (USP) und des linksradikalen „Spartakusbundes" gebildet wurde. Ihr Führer, Dr. Heinrich Laufenberg, wollte die Gründung einer Räterepublik nach russischem Vorbild durchsetzen. Am 12. November wurde auf dem Rathausturm die rote Fahne des „A und S-Rates" gehißt. Senatoren und Bürgerschaftsabgeordnete wurden nach Hause geschickt. Doch am nächsten Tag schon holte man sie wieder, damit Behörden und Gerichte ihre Tätigkeit fortsetzen konnten, soweit es nicht um politische Entscheidungen ging. Eine weise Überlegung, denn sonst wären die Revolutionäre bald vor Hunger handlungsunfähig geworden. So ging es unerwartet ruhig in das Neue Jahr 1919.
Laufenbergs kommunistische Parolen, wie „Hoch lebe der Weltbolschewismus" brachten die Mehrheits-SPD und die Gewerkschaften zu einer äußersten Kraftanstrengung. Am 11. Januar wurde der Generalstreik verkündet, Laufenberg „entlassen" und an die Spitze des Arbeiter- und Soldatenrats der SPD-Mann Carl Hense gesetzt, der bereits acht Tage später zur Wahl der Nationalversammlung aufrief. Jetzt konnten die gewählten Herren in Weimar eine neue Reichsverfassung ausarbeiten. In Hamburg mußte man sich an ein neues Wahlrecht machen, denn das Klassenwahlrecht von 1906 war zweifelsohne Ursache für die Unzufriedenheit der Bevölkerung gewesen. Nach neuem Wahlrecht sollte nun jeder in Hamburg lebende Deutsche über 21, also nun auch die Frauen, zur Wahlurne gehen dürfen.
Am 16. März 1919 gewannen die Sozialdemokraten bei den Wahlen zur verfassungsgebenden Bürgerschaft die absolute

Mehrheit mit 82 von insgesamt 160 Sitzen. Trotzdem besetzte die SPD nur den Sessel des zweiten Bürgermeisters mit dem 66jährigen Otto Stolten und überließ den Vorsitz dem gleichaltrigen Senator Dr. Werner von Melle, der später von Dr. Diestel abgelöst wurde. Auch im Senat beschränkten sich die Sozialdemokraten und stellten nur neun Senatoren. Die andere Hälfte bildeten erfahrene Männer der alten Besetzung. In der Bürgerschaft gab es eine Koalition mit den Parteien der bürgerlichen „Mitte“, also der Demokratischen Partei und der Deutschen Volkspartei. Sie sollte immerhin 15 Jahre halten. Die radikale USP erhielt 13 Sitze. Die Kommunisten hatten die Wahl boykottiert. Noch im März wurde in Hamburg eine Notverfassung verkündet – denn in Weimar diskutierte man noch immer. Alle Macht ging nun vom hamburgischen Volke aus. Die Bürgerschaft war seine Vertretung. Der Arbeiter- und Soldatenrat hatte seine Rolle ausgespielt und trat ab. Der Revolution war damit nach allgemeiner Überzeugung ein ruhiges Ende bereitet.

Mit „Heil'scher Sülze“ keine heile Welt!
Tumulte.

Die Verfassung auf dem Papier ist die eine, die körperliche Verfassung der Menschen aber eine ganz andere Sache. Und die war im Jahre 1919 von Hunger und Not gekennzeichnet. Da gab es natürlich auch Menschen, die an diesem Hunger verdienen wollten.
Sülze schmeckt mit etwas Senf bestrichen besonders gut, aber selbst ein Feinschmecker weiß nie so genau, was alles in Sülze steckt. Und Ratten gab es damals viele in Hamburg!

Ob der Verdacht einer derartigen Rattenverwertung nun begründet war oder nicht: Am 25. Juni 1919 jedenfalls konnte die Polizei nur mit Mühe eine aufgebrachte Menschenmenge daran hindern, den Sülzefabrikanten Jakob Heil und dessen Prokuristin zu lynchen, bzw. in der Alster zu ertränken. Das war der Auslöser. Sofort bemächtigten sich politische Agitatoren dieses Themas: Vor „Lebensmittelkontrollen" war auch der Unschuldigste nicht mehr sicher, man prügelte die Opfer zum Rathausmarkt und plünderte ihre Läden. Das Freiwilligen-Schutzkorps des Senats, die „Bahrenfelder Jäger", waren der Übermacht nicht gewachsen, denn aus dem Untergrund tauchten plötzlich von überall bewaffnete „rote" Trupps auf, die das Feuer auf das Rathaus eröffneten.

Die „Jäger" waren rechtzeitig ins Rathaus geflüchtet. Jetzt wurde deutlich, wer eigentlich für die Unruhen verantwortlich zeichnete: die Spartakisten. Sie hatten auch den Hauptbahnhof gestürmt.

In dieser Nacht hielten die Hamburger lieber ihre Fensterläden geschlossen, denn leicht hätte sich bei den wilden Schießereien in der Stadt eine Kugel verirren können. Schließlich einigte man sich auf einen Waffenstillstand. Die Revolutionäre gewährten den „Bahrenfelder Jägern" freien Abzug aus dem Rathaus. Vertrauensvoll legten die freiwilligen Ordnungshüter ihre Waffen ab und verließen das schützende Gebäude. Doch draußen fiel eine Meute von Aufrührern über sie her und brachte neunzehn von ihnen um.

Der ratlose Senat bat Reichswehrminister Noske in Berlin um Hilfe. Dieser setzte sofort das Freicorps des Generals Lettow-Vorbeck in Marsch, das am 1. Juli in Hamburg einrückte und gleichzeitig den Belagerungszustand erklärte. Die Truppen bezogen Quartier im Ehrenhof des Rathauses.

Jetzt begann die Suche nach den Aufrührern und nach versteckten Waffenlagern der Spartakisten. Alle Waffen wurden einkassiert. Auch die freiwilligen Schutzverbände mußten ihre Karabiner abgeben. Eine neue Ordnungspolizei wurde ins Leben gerufen.
Die Vorgänge in der Stadt waren so aufregend gewesen, daß die Nachricht aus Versailles am 28. Juni fast unterging: Das Reich war gezwungen worden, einen Diktatfrieden zu unterzeichnen, der auch Hamburgs Stadtvätern ernsthafte Sorgen machen mußte. Obwohl ohnehin nur noch ein trauriger Rest übriggeblieben war, mußte die gesamte deutsche Handelsflotte an die Siegermächte abgeliefert werden. Hamburg mußte 764 Dampf- und Segelschiffe, darunter auch die 1914 vom Stapel gelaufene „Bismarck", abliefern. Sämtliche Auslandsguthaben wurden beschlagnahmt, die deutschen Kolonien fielen in die Hände der Siegermächte – oder der Völkerbund ließ sie von anderen Staaten verwalten. – Alle Überseedeutschen wurden aus ihrer Wahlheimat vertrieben, und die Sieger forderten 226 Milliarden Goldmark als Reparationszahlung. Außerdem wurden alle deutschen Ströme internationalisiert, natürlich auch die Elbe. Dieser Diktatfrieden mußte einfach mutlos machen! Doch die Initiative und Risikobereitschaft der Hamburger Unternehmer war ungebrochen. Ihre Tüchtigkeit hatte man nicht als Reparationen ins Ausland schaffen können. Die Menschen von der Wasserkante hatten sich doch immer wieder durch eine „nüchterne und unverblendete Erfassung der Tatsachen" ausgezeichnet.

Neuanfang mit Magenknurren

Nach Kriegsende konnten die jungen Hamburger nun endlich auch zu Hause studieren. Mit der Gründung einer Universität beendete Bürgermeister von Melle 1919 die jahrzehntealte Debatte. Dazu wurden das seit über zwanzig Jahren bestehende „Vorlesungswesen“ und alle wissenschaftlichen Einrichtungen, die „Hamburgische Wissenschaftliche Stiftung“ und das „Kolonialinstitut“, vereinigt. Als zentrales Haus der Universität stand das 1911 von Edmund Siemers gestiftete Vorlesungsgebäude an der Moorweide zur Verfügung. Jetzt lag der Hamburger Burschenherrlichkeit nichts mehr im Wege! Aber auch die holde Weiblichkeit drängte sich durch die neuen Bildungspforten, und dabei zeichneten sich die Hamburgerinnen besonders aus: Bereits zehn Jahre nach ihrer Gründung gab es an der Uni Hamburg 25 % Studentinnen – mehr als in den anderen „Gemischt-Universitäten“ – damals auch „Frauen-Universitäten“ genannt – in Deutschland. Das Motto: „Wissen ist Macht, und Bildung macht frei“ sollte aber nicht nur für eine Elite gelten. 1921 wurde ein Fortbildungsinstitut für Jedermann gegründet: die Volkshochschule.

Was in Hamburg heute wieder heftig diskutiert wird, war damals ein großer Fortschritt: Es wurden einheitliche Ladenschlußzeiten eingeführt. Kein Laden durfte nach 19 Uhr geöffnet sein. Es gab aber auch Ausnahmegenehmigungen. So durften Zeitungen und Grabsteine(!) Tag und Nacht verkauft werden. Das neue Ladenschlußgesetz ließ die Angestellten aufatmen, denn bisher war es üblich gewesen, die Kunden bis 21 Uhr einzulassen. Nicht selten mußte dann noch um 22 Uhr der Fußboden gescheuert werden. Für Angestellte in Geschäften mit leicht verderblicher

Ware hatte es nicht einmal Sonntagsruhe gegeben. Die Fischläden waren täglich von sechs Uhr morgens bis 21 Uhr geöffnet, damit die Hamburger damals schon ihre frisch geräucherten Sprotten oder Bücklinge jederzeit kaufen konnten.
Nun wurde auch ein ganz neuer „Ruhetag" eingeführt: Der 1. Mai wurde offiziell zum Feiertag erklärt: Die Arbeiter hatten diesen Tag zur Erinnerung an die bereits erkämpften und noch zu fordernden Freiheiten und Rechte erkoren. Zunächst beging man den „Tag der Arbeit" aber nur in Hamburg – Geschäfte auf preußischem Gebiet blieben geöffnet. So konnte der Hamburger wenigstens an diesem Tag erkennen, wo die Stadtgrenze lag!
Das Nahrungsmittelangebot war immer noch so dürftig, daß man sich mit Ersatz begnügen mußte. Wer sich keinen „Blümchenkaffee" – der war so dünn, daß man das Blumenmuster in den Kaffeetassen sah – leisten konnte, behalf sich mit Malz- und „Zichorienkaffee".
Ein Gesetz von 1919 beschreibt die Lage: „Es ist verboten, die gute Kaninchenwurst durch Pferdefleisch zu verfälschen!" Auf der Reeperbahn wurde „Knackwurst halb und halb" verkauft: Auf ein halbes Kaninchen kam ein halbes Pferd! Immer noch hatten viele Hamburger unter größtem Hunger zu leiden. Noch 1920 stiftete die Heilsarmee für 8000 unterernährte Kinder wöchentlich je eine Dose Kondensmilch. In der Zeitung erschien ein treffendes Gedicht:

„Unser Brot ist ohne Weizen,
unsre Wurst ist ohne Fett,
von Papier sind unsre Kleider,
ohne Laken unser Bett.

Rundstück wollen wir und Butter,
Eisbein zu dem Sauerkraut.
Unsres Daseins Jammerhülle
werde wieder aufgebaut!“

Trotz dieser Jahre in Not gründeten viele Heimkehrer – die Kriegsgefangenen aus Sibirien waren die letzten – eine Familie. Allein im Jahr 1919 wurden 14886 Ehen geschlossen, 150 Prozent mehr als 1913. Böse Zungen sprachen mitunter auch von „Eheschließung als Untermieter“, denn Wohnungen waren Mangelware, weil in Kriegszeiten der Wohnungsbau völlig geruht hatte.
Um wieder ins Geschäft zu kommen, brauchten die Hamburger Reeder Schiffe. Der Rückkauf der „Cap Polonio“ von England durch die Hamburg-Süd bewies als erstes Beispiel, daß die „Hamburger Reeder wie Buchen aus Bismarcks Sachsenwald Unwetter und Sturm trotzen“ konnten, wie Senator O'Swald überzeugt war. Die erste Südamerika-Fahrt nach dem Krieg konnte 1922 angetreten werden. Im selben Jahr ließ die HAPAG ihr erstes Fahrgast-Schiff der „Ballin-Klasse“ vom Stapel, die „Albert Ballin“. Das Schiff erregte großes Aufsehen und begeisterte besonders die Passagiere, die leicht seekrank wurden, denn es war mit modernen Schlingertanks ausgerüstet. In einem Punkt hatten die Reparationen, die die deutsche Wirtschaft so schwer belasteten, doch ihr Gutes: Die Schiffahrt, ebenso wie z. B. die Reichsbahn, war gezwungen, sich mit modernen Fahrzeugen auszurüsten. Das war auf Dauer ein großer Wettbewerbsvorteil. Jetzt konnte man in zehn Tagen New York erreichen. Zur Pflege und für den Aufbau neuer Auslandsbeziehungen gründete man zu jener Zeit den Überseeclub.
Immer lebhafter wurde auch der innerstädtische Verkehr:

Lastwagen, PKWs, Pferdefuhrwerke und die von Hand geschobenen „Schott'schen Karren" bildeten oft genug ein unentwirrbares Durcheinander. 1922 stellten die Stadtväter deshalb am Stephansplatz die erste Verkehrsampel auf. Sie war handgeschaltet. Der erste Tropfen zur heute üblichen „roten Welle"!
Auch mit der Luftfahrt ging es wieder aufwärts. Die Alliierten ließen zwar die Luftschiffhalle in Fuhlsbüttel sprengen – die riesigen Zeppeline hatten während des Krieges London in Schrecken versetzt –, aber schon 1919 hatte die „Deutsche Luftreederei" regelmäßige Flüge nach Berlin angesetzt. Im ersten Jahr wurden bereits 233 Plätze gebucht.
Seit März 1919 waren Senat und Bürgerschaft mit der Ausarbeitung einer Verfassung beschäftigt. Am 7. Januar 1921 wurde sie eingeführt. Nun konnte man Hamburg endlich demokratisch nennen. „Alle Macht geht vom Volke aus." Alterspräsidentin der Bürgerschaft wurde die 1848 geborene Helene Lange, bekannt geworden als Frauenrechtlerin und Pädagogin. Ihre Mitstreiterin Emmy Beckmann versuchte, die Erziehungsmethoden zu reformieren. 1922 verkündete sie: „Schlagen ist unzeitgemäß!" Das glaubten ihr damals nur wenige, denn Prügeleien unter Erwachsenen waren auch damals noch an der Tagesordnung.
Im Oktober 1923 probten die Kommunisten wie in anderen Teilen Deutschlands so auch in Hamburg die Weltrevolution. Das Rathaus wurde wieder Festung, der Rathausmarkt Hexenkessel, Dachluken und Fenster wieder zu Schießscharten. Nach einem wohldurchdachten Plan griffen bewaffnete Hundertschaften der Kommunistischen Partei unter Führung Ernst Thälmanns die Polizeiwachen in mehreren Stadtteilen an. Erstes Ziel war die Beschaffung von Waffen. In Barmbek, Eimsbüttel, Schiffbek und Bergedorf

kam es zu blutigen Straßenschlachten. Die junge, demokratisch ausgebildete Ordnungspolizei unter Oberst Fromm und Oberstleutnant Danner hatte ihre erste große Bewährungsprobe zu bestehen. Sie konnte die Kommunisten schlagen – diesmal ganz ohne Hilfe von außen.

Wäschekörbe als Geldbörsen
Die „Papiergeld"-Zwanziger

Der schnelle Aufstieg der Wirtschaft nach dem Kriege war begleitet von einer Entwertung der Mark. Die Geschäfte blühten. Man konnte Kredite aufnehmen, dafür Sachwerte erwerben, zum Beispiel ein Schiff oder ein Haus und wurde schon bald die Schulden dafür „für'n Appel un'n Ei" wieder los. 1922 gab es kaum Arbeitslose. Der Wert der Mark war inzwischen soweit gefallen, daß man für einen Dollar 200 Reichsmark hinblättern mußte. Vor dem Kriege hatte der Umrechnungskurs 4 Mark 20 betragen.
Doch im folgenden Jahr wurde aus der Rutschfahrt der Mark ein freier Fall: Die Franzosen besetzten als Pfand für die Reparationszahlungen das Rheinland und das Ruhrgebiet. Um den passiven Widerstand zu finanzieren, ließ die Reichsregierung hemmungslos Geld drucken. Hinzu kamen die Reparationszahlungen an die Siegermächte des Ersten Weltkrieges. Der Kurs der Mark sank ins Bodenlose: Im Januar lag der Kurswert bei 7500 Mark pro Dollar, im Februar bei 43 000, im August bei vier Millionen, im September war die Milliardengrenze erreicht, und Mitte Oktober fiel die Mark an einem Tag um 15 Milliarden!
Mit Wäschekörben voller Banknoten begann das Wettrennen auch besonders um Lebensmittel. Ihr Preis konnte sich

1923: Billionen für ein Frühstück…

innerhalb von Stunden verdoppeln. Ein Frühstück kostete Billionen! Fabrikarbeiter bekamen jeden Morgen ihre Tageslöhne ausgezahlt, damit ihre Frauen sofort zum Einkaufen eilen konnten. Beamte und Angestellte erhielten eine Teilzahlung ihres Gehalts in Form von „Gasmarken“, deren Wert sich nicht änderte, weil wenigstens die Gas-Zähluhren wie immer arbeiteten. Wer Gas in seiner Wohnung verbrauchen wollte, mußte Wertmarken in den Automaten stecken – vergleichbar mit Automaten in heutigen Waschsalons.
Während in jener Zeit die Selbstmordrate bedenklich stieg, machten geschickte Spekulanten das Geschäft ihres Lebens. Sie nahmen auf bereits vorhandene Sachwerte Kredite auf und kauften damit neue Sachwerte, zum Beispiel Häuser und Grundstücke. Nach gestiegenem Preis wurden diese dann ebenfalls beliehen und der alte Kredit mit wertlosen Scheinen zurückgezahlt. Mit dem Gewinn wurde dann weitergekauft, usw. usw.
Aber die lukrativen Geschäfte hörten nach zwei Jahren auf, und die Flucht in die Sachwerte wurde dadurch gestoppt, daß niemand mehr etwas verkaufte. In Altona ließ man bereits Anrechte auf Vierteldollarscheine drucken, denn die Zahlen mit den vielen Nullen auf den Banknoten der Reichswährung waren kaum noch aussprechbar, geschweige denn lesbar. Schnelles Handeln war erforderlich. Der Bankier Max Warburg, der Werftbesitzer Blohm und der Finanzexperte Carl Cohn beschlossen für Hamburg eine dreiwöchige Zwischenlösung, da man auf die Einführung der „Rentenmark“, die in Berlin von Reichskanzler Dr. Cuno und Reichsbankpräsident Dr. Schacht geplant war, noch warten mußte. Sie gründeten die „Hamburgische Bank von 1923“ und übertrugen deren Leitung den Herren v. Berenberg-Goßler und Dr. Casemann. Die neue Bank gab eine

„Bankmark“ im Wert der Vorkriegszeit, also ein Dollar für 4 Mark 20, heraus. Bei dieser Bank konnten die Hamburger Kaufleute ihre Devisen nun gegen harte Bankmark umrechnen lassen.

Als der Beschluß der Hamburger Bankiers gefaßt war, hatte die Reichsregierung in Berlin das Steuer aber auch schon herumgeworfen. Die Oktoberaufstände der Kommunisten, die Streiks in allen Wirtschaftsbereichen und der Putschversuch der Rechtsradikalen in München unter Hitler und Ludendorff hatten deutlich gemacht, daß zunächst die Wirtschaft in Ordnung gebracht werden mußte, wenn in Deutschland Ruhe und sozialer Friede einkehren sollten.

Am 16. November 1923 wurde die Rentenmark offizielles Zahlungsmittel. Die neue Währung wurde gedeckt durch den gesamten landwirtschaftlichen Besitz Deutschlands. Gestützt wurde die neue Währung durch eine langfristige Anleihe der USA, nach dem „Dawesplan“. Charles G. Dawes, amerikanischer Bankier und späterer Vizepräsident bekam für sein Gutachten über die Leistungsfähigkeit Deutschlands zusammen mit dem Engländer Sir Austen Chamberlain 1923 den Friedensnobelpreis.

Der Dawesplan sah Zahlungen von 2,5 Milliarden Goldmark pro Jahr an deutschen Reparationen vor. Das Ticket für den Aufstieg war ausgegeben, und bald steuerte Hamburg wieder den wirtschaftlichen Vorkriegsstand an. Manche Branchen mußten sich allerdings völlig umstellen.

Herkömmliche Naturprodukte wurden nämlich beispielsweise allmählich durch chemische Erzeugnisse ersetzt. Auch fiel Rußland als Getreidelieferant aus.

Der Schiffsverkehr erreichte bereits 1923 den Vorkriegsstand. Es gab allein neun deutsche Liniendienste nach West- und Ostafrika. Der Güterumschlag im Hafen war erst 1928 wieder genauso umfangreich wie 1913. Der Hafenausbau machte ebenfalls Fortschritte, obwohl sich Oberbaudirektor Wendemuth mit den Preußen wegen der Landesgrenzen herumschlagen mußte. Erst ab 1928 wurde dieses Problem durch die Gründung der „Hamburg-Preußischen-Hafengemeinschaft" teilweise gelöst. Nun konnte Wendemuth mit Harburg und Altona gemeinsam Pläne schmieden.

Ära des nordischen Backsteins – ein Klinkerschiff mitten in der Stadt

Nicht nur im Hafen, auch in der City mehrten sich die Baustellen. Nach zweieinhalbjähriger Bauzeit hatte Hamburg seinen Ozeanriesen auf dem Trockenen. Im Auftrag von Henry Sloman, der am Burchardplatz ein spitz zulaufendes Grundstück erworben hatte, ließ sich Architekt Fritz Höger einen Kontorhausbau einfallen, der weltberühmt wurde: Das Chile-Haus. Mit dem beliebten roten Klinker gleichmäßig „bestrickt" – Höger selbst sprach von einem „Gewebe von immer denselben Maschen" – zerteilt das monumentale Gebäude mit seinem Bug die Straßen – wie ein Schiff das Meer. Am 1. April 1924 wurde es eingeweiht. Nachbar war das von den Gebrüdern Gerson erbaute Ballin-Haus – heute Meßberghof. Nach vier weiteren Jahren war auf dem Boden des ehemaligen Gängeviertels südlich der Steinstraße schon eine ganze Familie von Kontorblöcken gewachsen. Nach Plänen von Höger und Gerson entstanden der „Mohlenhof" und das damals größte Kontorhaus Deutschlands, der „Sprinkenhof", mit 52000 Quadratmetern Nutzfläche.

Die Kapitäne von Stadt und Kultur

Die erste Bürgerschaftswahl nach der neuen demokratischen Verfassung fand 1924 statt. Die Wahl war „allgemein, gleich, unmittelbar und geheim". Weil man die Wahlzettel weiblicher „Jungwähler" mit einem „W" kennzeichnete, stellten die Statistiker fest, daß bei den Hamburgerinnen eine überwiegend konservative Einstellung vorherrschte. Unter den insgesamt 160 auf drei Jahre gewählten Abgeordneten waren vier Nationalsozialisten. Wählbar war jeder deutsche Staatsangehörige über 25 Jahre, der seinen Wohnsitz seit mindestens einem Jahr im Hamburger Stadtgebiet hatte und nicht vom Wahlrecht ausgeschlossen war. Mit vielen anderen wünschte sich Bürgerschaftspräsident Rudolf Roß von ganzem Herzen, „daß unser Hamburg nicht nur wieder eine große Wirtschafts- und Handelszentrale werde, sondern auch ein Brennpunkt deutschen Geisteslebens und deutscher Kultur"!

Das Interesse der Bürger für die bildende Kunst war, nicht zuletzt dank der Arbeit der Volkshochschule, so groß wie nie zuvor. Alfred Pauli, der Nachfolger Lichtwarks, lockte jährlich etwa 200000 Besucher in die Kunsthalle. Das Kupferstichkabinett und die Sammlung französischer Impressionisten wurden auch vom sogenannten „breiten" Publikum akzeptiert, obwohl das Bild Nana des Malers Manet noch immer als anstößig galt. Der Ankauf deutscher Expressionisten, wie Marc, Heckel, Kirchner, Nolde, Schmidt-Rottluff, löste nicht nur Begeisterung, sondern auch Schimpfkanonaden und Drohungen aus.

Das Erbe Justus Brinckmanns im Museum für Kunst und Gewerbe hatte Max Sauerlandt übernommen, der das Haus am Steintorplatz in modernem Stil weiterführte. In Hamburg hatte sich wie in anderen Städten eine Gruppe von Künstlern aus Protest gegen die noch vorherrschende rein dekorative Malerei zu einer „Sezession" zusammengetan. Ihre „gemäßigt" modernen Bilder fanden viel Anklang. Auch der Kunstverein bekam schließlich ein eigenes Haus an der Neuen Rabenstraße.

Für die Theaterfreunde waren die zwanziger Jahre „Goldene" Jahre! Schnell berühmt als avantgardistisches Theater von hohem Niveau wurden die Kammerspiele, die Erich Ziegel 1918 am Besenbinderhof ins Leben gerufen hatte. Dort wurden die „Modernen" der Zeit, wie Kaiser, Toller, Kornfeld, Barlach, Sternheim, Brecht, Hasenclever und Schnitzler, aber auch die Stücke der vorhergegangenen Generationen, Strindberg und Wedekind aufgeführt und ebenso leidenschaftlich diskutiert wie die moderne Malerei der Zeit. Auch die Klassikeraufführungen der Kammerspiele machten Furore. Ziegel brachte alle Königsdramen Shakespeares auf die Bühne. Dies hatte kaum je wieder einer gewagt.
An dem großen Erfolg waren nicht zuletzt die ausgezeichneten Schauspieler beteiligt, wie Paul Kemp, Mirjam Horwitz, Ziegels Ehefrau, Fritz Kortner, Ernst Fritz Fürbringer, Albrecht Schönhals und Gustav Gründgens. Auch die Abonnenten des Deutschen Schauspielhauses – dessen Intendanten schon damals häufig und mit viel Dramatik wechselten – und die des Thalia-Theaters kamen auf ihre Kosten. Das Theater war der Ort gesellschaftlichen Lebens – meist begrüßten sich die ständigen Besucher schon in der Straßenbahn.
Musikalische Veranstaltungen fanden in dieser Zeit ebenfalls großen Anklang. Dirigent der Philharmonischen Kon-

zerte in der stets vollen Musikhalle war seit 1922 Karl Muck. Der berühmte, eher konservativ eingestellte Musiker war ein Gegner aller „mechanischen Musik". Die neueste Errungenschaft der Technik in Hamburg im Jahre 1924 dürfte ihm daher wenig Eindruck gemacht haben: Das Radio nämlich. Dieses lieferte jetzt Musik frei Haus. Die erste Übertragung eines Konzerts aus dem Uhlenhorster Fährhaus begeisterte die Zuhörer. Es wurde mit einem schlichten Detektorgerät empfangen.
Problematisch war die Senderwahl: Man mußte mit einer feinen Nadelspitze auf einem Kristall danach suchen. Außerdem gehörten unbequeme Kopfhörer zur Ausrüstung, die meistens furchtbar drückten und für empfindliche Hörer eine wahre Tortur waren. Trotzdem, lobten einige, sei die Wiedergabe „ganz naturgetreu. Man konnte sogar das Rauschen der Alster hören!"
Der Sender der NORAG (Norddeutsche Rundfunk-A. G.) im Telefonamt Binderstraße hatte zunächst eine Reichweite von zwölf Kilometern. Die „Radiopsychose" blühte, und ein Jahr nach Sendestart konnten bereits 80000 Rundfunkteilnehmer das elfstündige Programm von vier Sendern genießen: von Rigoletto bis zur Schlagerschnulze, von der langatmigen Reportage bis zum spannenden Hörspiel, von der leichten Unterhaltung Bodenstedts bis zu Hans von Bredows Lernprogrammen. Und das alles für zwei Mark im Monat! 1929 bezog die NORAG das moderne Funkhaus an der Rothenbaumchaussee.
Bald konnte man erleichtert die Kopfhörer beiseitelegen und dem neuesten Hit „Oh Donna Clara" aus dem Radiogerät mit Lautsprecher lauschen. Dieses Radio, sorgsam auf selbstgehäkelte Spitzendeckchen gesetzt, sollte nach der Vorstellung der Programmacher der neue Mittelpunkt der

Familie sein. Und er wurde es auch. Für unterwegs hatte man ein Koffer-Grammophon. Lässig in weiche Kanu-Kissen gebettet, lauschte die Angebetete, mit Bubikopf auf topmodisch getrimmt, andächtig den krächzenden Schellack-Klängen. Während der Arme paddeln mußte, plärrte der „Gigolo“ – ohne Rücksicht auf die Trommelfelle.
Das akustische Vergnügen wurde so laut, daß der Senat ein Musikverbot auf der Alster aussprach. Er wollte damit auch die Schwäne schonen! Zur Überwachung des Verbotes und zur Aufrechterhaltung der Alsterordnung wurde eine Wasserschutzpolizei eingesetzt.
Wenn die Tage kühler und die Nächte länger wurden, begann die beliebte Ballsaison. Kräftig verdrehte man die Tanzbeine, denn im Jahre 1925 war der verrückte, keineswegs gesellschaftsfähige Charleston aus Amerika importiert worden. Es war Stimmung im „Trichter“ und im „Alkazar“ auf der Reeperbahn. Etwas feiner gings im „Trocadero“ in den Großen Bleichen zu. Bei den Damen war in Mode gekommen, Zigaretten mit langer Spitze zu rauchen. Dies galt als besonders mondän. Beim „Kökschenball“ im Lübschen Baum qualmten die Socken. Hausangestellte wurden sich allmählich ihrer Bedeutung bewußt und forderten mehr Freizeit. Viele hatten bisher nur einmal in der Woche zwei Stunden Ausgang bei 40 Mark Monatslohn – Kost und Logis waren allerdings frei. Auf rauschenden Künstlerfesten suchte man Abenteuer, auf hochanständigen Hausbällen einen Partner fürs Leben. Die goldenen Zwanziger erlaubten auch der gelernten, tüchtigen Verkäuferin mit einem Wochenlohn von achtzig Mark, hin und wieder den Tanzboden aufzusuchen. Da hatte es eine Arbeiterfrau mit drei, vier Kindern weitaus schwerer: Ihr Mann blätterte meist nur fünfzig Mark pro Woche auf den Küchentisch. Darauf stellte

Muttern dann die dampfende Schüssel mit „Snuten un Poten“ – Schweinekopf und -pfoten – für zwanzig Pfennige das Pfund – nicht das nahezu unerschwingliche Beefsteak für zwei Mark.

Wirtschaftskrise und das Ende der Republik

Über zu geringen Arbeitslohn klagte bald niemand mehr. Die Menschen waren froh, wenn sie überhaupt Arbeit hatten! Zwar nicht ganz unerwartet, aber doch mit überraschender Heftigkeit erreichte die große wirtschaftliche Depression auch Hamburg. Die kurze Wirtschaftsblüte von 1924 bis 1929 war unter anderem auch besonders mit Hilfe ausländischer Kredite entstanden. Als diese nach dem großen Börsenkrach in New York, dem „schwarzen Freitag“ am 26. Oktober 1929, wieder abgezogen wurden, sank die deutsche Produktion der Wirtschaft ebenso wie der Handel ins Bodenlose. Im sonst so regen Hamburger Hafen dümpelten Schuten und Ewer ohne Ladung. Bei Waltershof entstand ein Schiffsfriedhof, in dem die Schiffe, darunter auch Ozeanriesen, vor sich hin rosteten. Hunderte von Güterwagen der Reichsbahn standen ungenutzt auf den Gleisen, Werften und Handelskontore mußten schließen.

Das Heer der Arbeitslosen wuchs. Entsprechend der damals herrschenden Politik schränkte sich auch der Staatsapparat ein, Gehälter und Pensionen wurden gekürzt, die Arbeitszeiten verlängert, die Steuern erhöht. Kündigungen – auch Lehrer mußten damit rechnen – waren an der Tagesordnung. 1929 gab es in Hamburg 40 000 Wohlfahrtsempfänger. Drei Jahre später waren schon 173 000 Hamburger arbeits-

los und mußten stempeln gehen. Das bedeutete, daß sie sich regelmäßig beim Arbeitsamt melden und einen Stempel ins Arbeitsbuch drücken lassen mußten. Nur so erhielten sie Arbeitslosen-Unterstützung.
Für diese Unterstützung gab die Staatskasse jährlich 113 Millionen Mark aus, ein Drittel des Gesamtetats! Das Arbeitslosengeld – dreizehn Prozent der Hamburger waren ohne Job – war allerdings zum Sterben zu viel und zum Leben zu wenig. Mit Hilfsaktionen und Notstandsarbeiten versuchte man auch in Hamburg, die ärgste Not zu mildern.
Im Zuge dieser Notstandsarbeiten wurde 1930 der Rathausmarkt umgestaltet – der Verkehr war zu stark geworden. Über Nacht wurde das gewaltige Kaiser Wilhelm-Denkmal (Wilhelm I. hoch zu Roß) zum Holstenwall geschafft. Jetzt gab es in der Innenstadt kein Rendezvous mehr „unter dem Schwanz von Wilhelms Pferd!“, wie man sich vorher gern verabredete. Ein neues Denkmal wurde an der kleinen Alster am Reesendamm errichtet: „Vierzigtausend Söhne der Stadt ließen ihr Leben für Euch.“
Das heftig kritisierte Mutter-Kind-Relief des Expressionisten Ernst Barlach sollte an die Schrecken des Ersten Weltkrieges erinnern.
Die Hoffnungslosigkeit und Unzufriedenheit unter den Heranwachsenden wollte der „Hamburger Jugendausschuß“ steuern. In Kinder- und Jugendheimen versuchte man, ihnen sinnvolle Beschäftigungen und sportliche Betätigung zu verschaffen. Sport wurde natürlich auch in Hamburg großgeschrieben. Alster und Elbe boten den Ruderern und Seglern große Möglichkeiten. Feinere Kreise sahen beim Springreiten oder beim Polo zu, einfache Leute wetteten auf den Trabrennbahnen in Bahrenfeld oder Farmsen. Beide Schichten trafen sich einmal im Jahr beim Deutschen

Derby in Horn. Besonders populär war auch der Boxsport. Walter Rothenburg, „Wero“ genannt, organisierte nicht nur Kämpfe großer Boxer. Er vermarktete auch das Show-Training. Darüber hinaus schrieb er Schlagertexte, die gut ankamen, „An de Alster, an de Elbe, an de Bill“ zum Beispiel. Später verdiente er mit „So ein Tag, so wunderschön wie heute“ und Freddies „Junge, komm bald wieder“ ein Vermögen. Rothenburg war auch Promoter von „Maxe“ Schmeling, der sich als erster Nicht-Amerikaner 1930 den WM-Titel im Schwergewicht gegen Jack Sharkey erboxte.
Die anscheinend ausweglose wirtschaftliche Situation und das allgemeine Elend ließen die Zweifel an der bestehenden politischen Ordnung wachsen. Die Auseinandersetzungen wurden härter und der Ruf nach radikalen Lösungen immer lauter.
Keine Gruppe kam den Wünschen nach Arbeit und Ordnung propagandistisch mehr entgegen als die „Nationalsozialistische Deutsche Arbeiterpartei“ (NSDAP).
Ebenso wie die Kommunisten praktizierten die „Nazis“, wie man sie damals schon nannte, den Radikalismus jeden Tag von Neuem in der Öffentlichkeit. Auch Hamburg wurde Schauplatz erbitterter Straßen-, Saal- und Lokalschlachten. Umzüge, Aufmärsche und Massendemonstrationen prägten das Straßenbild in einer Stadt, in der man bisher lieber seinem Gewerbe nachging, als seine Gesinnung zur Schau zu tragen. Schrecklicher Höhepunkt der politischen Krawalle wurde 1932 ein Propagandamarsch der S. A. (Sturmabteilung der NSDAP) durch das „rote Altona“ – eine reine Provokation. Als an jenem „Altonaer Blutsonntag“ die Polizei nach schweren Kämpfen der gegnerischen Parteien mit Schußwaffengebrauch für Ruhe gesorgt hatte, waren siebzehn Tote zu beklagen! Wenn auch

das rüde Erscheinungsbild der Nazis viele abschreckte, die Hamburger Bürger erhofften sich von ihnen Rettung vor dem Kommunismus und einen wirtschaftlichen Aufschwung. Angespornt durch Wahlparolen wie „Arbeit und Brot für alle!“ stimmten bei den Wahlen immer mehr Hamburger für die Nationalsozialisten. Waren es 1928 nur drei Sitze, so zählte Hitlers Partei drei Jahre später schon 43 Abgeordnete in der Bürgerschaft, in der die SPD mit 46 noch die stärkste Fraktion bildete. Die Kommunisten stellten 36 Abgeordnete. Im Jahre 1933, als man nach der Ernennung Hitlers zum Reichskanzler die Kommunisten schon vor der Wahl ausgeschaltet hatte, erhielt die NSDAP mit 62 Sitzen die Mehrheit. Vorbei war es mit der demokratischen Verfassung und vergeblich waren Wahlplakate an den Litfaß-Säulen mit dem Aufruf:
„Haltet das Tor offen!
Haltet den Hafen offen!
Hamburg ist Deutschlands Tor zur Welt!
Radikalismus rechts und links
kämpft mit allen Mitteln um die Macht.
Nationalsozialismus heißt: das Tor schließen.
Kommunismus heißt: das Tor schließen.
Wacht auf, Bürger Hamburgs!
Zurück von Träumen zur Wirklichkeit,
zu freier Wirtschaft,
Arbeit und Wiederaufbau!“
Als Hitler und seine Partei am 5. März 1933 endgültig die Macht übernahmen, ließ der „Gauleiter“ der NSDAP, Karl Kaufmann, noch am Wahlsonntag durch die Kampfverbände seiner Partei, S. A. und S. S. (Schutz-Staffel), das Rathaus besetzen und die Hakenkreuzfahne hissen. Dabei hatten Hitlers Anhänger in Hamburg 5 Prozent Stimmen

weniger errungen als im Reichsdurchschnitt. Wie erwartet, zeigten die neuen Herren Aktivität. Es wurde verboten, verfolgt, entlassen, „gesäubert“. Als die S. A. wie in Hamburg auch das Rathaus in Altona besetzte, konnte der damalige Oberbürgermeister Max Brauer nur knapp entkommen. Die Gleichschaltung der Länder und damit auch des Stadtstaates Hamburg mit dem Reich war erreicht, als die Bürgerschaft am 14. Oktober aufgelöst wurde. Das „Hamburger Echo“, die Zeitung der SPD, wurde als erste verboten. Andere folgten rasch. Der populäre „Hamburger Anzeiger“ und das hochrenommierte „Hamburger Fremdenblatt“ wurden, wie die ganze Presse in Deutschland, „gleichgeschaltet“. Die Gewerkschaften wurden aufgelöst und mit den Arbeitgeberverbänden zur „Deutschen Arbeitsfront“ zusammengefaßt. Bürger anderer politischer Auffassung, auch wenn sie gar nicht aktiv gewesen waren, wurden vielfach ohne Haftbefehl im „KoLaFu“, dem zum Konzentrationslager umgebauten Teil der Strafanstalt Fuhlsbüttel, festgesetzt, „umfunktioniert“ und oft mißhandelt.

Später entstand ein zweites KZ in Neuengamme, wohin man zunächst vor allem Juden brachte. Die schrecklichen Auswirkungen der sogenannten „Ariergesetze“ machten sich natürlich auch in Hamburg, wo es viele Bürger jüdischen Glaubens zu Rang und Namen gebracht hatten, bemerkbar. Auf die Verdienste Albert Ballins und der Bankiers Heine und Warburg ist schon hingewiesen worden. Jetzt mußte der Rektor der Universität, der Philosoph Ernst Cassirer, in die USA flüchten. Der Kunsthistoriker Aby Warburg war gezwungen, seine wertvolle Bibliothek an der Heilwigstraße aufzulösen. Zwei Dampfer brachten 50000 Bücher nach London in Sicherheit. Ebenso wie die Presse und der Rundfunk wurden auch die öffentlichen Institutionen im Sinne der NS-Herrscher gleichgeschaltet. Das war vor allem für die fortschrittliche Selbstverwaltung des Hamburger Schulwesens eine Katastrophe. Daß an der Universität von „Freiheit der Lehre" nicht mehr die Rede sein konnte, versteht sich von selbst. Die Jugendorganisationen gingen, soweit sie nicht verboten wurden, in der „Hitlerjugend" auf. Einige sinnvolle öffentliche Grün-Projekte wurden auch von den „braunen" Herren weiterverfolgt. Auf dem Gelände des ehemaligen Zoologischen Gartens, der gegen die Konkurrenz von Hagenbeck nicht angekommen war, entstand 1935 die Gartenschau „Planten un Blomen" mit der sensationellen „Wasserorgel". Ein Jahr später gab es da auch „Eisblumen" zu bewundern: Die erste Freiluft-Kunsteisbahn wurde eröffnet.

Den Traum aller Großstädter, das Häuschen im Grünen, konnten sich natürlich nur wenige erfüllen. Als Ersatz gab es den Kleingarten. Nicht nur die Liebe zur Natur, auch die nackte Not zog nach dem ersten Weltkrieg Zehntausende in die „Laubenkolonien". 1921 hatten bereits 33000 Hamburger Familien ihren „Schrebergarten", wo sie Gemüse und Obst ernten, Rosen und Kaninchen züchten konnten und sich vom Großstadtmief erholten. Hamburgs Vorliebe für Grün hatte sich schon früh im Stadtbild ausgewirkt: unbebaute Flächen (z. B. die Moorweide), Grünanlagen, Alleen und Parks lockerten das Stadtbild auf, verschönerten es und luden zur Erholung ein. Der Wert des alten Baumbestandes sowie unberührter, artenreicher Natur war den Hamburgern schon länger bewußt. Seit 1920 gab es ein Denkmalsschutzgesetz, und 1935 schützte ein Naturschutzgesetz die Natur vor wilder Zerstörung.

Daß einmal der Bau eines neuen Flughafens auf Proteste

verantwortungsbewußter Naturschützer stoßen sollte, konnte sich wohl zu der Zeit kaum jemand vorstellen. Die Entwicklung im Flugwesen war genauso rasant wie die Geschwindigkeit, mit der ein Fluggast damals ohne Zwischenlandung von Hamburg-Fuhlsbüttel nach London fliegen konnte. Ein täglicher Linienverkehr wurde 1937 von der Deutschen Lufthansa eingerichtet. Bereits ein Jahr später war es möglich, mit dem Flugzeug in 24 Stunden den Ozean zu überqueren. Seit die Hamburger im Jahre 1932 das erste Flugboot, die DO-X, auf der Binnenalster bestaunt hatten, war der Fortschritt der Luftfahrttechnik nicht mehr aufzuhalten. Der Postverkehr nach Südamerika wurde mit Katapult-Flugzeugen von dem im Atlantik stationierten Spezialschiff „Schwabenland" wesentlich beschleunigt. Die Luftschiffe „Graf Zeppelin" und „Hindenburg" starteten zu Propagandaflügen über das Reich und ins Ausland. Die G 38 „Paul von Hindenburg", das damals größte Landflugzeug der Welt, landete auch in Fuhlsbüttel.
Mit großer Begeisterung wurde die Eröffnung der Autobahn nach Lübeck gefeiert. Aber noch dachte man nicht an Staus – die meisten Hamburger fuhren im Sommer mit der Bahn an die Ostsee. Wer zu den stolzen PKW-Besitzern gehörte, bekam auf sein Nummernschild die beiden Buchstaben HH, für Hansestadt Hamburg. Daß es kein FHH geworden ist, entschieden die Macher des entscheidenden und bedeutenden Groß-Hamburg-Gesetzes.

Grenz- und Kompetenz-Zuwachs: Das „Groß-Hamburg-Gesetz“

Seit Jahrzehnten hatten Hamburgs Stadtväter versucht, den engen Rahmen, in den die Stadt gedrückt war, zu sprengen. Die Entwicklung hatte dazu geführt, daß die Grenzen zwischen Preußen und Hamburg an vielen Stellen überhaupt nicht mehr erkennbar waren. Wer wußte schon genau, wo Hamburg aufhörte und Altona oder Wandsbek anfingen? Im Hafenbereich allerdings stießen die Interessen hart aufeinander. Für Erweiterungsbauten, die im Hamburger Hafen immer dringlicher wurden, bedurfte es langwieriger Verhandlungen entweder mit der Provinzregierung in Hannover, die für den Hafen von Harburg verantwortlich zeichnete, oder mit dem Regierungspräsidenten in Kiel, der für den Fischereihaften in Altona zuständig war. Auch die Steuern wohlhabender Kaufleute, die in Hamburg ihr Geld verdienten und in einer der Prachtvillen an der Elbchaussee oder in den Elbgemeinden wohnten, flossen in die preußische Staatskasse.

Über eine Änderung dieses rechtlich und wirtschaftlich nicht mehr vertretbaren Zustandes wurde schon im Kaiserreich und besonders in der Weimarer Republik verhandelt. Viele gemeinsame Frühstücks- und Kaffeerunden waren hierfür angesetzt worden. Aber es bedurfte erst des berühmten „Federstrichs“ des preußischen Ministerpräsidenten Hermann Göring, der wie viele seiner Gesinnungsgenossen gerne „großräumig“ dachte, um die Verhandlungen zu einem sinnvollen Ende zu führen.

Am 1. April 1937 (kein Aprilscherz!) trat das „Groß-Hamburg-Gesetz“ in Kraft. Die Stadt hieß nun nicht mehr „Freie und“, sondern nur noch „Hansestadt Hamburg“. Dafür er-

weiterte sich das Stadtgebiet mit einem Schlag um 33000 – das ist das 180fache der Außen- und Binnenalster – auf 74500 Hektar. Die Bevölkerung wuchs mit einem Schlag um knapp eine halbe Million auf fast 1,7 Millionen.
Jetzt gehörten folgende bisher preußische Gebiete zu Hamburg. Nicht-Hamburger mögen die lange Aufzählung verzeihen: die Stadtkreise Altona, Wandsbek, Harburg-Wilhelmsburg, die Gemeinden Lokstedt, Steilshoop, Bramfeld, Sasel, Poppenbüttel, Hummelsbüttel, Wellingsbüttel, Lehmsahl, Mellingstedt, Bergstedt und Duvenstedt im Norden, Rahlstedt, Billstedt und Lohbrügge im Osten und die Elbgemeinden Cranz, Altenwerder, Fischbek, Francop, Gut Moor, Kirchwerder, Langenbek, Marmsdorf, Neuenfelde, Neugraben, Neuland, Rönneburg, Sinsdorf, Over und Curslack.
So schnell und problemlos konnte man in diesem Jahr echter Hamburger werden! Darüber würde sich heute so mancher „Quiddje" freuen. Die Stadt Hamburg mußte allerdings auch einen Preis zahlen, und das waren die „Außenbesitzungen" Geesthacht und Cuxhaven, mit Ausnahme der Verwaltung des Hafens an der Elbmündung, die fünf Gemeinden des Amtes Ritzebüttel und die inselartig in preußischem Gebiet liegenden Walddörfergemeinden Groß-Hansdorf und Schmalenbek.
Die Bewohner der eingemeindeten Außenbezirke konnten frohlocken, denn bisher hatten Rad- oder Autofahrer zwangsläufig bemerkt, wann sie das Stadtgebiet verließen: An der Grenze half das preußische Kopfsteinpflaster, sie an den Grenzübertritt zu erinnern. Die meisten Hamburger Hauptstraßen hatten dagegen schon glatten Asphaltbelag. Sie hofften mit Recht, daß sich auch für sie Vorteile einstellen würden. Politisch war die Veränderung allerdings ohne

Bedeutung, denn Entscheidungen für die Stadt traf allein die Reichsregierung. Die Nationalsozialisten überzogen das Reich mit einem Netz von „Gauen“, die wichtiger wurden als die althergebrachten Länder des Reichs. Hamburg war nun erster Reichsgau, und Gauleiter Karl Kaufmann alleiniger Inhaber der Macht in der Stadt. Daher konnte auch der Senat am 1. April 1937 als überflüssig abgeschafft werden. Dem Geschmack seines Führers entsprechend hatte Kaufmann für Hamburg gigantische Pläne: Am Hochufer der Elbe, dort wo heute noch die letzten schönen Palmaille-Häuser stehen, war eine Prachtstraße geplant, die auf einen 60stöckigen Wolkenkratzer, das sogenannte „Gauhochhaus“ hinführen sollte. Kurz dahinter war nach Wunsch Hitlers eine 160 Meter hohe Mammutbrücke über die Elbe geplant. Die Zeichnungen blieben in der Schublade, aber zerstört wurde das Stadtbild trotzdem.

**„Heil-Hitler“
bringt heilloses Unheil**

Auf die Frage Adolf Hitlers an das Deutsche Volk 1934, nach dem Tod von Reichspräsident Hindenburg, ob er allein Staatsoberhaupt und Regierungschef zugleich werden sollte, antworteten über 20 Prozent aller Hamburger mit Nein. Das war zwar mehr als der Reichsdurchschnitt (10,1 %), aber die Macht und Demagogie dieses Mannes waren so stark, daß ihm Hunderttausende Beifall zollten. Die in seinem Buch „Mein Kampf“ angekündigte Judenverfolgung konnte auch dem desinteressierten Bürger nicht verborgen bleiben, schon gar nicht, als in der „Reichskristallnacht“ am 8./9. November 1938 die Hamburger Syn-

agogen verwüstet und die Schaufenster jüdischer Geschäfte zertrümmert wurden.
Niemand konnte auch übersehen, daß sich das Deutsche Reich auf einen Krieg vorbereitete. Die „Volksgasmaske" wurde erfunden, und man empfahl der Bevölkerung, sie für den Notfall bereitzuhalten. Ein Luftschutzdienst wurde eingerichtet, Luftschutzwarte ausgebildet und alle Neubauten mit Luftschutzkellern ausgerüstet. Überall entstanden neue Kasernen, die Zahl der Soldaten nahm ständig zu. Hausfrauen wurden zum Sparen – eine Sammelaktion für Küchenabfälle ermöglichte die Mast von 10000 Schweinen – und zum Kinderkriegen angehalten. Eine „gute, deutsche Mutter", die vier Kindern das Leben geschenkt hatte, erhielt das „Goldene Mutterkreuz". Allein im Jahre 1939 wurden 10000 Stück in Hamburg verliehen.
Das Abhören „feindlicher" Radiosender, jede negative Äußerung über das Regime, jede leise Kritik, jeder Witz wurde als „wehrkraftzersetzend" verfolgt. 1943 wurden dreißig Hamburger verhaftet, die Verbindungen zur „Weißen Rose", der Widerstandsbewegung der Geschwister Scholl, hatten – sechzehn wurden hingerichtet. Jüdische Mitbürger, die einen großen gelben Stern auf der Brust tragen mußten, waren immer seltener zu sehen. Vom Konzentrationslager in Neuengamme wußten nur die Eingeweihten. Die schreckliche Bilanz der Hitlerherrschaft: Fast achttausend Hamburger Juden wurden deportiert und ermordet. Außerdem ließ die SS über 1400 „Staatsfeinde", Sozialdemokraten, Kommunisten und andere Untergrundkämpfer umbringen.

Das Inferno

In Anwesenheit Hitlers und seines Gefolges ließ Blohm & Voss das größte Kriegsschiff der Welt mit viel Pomp vom Stapel: die „Bismarck“. Hatte Hitler in den ersten Jahren seiner Herrschaft die Früchte seiner aggressiven Außenpolitik noch mit friedlichen Mitteln geerntet, war damit am 1. September 1939 endgültig Schluß. Der Zweite Weltkrieg begann. 2072 Tage sinnlosen Mordens, furchtbaren Elends und Grauens und schrecklicher Angst folgten.
In Hamburg, wie in allen andern Städten und Dörfern, wurde es finster. Denn als Schutz vor Luftangriffen wurde die „Verdunkelung“ eingeführt. Noch nicht einmal der Schein einer Kerze durfte aus den Wohnungen nach außen dringen. Die Schaufenster der Geschäfte blieben unbeleuchtet. Die Kriegsproduktion lief auf vollen Touren, so daß Konsumgüter immer knapper wurden. Lebensmittel gab es nur auf Marken, die monatlich ausgegeben wurden, Kleidung nur auf Bezugsschein, den es nur auf besonderen Antrag gab. Privatautos durften nur für kriegswichtige Fahrten benutzt werden. Die meisten PKW's, sofern sie nicht eingezogen wurden, standen aufgebockt in Stall oder Garage. Auf die hellen Scheinwerfer der wenigen Wagen, die noch fahren duften, wurden nachts schwarze Kappen mit schmalen Schlitzen gesetzt. Um Unfällen im Dunkeln vorzubeugen, steckten sich die Fußgänger fluoreszierende Plaketten, sogenannte Katzenaugen, an die Kleidung. Daß Hamburg ein bevorzugtes Ziel für englische Luftangriffe sein würde, zeigte sich ziemlich bald. Die ersten Bomben fielen auf die Stadt.
Der Schaden, den sie anrichteten, wurde schaudernd bestaunt und schnell repariert. Um Hamburg besser zu schüt-

zen, legte man einen Kranz von Flakbatterien um die Stadt, man deckte die Binnenalster mit Holzplanken und Tarnnetzen zu und baute auf der Außenalster eine Attrappe der Lombardsbrücke. Doch die englischen und später auch die amerikanischen Aufklärer ließen sich nicht irreführen. Schnell erkannte man die Täuschung und ließ die Orientierungspläne für die Bomberstaffeln ändern. Die Zahl der Angriffe, die Verluste unter der Zivilbevölkerung und der Umfang der Schäden nahmen ständig zu. Mit den Angriffen auf die Wohnviertel der Stadt wollte man die Moral der Bevölkerung untergraben. Kleinere Terrorangriffe, wie der im Jahre 1942 auf Lübeck, hatten dieses Ziel offensichtlich nicht erreicht. So plante der Hauptverfechter dieser Strategie, der britische Luftmarschall Sir Arthur Harris, eine größere Operation, den Totalangriff auf Hamburg, das „Unternehmen Gomorrha".
Die ersten britischen Bomber, die am 24. Juli 1943 von der Startbahn abhoben, hatten eine seltsame Fracht geladen: Stanniolstreifen. Diese dünnen Streifen in großen Mengen abgeworfen, brachten die deutschen Ortungsgeräte total durcheinander. Und die deutschen Jagdfliegerverbände, es waren ohnehin zu wenig, wußten nicht, wo der Feind angreifen würde. Die Flak war allein auf ihre Scheinwerfer angewiesen. So konnten die britischen Vorauseinheiten ziemlich ungestört ihre „Christbäume" setzen. Das waren große Mengen gleichzeitig abgeworfener weißer Leuchtkugeln, die langsam zur Erde glitten und den nachfolgenden Bombergeschwadern die Ziele für ihre tödliche Last absteckten. An diesem ersten Großangriff waren fast achthundert britische Bomber beteiligt.
Eine halbe Stunde nach Mitternacht begannen die Sirenen mit ihrem schauerlichen Geheul. Wie gewohnt eilten die

Hamburger in die Luftschutzkeller – das 135. Mal seit Beginn des Bombenkrieges, der in der Stadt bereits 1500 Menschenleben gefordert hatte. In dieser einen Nacht jedoch zählte man die gleiche Anzahl unschuldiger Opfer. Ziel der britischen Sprengbomben, Luftminen, Stabbrandbomben und Phosphorkanister waren die Wohnviertel von Altona, St. Pauli, Hoheluft und Eimsbüttel sowie Teile des Hafens. Bereits am folgenden Nachmittag erschienen über der Stadt amerikanische Kampfflugzeuge. Sie griffen den Hafen und die Industrieanlagen von Wilhelmsburg an. Ein neuer Tagesangriff am 26. Juli um halb elf zerstörte die Harburger Industrien und den Rest von Wilhelmsburg. Dabei wurde das Kraftwerk Neuhof vollkommen ausgeschaltet. Aber das Inferno im Westen Hamburgs war nur das Vorspiel. In der Nacht zum Mittwoch, dem 28. Juli, begann um 23 Uhr 40 ein Bombenhagel von einer Dichte und Dauer, wie es ihn noch nie gegeben hatte. Er regnete drei Stunden lang auf die Wohnbezirke Rothenburgsort, Hamm, Hammerbrook, Borgfelde, Hohenfelde, Eilbek und auf Teile von Wandsbek und Barmbek. Tausende Menschen wurden von den Bomben und Luftminen zerschmettert, erstickten in ihren verschütteten Kellern oder verbrannten im furchtbaren Feuersturm. Dieser sauerstoffhungrige Feuersturm, den man schon in der ersten Bombennacht in Altona mit Entsetzen erlebt hatte, raste mit Orkangeschwindigkeit und einer Temperatur von annähernd eintausend Grad durch die Straßen und suchte sich immer neue Nahrung. Das heiße, trockene Sommerwetter, das zu der Zeit herrschte, begünstigte das Inferno. Der gewaltige Sog zog alles ins Verderben. Aber das Grauen war noch nicht zu Ende. In der Nacht zum 30. Juli waren die Stadtteile um die Alster das Angriffsziel von mehr als tausend Bombern: Harvestehude, Rothenbaum, Eppendorf, St. Georg, Uhlenhorst, Winterhude und wieder Barmbek. Die letzte Fliegerinvasion am 3. August störte ein heftiges Gewitter: die achthundert Bomber drehten ab, bevor sie ihre Ziele erreichten.

Neun Tage und Nächte hatte der bis dahin nicht vorstellbare Schrecken gedauert. In sieben Luftangriffen, nachts die britischen, am Tage die amerikanischen Flugzeuge, warfen insgesamt dreitausend Bomber 12000 Luftminen, 25000 Phosphorbomben und -kanister ab. Die genaue Zahl der Todesopfer wird nie bekannt werden, man schätzt mindestens 35000. Etwa hunderttausend Menschen wurden verletzt, fast 900000 obdachlos.

Über 250000 Wohnungen waren total zerstört, zehntausende zunächst unbewohnbar, die Hafenanlagen unbrauchbar, über dreihundert Schiffe versenkt, dreitausend beschädigt. Der Verkehr war zusammengebrochen, die Industrie stand still.

An Lebensmitteln mangelte es weniger, denn die Behörden karrten mit ungewöhnlicher Großzügigkeit und Geschwindigkeit Grundnahrungsmittel in den riesigen, rauchenden Trümmerhaufen, der einmal Hamburg gewesen war. An den Ausfallstraßen standen Angehörige der Hilfsorganisation und verteilten Butter aus Fässern an die Ausgebombten, die aus der Stadt flüchteten, oder an die Pendler, die trotz aller Angst noch in Hamburg arbeiten wollten oder mußten. Ihr „strategisches“ Ziel hatten die Engländer nicht erreicht. Die Bevölkerung war noch nicht demoralisiert, ihr Zorn richtete sich immer noch nicht gegen diejenigen, die ihnen den Krieg eingebrockt hatten. So ging das sinnlose Töten weiter. Es wurde ein „totaler Krieg“, wie ihn Hitlers Propagandaminister Goebbels in Berlin verkündet hatte.

Auch die Luftangriffe auf Hamburg hörten nicht auf. Die Bomben fielen auf Hafen, Innenstadt, Harburg-Wilhelmsburg, St. Pauli, Altona und Bergedorf. Büros und Werkstätten, die notdürftig und mit viel Improvisationstalent wiederhergerichtet worden waren, sanken jetzt endgültig in Schutt und Asche.

Endlich: Die weiße Fahne

An ihrer Taktik, den Vormarsch der Alliierten nach der Invasion vom 6. Juni 1944 in Frankreich durch Sprengung und Zerstörung aller kriegswichtigen Anlagen zu stoppen, hielt die deutsche Führung fest. Auch dann noch, als der Ausgang des Krieges selbst für die engsten Hitlerfreunde nicht mehr zweifelhaft sein konnte. Noch im März 1945 wurde den Machthabern in Hamburg befohlen, die letzten Hafenanlagen, Werften und Fabriken sowie die Elbbrücken sprengen zu lassen. Mit geheimem Einverständnis Gauleiter Kaufmanns versuchte Konteradmiral Bütow die Durchführung dieser unsinnigen Pläne zu verzögern. Der Hafen wurde von Schiffen geräumt und die Industrie durch „Entnahme wichtiger Teile“ vorerst nur „gelähmt“. Am 29. April 1945 fielen die letzten Bomben auf Hamburg. Die Engländer standen an der Elbe – weiter östlich, bei Artlenburg, hatten sie den Fluß überquert. Eine Woche vorher, am 22. April, war Hamburg von Hitler zur belagerten Festung erklärt worden. Während Generalfeldmarschall Busch im Sinne seines obersten Befehlshabers die Stadt bis zum bitteren Ende verteidigen wollte, erkannte Hamburgs Kampfkommandant Generalmajor Wolz den Wahnsinn dieses Unternehmens. Es soll zu einem heftigen Streit zwischen

beiden gekommen sein. In Rundfunkansprachen bat Karl Kaufmann indes die Hamburger um Vertrauen. Nur Eingeweihte wußten, daß die eingeleiteten Vorbereitungen zur Verteidigung nur dazu dienen sollten, eine Verhaftungswelle wegen Hochverrats zu verhindern.
Als der Direktor der Phoenix-Gummi-Werke, Albert Schäfer, in Harburg am 29. April mit einer weißen Fahne die Engländer um Schonung seiner zum Kriegslazarett umgebauten Fabrik bat, bahnten sich erste geheime Verhandlungen mit dem kapitulationsbereiten Kommandanten Wolz an. Eine 24-Stunden-Frist war das Zugeständnis von englischer Seite.
Auch Gauleiter Kaufmann hatte bereits vorgesorgt: Für den Fall einer Kapitulation bat er die Bürger in einem schriftlichen Aufruf, sich an die Bedingungen zu halten. Wer aufgrund seiner Soldatenehre dennoch weiterkämpfen wollte, sollte das außerhalb der Stadt tun.
Den Probeabzug dieses Appells, den man nicht unter Verschluß gehalten hatte, konnten die Hamburger am 2. Mai gleichzeitig mit der Nachricht über den Selbstmord Hitlers am 1. Mai in Berlin im Zeitungsaushang am Gänsemarkt lesen. Der von Hitler bestimmte Nachfolger, Großadmiral Dönitz, erteilte von seinem Hauptquartier in Flensburg aus schließlich den Befehl, Hamburg kampflos zu übergeben. Am späten Nachmittag des 3. Mai rückte die 7. Britische Panzerdivision über die Elbbrücken in Hamburg ein. Keine Jubelschreie, keine lauten Dankgebete, nicht einmal geöffnete Fenster und weiße Fahnen begleiteten den Marsch der englischen Soldaten über den Heidenkampsweg, die Mönckebergstraße zum Rathaus. Nur Polizisten halfen bei der Orientierung durch die zerstörte Stadt.
Vor der Rathaustreppe empfing Generalmajor Wolz den

britischen General Spurling schweigend und führte ihn hinauf in den Bürgermeistersaal. Hier wurde die Stadt offiziell übergeben.
An jenem 3. Mai wurden in der Lübecker Bucht zwei Schiffe von englischen Bombern versenkt: Die „Cap Arcona“ und die „Thielbek“. Die Briten hielten sie für Truppentransporter, aber sie hatten Häftlinge aus dem Konzentrationslager Neuengamme an Bord, die aus „Sicherheitsgründen“ verlegt werden sollten. 7398 KZ-Häftlinge gingen mit den Schiffen unter.

Die Stunde Null

Von der einst so stolzen Hansestadt war nicht mehr als ein Häufchen Elend übriggeblieben. Fast 120000 Hamburger hatten in dem grauenvollen Krieg ihr Leben lassen müssen. Die Hälfte waren Zivilisten. Es gab 60000 Kriegsbeschädigte, mehr als 50000 Waisen, ungezählte Witwen. Zu den Ausgebombten, die nach Kriegsende zurück in die Stadt drängten, kamen viele tausend Flüchtlinge aus den von den Russen und Polen besetzten Ostgebieten. Für sie alle begann nun der Kampf um Wohnraum und gegen den Hunger. 1550 Kalorien, die dem Normalverbraucher zustanden, waren nicht immer auf Marken zu haben. Die von der britischen Besatzung vorläufig ernannten Bürgermeister Rudolf Petersen und Adolph Schönfelder hatten sich aber nicht nur um die Versorgung der hungrigen Menschen mit Lebensmitteln zu kümmern. Der dringende Wiederaufbau war eine so große Aufgabe, daß man sich deren Lösung damals noch gar nicht konkret vorstellen konnte. Voraussetzung dafür war erst einmal die Trümmerbeseitigung. Für diese Arbeit zogen die britischen Behörden vor allem die ehemaligen NS-Funktionäre heran, aber auch Schüler und Studenten wurden zwangsverpflichtet. „Trümmerfrauen“, in Berlin ein Mythos geworden, gab es auch in Hamburg zu Tausenden. Die riesigen Schuttberge, die das Stadtbild beherrschten, und deren Menge auf 43 Millionen Kubikmeter geschätzt wurde, appellierten jeden zum Zupacken, zum „Steineklopfen“. Bausenator Dr. Bucerius fand eigenhändig heraus, daß ein gesunder Mann in einer Stunde rund fünfzig Steine bergen, abklopfen und stapeln konnte. Sein Aufruf, die Trümmer dadurch beseitigen zu helfen, daß jeder seine eigene Wohnung wiederaufbaute, wirkte Wunder. Schon nach sechs Monaten waren 7,5 Millionen Steine „geklopft“. Ein Bergungsschein vom Amt berechtigte zum Abtransport für den Ausbau eigener Wohnungen – sogar halbe Steine mußten abgerechnet werden! Nicht selten entstanden Behelfsheime und neue Häuschen aus Steinen, die in fünf verschiedenen Stadtteilen gesammelt worden waren. Mitunter passierte es aber auch, daß die Tagesarbeit einer ganzen Familie am nächsten Morgen verschwunden war, wenn abends kein Fahrzeug zum Wegschaffen zur Verfügung stand! Der Besitzer eines Lastwagens konnte gute Geschäfte machen, damals! Eine Fuhre Steine von Barmbek nach Wellingsbüttel kostete über einhundert R-Mark – das Be- und Entladen natürlich nicht eingerechnet. Es soll vorgekommen sein, daß der Fahrer ungeduldig mit verschränkten Armen wartete, bis eine hochschwangere Frau den Laderaum besenrein hinterlassen hatte! Der Mangel an schlechthin allen lebensnotwendigen Dingen, seien es Lebensmittel, Kleidung oder Hausrat, ließ die schwarzen Märkte zu ungeahnter Blüte kommen. Es waren keineswegs nur „dunkle Existenzen“, die bei den häufigen Razzien der Polizei oder der Be-

satzungsmacht auf dem Steindamm, der Reeperbahn, dem Hansaplatz oder auch in gutbürgerlichen Häusern in der Curschmannstraße festgenommen wurden. Ehrenwerte Bürger verscherbelten den letzten Familienschmuck, das silberne Eßbesteck, den Volksempfänger oder eine Wolldecke an den Schwarzhändler, der dafür ein hartes Maisbrot, etwas Kaffee oder ein Päckchen Butter aus dem Zeitungspapier wickelte. „Neulinge“ auf dem Schwarzmarkt kamen nicht selten stolz mit einem halben Pfund Butter nach Hause und fanden unter einer dünnen Fettschicht nichts als Kartoffelmus! Die Zeiten gemeinsamer Not machten natürlich Ganoven nicht ehrlicher. In Konservendosen mit der Aufschrift „Schmalzfleisch“ fand sich beim Öffnen sogar Sand! Der illegale Warentausch auf dem schwarzen Markt war allerdings auch in den Augen der Polizei kein großes Verbrechen.
„Leitwährung“ der Nachkriegszeit war die amerikanische oder englische Zigarette. Nur echte Raucher können verstehen, daß sich viele heimkehrende Soldaten für ihr Entlassungsgeld von vierzig Reichsmark zwei (!) Zigaretten kauften. Der Kurs pendelte sich dann niedriger ein. Fünf Reichsmark für eine „Aktive“, also keine selbstgedrehte Zigarette waren der übliche Preis. Viele deutsche Kleingartenbesitzer wurden zu Tabakpflanzern, weil sie sich nur dann und wann eine „Aktive“ leisten konnten. Überall, auch auf den Balkonen und versteckt zwischen Trümmern, bauten diejenigen ihren Tabak „Marke Eigenbau“ an, die den blauen Dunst nicht missen konnten. Dem Zollamt wurden 1945 allein 20000 Kilogramm zur Berechnung der Tabaksteuer gemeldet. Die versteckten „Blumentöpfe“, die den Augen der zählenden Beamten entgingen, nicht mitgerechnet.

„Hamsterfahrten“ aufs Land waren wichtigste Wochenendbeschäftigung. Offene Güterwagen auf notdürftig wiederhergestellten Bahnverbindungen waren vollgestopft mit Menschen. Bei den ganz wenigen Personenwagen der Bahn gab es kaum ein freies Trittbrett. Unfälle durch entgegenkommende Züge waren an der Tagesordnung, denn aus Platzmangel hielt manch einer den teuer ertauschten Sack Kartoffeln stundenlang aus dem Fenster, um ihn heimzubringen. Oft wurde er am Endbahnhof bei Polizeikontrollen dann doch beschlagnahmt. In den Bauernstuben lagen nicht selten die Teppiche der Städter in zwei Schichten übereinander! Glücklich konnte sich schätzen, wer Verwandte im Ausland hatte oder ein „CARE“-Paket (Cooperative for American Remittances to Europe) aus den USA bekam. Aktionen aus aller Welt, vor allem auch aus Schweden, halfen, das Elend zu mindern: Schul- und Armenspeisungen wurden aus Spenden finanziert und von Hilfsorganisationen („Deutsche Hilfsgemeinschaft“, „Rotes Kreuz“, „Unicef“, „Caritas“, „Evangelisches Hilfswerk“ u. a) zubereitet und verteilt. Für heimkehrende Soldaten gab es Stoffarbe, damit sie ihre alten Uniformen umfärben konnten, es gab ja sonst keine Kleidung.
So groß die materiellen Entbehrungen auch waren, auf frohe Geselligkeit und geistige Genüsse wollte, besonders nach dem entsetzlichen Krieg, niemand verzichten. Im Dezember 1945 hoben die britischen Behörden das Tanzverbot auf, und jung und alt drängelte sich „wie ausgehungert“ in den Tanzlokalen, die überall dort aus dem Boden schossen, wo Säle heilgeblieben waren. In den Tanzpausen trank man „Heißgetränk“, eine undefinierbare rötliche Flüssigkeit aus Gläsern, die aus abgesägten Weinflaschen hergestellt waren.
Ebenfalls im Dezember ’45 eröffnete Ida Ehre die Kammer-

1945: So mancher Raucher widmete sich liebevoll den kleinen Pflänzchen „Marke Eigenbau“

spiele als erstes Theater nach dem Kriege. Das Schauspielhaus, das kaum beschädigt war, blieb drei Jahre lang Garnisonstheater der Engländer. Das deutsche Ensemble wich in den Besenbinderhof aus. Thalia-Theater und Staatsoper spielten einige Monate später auf improvisierten Bühnen. Im Musikleben gab es kaum eine Unterbrechung: Schon im Sommer 1945 dirigierte Eugen Jochum die Hamburger Philharmoniker in der unbeschädigten Musikhalle. Kleinere Konzerte fanden vor allem in den Gemeindesälen am Stadtrand statt.

In den Gemeindesälen wurden auch zumeist die Gottesdienste abgehalten, denn mehr als die Hälfte aller Hamburger Kirchen, darunter alle fünf Hauptkirchen der Innenstadt, waren zerstört oder beschädigt. Über mangelnden Besuch brauchten die Pastoren nicht zu klagen. Nach den Schrecken des Krieges suchten viele seelischen Halt und Trost im Glauben. Der Aufbau der Kirchen dauerte trotz vieler Spenden und Sammlungen im In- und Ausland recht lange. Erst 1951 war die St. Petrikirche wieder völlig heil. Es folgten St. Michaelis und St. Katharinen. Die Gemeinde von St. Jacobi mußte 10 Jahre warten, bis ihr Kirchenschiff wenigstens ein Dach bekam. Den völlig ausgebrannten Turm der Nikolaikirche ließ man als Mahnmal für die Opfer des Krieges unverändert stehen. Eines der wenig beschädigten öffentlichen Gebäude war das Rathaus. Es hatte kaum direkte Treffer erhalten. Die Erschütterung durch Bomben ringsum war durch die Elastizität der 4000 Grundpfähle aufgefangen worden. Der Platz, in dem sich wieder politisches Leben entfalten konnte, war also noch vorhanden. Im Februar 1946 ernannten die britischen Behörden eine Bürgerschaft mit 81 Abgeordneten. Acht Monate später durften die Hamburger ihr Stadtparlament selbst wählen. Von insge-

samt 110 Mitgliedern der Bürgerschaft gehörten 83 der SPD an, 16 der CDU, 7 der FDP und 4 der KPD. Die gewaltige Überzahl der Sozialdemokraten war eine Folge des bei dieser Wahl angewendeten britischen Mehrheitswahlrechts, das drei Jahre später wieder abgeschafft wurde.
Der 71jährige Bürgerschaftspräsident Adolph Schönfelder ermutigte die Abgeordneten: „In der alten Hansestadt muß neuer Hanseatengeist lebendig werden! Wie die Hanse einst die Fäden spann über Deutschland hinaus zu anderen Völkern, so müssen wir auch jetzt versuchen, mit den Werken unseres Geistes und mit unserer Hände Arbeit in der Welt wieder zur Geltung zu kommen!"
Das erste gute Zeichen für internationale Verständigung war die Begrüßungsrede des britischen Gouverneurs Sir Vaughan Berry: Er war in Zivil gekommen und sprach deutsch. Als Erster Bürgermeister zog der Sozialdemokrat Max Brauer in das Rathaus ein. Kurz vorher war der frühere Oberbürgermeister von Altona aus der Emigration in den USA zurückgekehrt. Zweiter Bürgermeister wurde der Liberale Christian Koch.
Nach und nach rotierten auch wieder die Druckwalzen der Presse. Erste periodische Veröffentlichung der britischen Besatzungszone wurde eine Zeitung der neuformierten Gewerkschaften. Sie bezogen wieder ihr altes Gewerkschaftshaus am Besenbinderhof, dessen Theatersaal, wie erwähnt, dem Schauspielhaus überlassen wurde. Vier parteigebundene und eine unabhängige, überregionale Zeitung erhielten neue Lizenzen. Ende des Jahres 1946 erschien der erste Rowohlt-Rotations-Roman im Riesenformat einer Zeitung.
Die Situation auf dem Arbeitsmarkt schien hoffnungslos. Im März '46 hatten die Alliierten den „Industrieplan für

Deutschland" beschlossen, in dem umfangreiche Beschränkungen der Produktion, Verbote ganzer Industriezweige und Demontagen oder Sprengung ganzer Anlagen vorgesehen waren. Hamburgs Schiffbau war davon besonders betroffen. Blohm und Voss wurde demontiert. Zugelassen waren nach diesem Plan die Erzeugung von Baustoffen (außer Beton), Holz-, Glas- und Keramikprodukten sowie der Bau von Fahr-, und Motorrädern. Die gesamte Industrieproduktion Hamburgs erreichte Ende 1946 ein Sechzehntel des Vorkriegsstandes. Schlimmer noch war die Wohnungssituation. Den 1434633 Hamburger Einwohnern standen nach Kriegsende nur 105708 Wohnungen zur Verfügung. Davon beanspruchten die Engländer etwa zwei Prozent für ihre Verwaltungsbeamten und deren Familien.

Nicht selten lebten zehn Personen zusammengepfercht in einer Zwei-Zimmer-Wohnung. Tausende aber mußten zwischen den Trümmern in einer „Nissenhütte" hausen. Das waren Schuppen mit einem halbrunden Wellblechdach, die die Engländer im Krieg für ihre Truppen entwickelt hatten. Sie sahen aus wie große halbierte Teerfässer.

Im April 1946 wurde eine Zuzugssperre erlassen. Nur Spezialisten bestimmter Berufszweige durften sich neu in der Stadt niederlassen. Wer keine Zuzugsgenehmigung hatte, bekam keine Wohnung und keine Lebensmittelkarten.

Wichtiger als Geld: Kohle!

Den Wechsel ins neue Jahr 1947 begingen viele Hamburger schon wieder recht frohen Mutes. Der Rest aus der Flasche wohlschmeckenden „Likörs" wurde redlich geteilt: Im Herbst noch hatte dieses fruchtige Getränk zur Fermentie-

rung des Tabaks Marke Eigenbau gedient! Dichtgedrängt im kleinsten Raum hockte man um den wärmenden Bollerofen, in dem der letzte Apfelbaum verglühte und seinen Qualm durch das mühsam ergatterte Ofenrohr nach draußen in die Kälte schickte. Aber so entschlossen auch die Hamburger wie alle Deutschen an den Wiederaufbau gingen, die Situation in den ersten Nachkriegsjahren sollte sich nicht bessern. Und auch die Natur verschwor sich gegen die darbenden Menschen. Der Frost seit Mitte September wollte kein Ende nehmen. Im Februar sanken die Temperaturen auf minus 20 Grad und darunter. Die Folge: meterdicke Eisschichten auf allen Gewässern und zentimeterdikkes Eis sogar an den Innenwänden der Behelfsheime und mancher Wohnung, zitternde und hustende Hamburger. Die sibirische Kälte forderte unerbittlich ihre Opfer. Fast 50000 Menschen in Hamburg kämpften mit schwerer Lungenentzündung, über achtzig starben durch Erfrieren. Ärzte konnten kaum zwischen Hunger- und Erfrierungstod unterscheiden. In den Krankenhäusern waren die Mediziner froh, wenn die Temperatur nicht unter 14 Grad Celsius sank. Die Schulen waren längst geschlossen, und die öffentlichen Wärmehallen, die man eingerichtet hatte, waren überfüllt mit Frauen, Kindern und alten Leuten.
Alles nur irgendwie Brennbare wurde zu kostbarem Kleinod. Im Schutz der Dunkelheit mußte so manches städtische Gehölz dran glauben, wurde so manche Grünanlage kahlgesägt. Selbst die Hüter des Gesetzes halfen dabei, den letzten Baum zu fällen, denn ihre Familien froren schließlich auch! Gas- und Stromversorgung der Stadt stand vor dem endgültigen Zusammenbruch, denn die dringend erbetenen Kohlelieferungen aus der sowjetischen Besatzungszone blieben aus.

Der Anfang des Kalten Krieges? Wohl nicht. Abgesehen davon, daß man auch in den mitteldeutschen Braunkohlegebieten Produktionsschwierigkeiten hatte, war der Güterverkehr durch den Dauerfrost ins Stocken geraten. Die Weichen froren fest, und die Züge konnten nicht weiter. Und wenn ein Kohlenzug mal stand, halfen auch bewaffnete Bahnpolizisten nicht mehr – in wenigen Minuten waren die Waggons besenrein. Dem Kohlenklau widmeten sich vor allem Kinder, weil sie flinker und geschickter waren als die Erwachsenen.

Verzweifelt bat Bürgermeister Brauer die Bergleute im Ruhrgebiet um Überstunden, damit wenigstens die Stromversorgung der Stadt notdürftig aufrecht erhalten werden konnte. Zum Dank für die spontane Hilfe der Kumpel wurden später die Ruhrfestspiele ins Leben gerufen.

Obwohl mehr als tausend Polizisten zur Bewachung der Kohlenzüge abgestellt wurden, erreichte kaum ein Drittel der Ladungen ihren Zielort. Sehr schnell hatten sich die Langsamfahrstellen herumgesprochen, und überwiegend junge Leute warteten dort geduldig mit Beuteln und Säkken. Schilder mit der Aufschrift „Betreten der Gleise verboten‘ wurden geflissentlich übersehen, und der run auf das schwarze Gold begann.

In dieser Zeit war ein Gast, der als Geschenk für die Hausfrau einen Beutel Kohlen oder ein Stück Parkettfußboden mitbrachte, beliebter als einer, der mit Blumen kam! Heizmaterial ersetzte oft das Geld für Eintrittskarten in Kino und Theater. Schon Ende 1945 konnte Ida Ehre – wie schon erwähnt – ihre Kammerspiele eröffnen, das Deutsche Schauspielhaus und die Staatsoper begannen mit ihren Aufführungen 1946 zunächst in fremden Häusern. Neun Jahre später, 1955, wurde der Staatsoper-Neubau an der Dammtorstraße mit Mozarts Zauberflöte eingeweiht. 1959 übernahm nach Günther Rennert und Heinz Tietjen Rolf Liebermann die Leitung des Hauses. Das Deutsche Schauspielhaus hatte nach der Freigabe des Hauses durch die britische Besatzungsmacht Gustaf Gründgens zu seinem Intendanten berufen, der bis 1963 im Amt blieb.

Die Haushalte wurden kaum zwei Stunden pro Tag mit Strom versorgt. Bahnen fuhren nur noch für den Berufsverkehr, und die Läden waren nur bei Tageslicht geöffnet. Mehr als 700 Hamburger Betriebe mußten ihre 37000 Mitarbeiter nach Hause schicken.

Am 19. März 1947 sank das Thermometer zum ersten Mal nicht unter Null. Der furchtbare Winter war zu Ende. Nicht aber der Hunger! Die Rationen mußten auf 900 Kalorien pro Tag gesenkt werden. Mit dieser „Diät" kann man in 2 Wochen rund 10 Pfund abnehmen. Wie dreißig Jahre zuvor bestand das Frühstück aus einer Scheibe Steckrübe, roh. Doch Hilfen aus dem Ausland, vor allem die großzügig organisierten Schulspeisungen aus Schweden, halfen die allergrößte Not lindern. Die Hamburger hielten durch.

Einen Rückfall in die Schrecken des vergangenen Krieges gab es im Arpil 1947. Die Engländer starteten den Versuch, die rote Felseninsel in der Nordsee, Helgoland in die Luft zu sprengen. Das Unternehmen ging schief, – die Insel war nicht klein zu kriegen – glücklicherweise. Als die Insulaner später (1952) auf ihr „Heiligesland" zurückkehren durften, fanden sie eine dritte Ebene vor: Zu Ober- und Unterland war durch die Munitionssprengung nun das Mittelland gekommen.

Im Hamburger Hafen, wo bisher nur Demontagetrupps mit Schneidbrennern aktiv waren, wurde im Herbst der erste Fischdampfer bei der Stülckenwerft auf Kiel gelegt.

Von der Gesamttonnage der in Hamburg beheimateten Schiffe waren nach dem Krieg ganze drei Prozent übriggeblieben. Daß der erste Schiffbau in erster Linie der Versorgung der hungernden Bevölkerung und nicht dem Handel galt, war klar. Denn der nächste Winter stand vor der Tür.
Und ‚Draußen vor der Tür' hieß auch das ergreifende Stück des jungen Wolfgang Borchert, das am 23. November 1947 in den Kammerspielen uraufgeführt wurde. Borchert war drei Tage vorher gestorben.

Neubeginn mit 40 Mark im Portemonnaie

Während sich die Familie Hagenbeck den Kopf zerbrach, wie man ohne Zement die gewaltigen Steinsaurier zur 100-Jahr-Feier des Tierparks wieder restaurieren könnte, bemühten sich deutsche und alliierte Finanzexperten fieberhaft um eine Lösung, der Zigarettenwährung, den horrenden Schwarzmarktpreisen und der sich anbahnenden Inflation in Deutschland ein Ende zu bereiten. Unter dem Siegel tiefster Verschwiegenheit wurden in den USA neue Geldscheine gedruckt.
Am Sonntag, den 20. Juni war es dann soweit: Die Währungsreform bescherte jedem Deutschen vierzig D-Mark „Kopfgeld". Für einen Tag waren alle gleich, was das Bargeld anbelangte!
Wie von Zauberhand tauchten am Montag, den 21. Juni 1948 in den Läden Dinge auf, nach denen man vorher vergeblich gefahndet hatte. Gummibänder, um Unterhosen am vorgeschriebenen Platz zu halten, Teller, Schüsseln und Kochtöpfe, Bücher und Briefpapier: Das alles wurde plötzlich angeboten und nicht mehr unterm Ladentisch gegen Ta-

bak, Brot- und Fettmarken getauscht. Mit seinen vierzig Mark konnte man viel machen!
Eine begabte, rechentüchtige Hausfrau konnte mit diesem Geld ihre Familie zwei Wochen lang ernähren. Theoretisch gab es für vierzig Mark 1500 Brötchen oder 100 Pfund Brot, aber in der Praxis waren die Brotmarken noch nicht abgeschafft. Besonders Schreibfreudige hätten mit diesem Geld fünfhundert Postkarten frankieren können. Hanseaten, die Wert auf ihren Kopfputz legten, konnten dafür 26 Mal zum Friseur gehen. Wer sein kaputtes Haus reparieren wollte, bekam für vierzig Mark acht Sack Zement oder vier Quadratmeter Fußbodenbretter, auf die er aber geduldig warten mußte. Kinder hätten vierhundert Mal Karussell fahren oder die doppelte Menge Lollis lutschen können, sofern es welche gab. Zehn Wochen lang konnte man mit diesem Kopfgeld in den öffentlichen Verkehrsmitteln zur Arbeit fahren – wer aber das Bahngeld sparen wollte, kaufte sich für vierzig Mark ein Paar Jedermann-Schuhe.
Die ‚goldenen' amerikanischen Konservenbüchsen, die man als provisorische Kochtöpfe verwendet hatte, konnten nun von der „Kochhexe" verschwinden. Diese Hexe war ein kleiner Herdaufsatz, der sich energiesparender heizen ließ als der ganze Küchenherd.
Sogar die Seife duftete wieder!
Nun machte auch die Arbeit wieder etwas mehr Freude, denn man wußte wenigstens, daß man für das sauer verdiente Geld in der Lohntüte etwas kaufen konnte.
Wie bei der großen Inflation in den zwanziger Jahren waren Sparer und Rentner die Opfer der Währungsumstellung. Ihre Reichsmarkguthaben lösten sich größtenteils in Luft auf. In den Banken und Sparkassen begann der Papierkrieg.

Jeder Bürger mußte das alte Reichsmark-Bargeld abliefern und seine Konten schriftlich angeben. Das Sparkonto verschwand entweder völlig, wenn es zur Verrechnung gegen die ausgegebenen 40 DM pro Kopf nicht ausreichte, oder wurde auf 10 zu 1 zusammengestrichen. Viele Aktionäre konnten mit ihren Wertpapieren Feuer machen oder die Stube tapezieren, andere hatten Glück und erfuhren später von einem zum Teil ungeheuren Wertzuwachs ihrer ‚guten' Papiere. Besitzer von Sachwerten waren wieder einmal die Glücklichsten.

Durch die vielen Transaktionen an den Bankenkassen wurden verstärkt auch räuberische Elemente angelockt, so daß die echten Kunden mit einem Aushang gewarnt werden mußten:

> „Vorsicht! Diebstahl bei Geldbewegungen. In verschiedenen Städten gelingt es Betrügern immer wieder, an Bank- und Postschaltern die Aufmerksamkeit der Geld empfangenen oder einzahlenden Kunden mit der Bemerkung, es sei Geld auf die Erde gefallen, abzulenken. Dadurch ist es Betrügern mehrfach möglich geworden, sodann das unbeaufsichtigte Geld zu entwenden. Wir möchten nicht verfehlen, Sie zur Abwendung von Verlusten auf diese Vorfälle hinzuweisen (Norddeutsche Bank in Hamburg).

Durch die Währungsreform änderte sich auch die Zeitungslandschaft in Hamburg gründlich. Den Parteizeitungen war kein langes Leben beschieden. Marktbeherrschend wurde in Hamburg zunächst das vom Verleger Axel Springer herausgegebene „Hamburger Abendblatt", das am 14. Oktober 1948 zum ersten Mal erschien.

Trümmer-Recycling und rasanter Wiederaufbau

Bereits innerhalb von zwei Jahren konnte die Innenstadt mit ungeheurem Einsatz vom Trümmerschutt befreit werden. Man füllte damit Fleete und alte Festungsgräben auf und veränderte damit auch das Bild der alten Innenstadt nachhaltig. Im Hafen schuf man mit Trümmern neue Uferbefestigungen. Durch industrielle Trümmerverwertungsanlagen und Trümmermühlen entstand auch neues Baumaterial. Die Zuschauertribünen des Volksparkstadions in Bahrenfeld bestehen zum Teil aus Schutt, der mit dem „Trümmer-Expreß" aus dem Westen der Stadt herangefahren wurde. Die Öjendorfer Kuhle nahm die Trümmer aus dem Osten Hamburgs auf, und die Jogger von heute laufen im Öjendorfer Park tatsächlich auf Gebäuderesten von damals. Das dringendste Problem war natürlich der Wohnungsbau. Bis 1949 waren fast 33000 Wohnungen fertig geworden – vor allem durch Privatinitiative. Aber das reichte bei weitem nicht. Um der gewaltigen Wohnungsnot schneller und wirksamer begegnen zu können, bedurfte es staatlicher Maßnahmen. Die deutschen Parlamente und Behörden erhielten aber erst allmählich ihre hoheitlichen Befugnisse zurück. 1949, im Gründungsjahr der Bundesrepublik Deutschland, konnte auch die neugewählte Bürgerschaft das erste Hamburger Aufbaugesetz verabschieden. Der sozialdemokratische Bürgermeister Brauer konnte mit der öffentlichen Förderung des Wohnungsbaus an eine schon in den zwanziger Jahren in Hamburg und Altona erfolgreich angewandte Methode anknüpfen.

Alle waren sich einig, einen „Phönix aus der Asche" entstehen zu lassen. Ein schmucker Vogel jedoch wurde Hamburg zunächst nur bedingt, denn der Zwang, Wohnhäuser möglichst schnell zu errichten, ließ den Gedanken an Urbanität und Ästhetik in den Hintergrund treten. Einheits-Wohnbauten und schmucklose Hochhäuser waren die Regel. Der gelbe Ziegelkomplex am Grindel galt schon als großer Wurf. Flächensanierung war an der Tagesordnung, und ihr fielen zahllose historisch oder künstlerisch interessante Gebäude zum Opfer, die der Krieg verschont oder nur leicht beschädigt hatte. Die Hamburger können, wie schon das Schicksal ihres Doms 1806 bewies, in solchen Dingen ziemlich unsentimental sein. Auch dem wachsenden Autoverkehr mußte man Rechnung tragen. Durch die Innenstadt wurde eine breite Schneise, die Ost-West-Straße, geschlagen, um dem steigenden Verkehrsaufkommen zu begegnen. Das Ausmaß der jetzigen Blechlawine konnte damals allerdings niemand voraussehen.

Schwierigkeiten gab es auch an der Universität. An die Hochschule drängten, wie überall in Deutschland, nicht nur die frischgebackenen Abiturienten, sondern auch die aus dem Krieg heimgekehrten Soldaten. Es war 1949 fast ebenso schwer, einen Studienplatz zu bekommen, wie dreißig Jahre später. Im Sommersemester 1950 zählten die Statistiker bereits 4506 Studenten, davon fast 25 Prozent weibliche. In der als vorbildlich geltenden Hamburger Volkshochschule lauschten im Wintersemester 1949/50 insgesamt 21000 Hörer den Vorträgen von 275 Dozenten.

Hier war aber schon jeder zweite Volkshochschüler eine Frau.

Als erster Direktor der Kunsthalle nach dem Krieg bemühte sich Carl Georg Heise darum, wieder Anschluß an die internationale Kunstszene zu bekommen. Die Sammlungen waren weniger durch den Krieg als durch die NS-Verdammung der „entarteten Kunst“ in Mitleidenschaft gezogen worden. 1950 wurde auch die „Staatliche Hochschule für Musik“ gegründet, an die namhafte Pädagogen berufen wurden.

Das Wirtschaftswunder

Mit der Gründung der Bundesrepublik Deutschland am 23. Mai 1949 begann auch eine neue Phase der Wirtschaftspolitik. Als Wirtschaftsminister der ersten Bundesregierung unter Kanzler Adenauer wurde Ludwig Ehrhard zum Initiator und zur Symbolfigur der „Sozialen Marktwirtschaft“ und des deutschen Wirtschaftswunders. Hamburg war jetzt eines von elf Bundesländern. Die Stadt an der Elbe wollte wieder „Tor zur Welt“ und gleichzeitig „im Geiste des Friedens Mittlerin zwischen allen Erdteilen und Völkern“ werden. Aber da war im Osten ein unlösbares Problem: Der Eiserne Vorhang. Die Grenze zur sowjetischen Besatzungszone verlief fünfzig Kilometer östlich von Hamburg. Das weite Hinterland Hamburgs, vor allem Sachsen und Schlesien, war für Handel und Wirtschaft verloren. Die Stadt war an den Rand des freien Welthandels gedrängt worden.
Dessen ungeachtet schritt der Aufbau des Hafens voran. Versenkte Schiffswracks wurden gehoben, Schuppen und Kaianlagen, Versorgungsleitungen und Streckennetze repariert und erweitert. Viele Schiffe liefen wieder den Hafen an – zunächst unter ausländischen Flaggen. Im Jahre 1950 war schon die Hälfte der Gesamttonnage von 1938 erreicht. Sechs Jahre nach Kriegsende, 1951, gaben die westlichen Alliierten endlich den Schiffbau und die industrielle Produktion wieder frei. Es war natürlich schwierig, die Handelsbeziehungen zum Ausland erneut anzuknüpfen. Obwohl das bewährte

„Made in Germany", nun ersetzt durch „Made in Western Germany", noch in aller Welt bekannt war, konnte das Vertrauen nach dem langen Krieg nur ganz allmählich wieder hergestellt werden. Dennoch wurde der Hamburger Hafen bald wieder einer der größten in Europa.
Daß die Hansestadt bald zu einem der reichsten Bundesländer, ja zu den wohlhabendsten Regionen in Westeuropa gezählt wurde, verdankt sie dem Entschluß, sich neben Handel und Schiffahrt mit dem Aufbau von Industrien einen neuen Schwerpunkt zu geben. Firmen, die in Hamburg produzieren wollten, fanden in der Stadt risikobereite Kreditanstalten.
Der erste Kongreß des „Deutschen Industrie- und Handelstages" fand im Jahre 1951 in Hamburg statt. Die Jahresschau der „Deutschen Landwirtschaftsgesellschaft" wurde im gleichen Jahr auf dem Heiligengeistfeld veranstaltet. Zu essen gab es wieder reichlich in der Hansetadt, aber mit dem Reisen in andere Länder tat man sich noch schwer, obwohl die Bundesbahn ihr Streckennetz repariert hatte. Die Erlaubnis „Germans free to travel" befreite aber noch nicht von einem umständlichen Papierkrieg. Die meisten packten deshalb wie die Sängerin Conny Froboess „ihre Badehose ein" und fuhren mit der S-Bahn oder der HADAG an die Elbe. Das Baden in Alster und Elbe galt Anfang der fünfziger Jahre noch nicht als gesundheitsschädlich. Als Trinkwasserreservoir dienten die Flüsse glücklicherweise nun nicht mehr. Mit Hilfe neuer Tiefbrunnen konnte die Versorgung zum größten Teil auf Grundwasser umgestellt werden, und als Reserve stand seitdem der nahegelegene Großensee zur Verfügung. 1952 wurde auch Helgoland wieder zur Neubesiedelung freigegeben. Hauptabendunterhaltung der Hamburger war zu der Zeit immer noch das Kino.

Es gab Riesenpaläste, wie das „Waterloo“ in der Dammtorstraße, heute das Verkaufsbüro der Lufthansa, und viele kleine „Flohkisten“ zwischen Rissen und Bergedorf. Das Fernsehen war zwar schon erfunden, aber Sendungen gab es erst seit Weihnachten 1952, als der NWDR sein erstes Programm vom Bunker auf dem Heiligengeistfeld ausstrahlte. Aber wer hatte schon einen Fernseher? Wirte lockten mit so einem teuren Kasten Gäste in ihr Lokal. Sogar die ungeliebte Tante wurde plötzlich gerne besucht, weil sie ein Schwarz-Weiß-Gerät hatte. Rechtzeitig zur Internationalen Gartenbauausstellung 1953, der IGA, für die der Erholungspark „Planten un Blomen“ und der Botanische Garten am Dammtor in neuem Blütenglanz erstrahlten, lud auch der beliebte Alsterpavillon wieder zu einem Nachmittagskaffee ein – bisher hatte ein provisorischer „Teeraum“ am Jungfernstieg als Treff gedient.
Die Jugend tanzte Rock'n Roll nach den frisch importierten Songs von Elvis Presley. Ebenso beliebt waren die Blue-Jeans aus den USA, die man eine Nummer kleiner kaufte und dann angezogen in der Badewanne auf Hautenge einlaufen ließ.
Der Sport mobilisierte wieder die Massen. Wenn der HSV auf eigenem Platz an der Rothenbaumchaussee gegen den Lokalrivalen St. Pauli kickte, ging zwischen Dammtorbahnhof und Klosterstern gar nichts mehr. Und als die Bundesrepublik im Jahre 1954 Fußballweltmeister wurde, kannte die Begeisterung für das runde Leder keine Grenzen mehr. Tennis war noch kein Volkssport. Zu den Offenen Deutschen Meisterschaften am Rothenbaum gingen nur feine Leute oder die, die sich dafür hielten. Ganz feine fuhren zum Polo nach Flottbek. Wie heute noch.
Rasch veränderte die Stadt ihr Gesicht. Die alte Idylle an

der Lombardsbrücke mußte weichen: Parallel zu ihr entstand eine zweite, die „Kennedy-Brücke". Die großenteils vernachlässigten Gärten am Harvestehuder Alsterufer wurden zum „Alsterpark" umgestaltet, heute beliebter Hundetreff. Das zweitstärkste Teleskop der Welt wurde in Bergedorfs Sternwarte gen Himmel gerichtet.
Nach Ende der Demontagezeit konnten die Werften wieder mit dem Schiffbau beginnen. Es war die Zeit der Supertanker: „Tina Onassis" und „Al Malik Saud Al Wal", mit 47000 Tonnen Ladekapazität der damals größte Tanker der Welt, liefen in Hamburg vom Stapel. Die Hafenplaner gingen an den Wiederaufbau – 400 Millionen D-Mark verschlang bis 1958 der Bau neuer Schuppen, tieferer Becken und höherer Kaimauern. Schnell bewährte sich die „Hamburger Kaiaufteilung". An der Wasserseite liefen die Schienen der Hafenbahn entlang, der direkte Umschlag zwischen Schiff und Bahn wurde ermöglicht. Die Landseite hinter den Schuppen war dem LKW-Verkehr vorbehalten. Durch die Erfindung der Gabelstapler konnte die Arbeit wesentlich beschleunigt werden, Einführung von „Paletten", mit denen das Stück- und Sackgut zusammengefaßt wurde, hat den Weg zur sogenannten Einheitsladung bereitet.
Alles stand im Zeichen des Fortschritts, den auch ausländische Besucher staunend registrierten. Amerikanische Touristen hatten es damals gut, denn der Dollarkurs lag 1955 noch bei 4,21 Mark. Hamburg wurde eine Stadt der Gastlichkeit – der Hauptbahnhof war renoviert, neue und altrenommierte Hotels boten bewährten Komfort.
Auf dem Stintfang wurde eine große Jugendherberge mit Elbblick eröffnet.
Das Wirtschaftswunder machte sich bemerkbar. Mit Kühlschränken fing es an – sie waren das erste Statussymbol.

Der Forscher und Zoodirektor Bernhard Grzimek mußte bereits in seinen TV-Sendungen die Damen auffordern, auf den Leopardenmantel zu verzichten. Rachel Carsons alarmierendes Buch „Der stumme Frühling“ über die Vergiftung der Umwelt zwang zum Nachdenken. Die Zahl der Autos, die seit 1956 statt wie bisher „BH“ (für Britische Besatzungszone Hamburgs) wieder „HH“ auf dem Nummerschild trugen, wuchs, und die Liebe zum fahrbaren Untersatz war so innig, daß sich die Stadtväter entschließen mußten, hunderte von alten Bäumen fällen zu lassen, krumme Straßen zu begradigen und weite Flächen als Parkplätze zu asphaltieren. Der Gedanke, Fußgängerzonen zu schaffen, spukte zwar schon in den Köpfen, aber für die meisten Geschäftsleute und Kunden der eleganten Läden am Neuen Wall und am Jungfernstieg war es unvorstellbar, nicht mit dem eigenen Wagen vorfahren zu können. Die Umsätze stiegen, und das Sputnik-Zeitalter brachte Farbfernseher, Pille und Parkhäuser.

Die Erfolge der Regierung Adenauer-Ehrhard in Bonn gaben auch den bürgerlichen Parteien in Hamburg Aufwind. Im Jahre 1953 hatten sie zum ersten und bisher einzigen Mal den Senat unter Führung von Kurt Sieveking (CDU) bilden können. Mit 62 Sitzen verfügten Union, DP und FDP allerdings nur über eine knappe Mehrheit in der Bürgerschaft. Vier Jahre später wurde der „Hamburger Block“ wieder durch die alte Koalition von Sozialdemokraten und FDP unter Leitung der Bürgermeister Brauer und Engelhardt abgelöst.

Am 1. April 1957 wurden auch in Hamburg die ersten Wehrpflichtigen eingezogen. Wem es gefiel und wer dafür „gemustert“ wurde, kam zur Bundesmarine und konnte vielleicht schon ein Jahr später auf dem neuen Segelschulschiff

„Gorch Fock“ die Offiziersausbildung ableisten. Ein Jahr zuvor war die Viermastbark „Pamir“ südwestlich der Azoren untergegangen – und mit ihr achtzig junge Seeleute. Die Besatzungen der Seeschiffe, die nun wieder aus aller Welt kamen, wurden schon kurz vor Hamburg in Schulau herzlich begrüßt – 1952 war das „Willkommhöft“ eingeweiht worden. Bald gab es auch die Seemannsmission, und an der Ditmar Koelstraße entstand eine norwegische Kirche.
Das neue Jahrzehnt begann für die Hamburger Fußballfans mit einem großen Triumph: Nach langer Zeit wurde der Hamburger SV 1960 wieder Deutscher Meister.
Stille Trauer begleitete dagegen den Marsch der nahezu zehntausend Menschen zum Ohlsdorfer Friedhof, die „ihrem blonden Hans“ die letzte Ehre erweisen wollten. Albers, der Sohn eines Hamburger Schlachtermeisters, Star unzähliger Filme, hatte hauptsächlich in Berlin gearbeitet und als Wohnsitz ein Landhaus in Oberbayern bevorzugt. Mit seiner Interpretation von „La Paloma“ und „Auf der Reeperbahn nachts um halb eins“ (von Ralph Arthur Roberts) hatte er als Sänger der St. Pauli-Szene weltweit für seine Heimatstadt geworben.
Mit dem Tod von Hans Albers, der zweifellos als populärster Hamburger bezeichnet werden kann, war die Hafenromantik aber noch nicht endgültig gestorben – Freddy Quinn hielt sie noch eine ganze Weile aufrecht.
1961 traten im Hamburger Starclub an der Großen Freiheit für wenig Gage vier „komische Pilz-Köpfe“ auf. Wer konnte ahnen, daß diese vier einmal den Musikgeschmack einer ganzen Generation prägen würden? Hamburg ließ wieder einmal begabte Musiker davonziehen. Erst nach ihrer Rückkehr in ihre Heimatstadt Liverpool kamen die Beatles zu Ruhm und Geld.

In Hamburg geübt für eine Weltkarriere:
Die Beatles!

Die Große Flut

Wer dachte in diesem hektischen Wohlleben der modernen Weltstadt, in der Festung aus Stahl und Beton schon daran, daß es außer der Bauwelle, der Textilwelle, der Reisewelle und der Freßwelle auch noch eine echte Flutwelle gab. Gegen sie hatte Hamburg seit seiner Gründung zu kämpfen.

Gewiß, es hatte fast jedes Jahr mal Hochwasser gegeben. Aber das war mehr eine Feierabend-Attraktion. Man fuhr nach Dienstschluß nach Blankenese, um zu sehen, ob der Strandweg schon überspült war. Wer aber konnte sich vorstellen, daß in dieser musterhaft organisierten Welt der Technik eine Naturgewalt zur Katastrophe führen würde? Ein Drittel des Hamburger Staatsgebietes lag zwar im Urstromtal der Elbe, aber die vor den Fluten schützenden Deiche hatten ja immerhin eine Höhe von 5,65 Metern über Normal Null – und die letzte große Sturmflut vor 137 Jahren hatte nur eine Höhe von 5,26 Metern erreicht. Die Einwohner von Wilhelmsburg, Billbrook, Waltershof und Finkenwerder – etliche lebten in Behelfsheimen – sowie die Bevölkerung der Vier- und Marschlande, des Neulandes und des Alten Landes wiegten sich in trügerischer Sicherheit.

Als am Abend des 16. Februar, es war ein Freitag, das Seewetteramt vor der Gefahr einer schweren Sturmflut warnte, gaben die Journalisten im Rundfunk und Fernsehen die Meldung nur zögernd weiter. Man wollte die Bevölkerung ja nach einer anstrengenden Arbeitswoche nicht unnötig beunruhigen. Die meisten Menschen in den bedrohten Gebieten gingen dann auch ohne große Aufregung ins warme Bett.

Draußen tobte die „Vicinette", ein orkanartiger Nordweststurm aus Island, an dessen Heulen und seine starken Böen man sich seit vier Tagen gewöhnt hatte.
Es gab ein schreckliches Erwachen. Um 3 Uhr 30 schwappte die Flutwelle mit einer Höhe von knapp sechs Metern über die Deiche, die an sechzig Stellen brachen. Hunderttausend Menschen wurden vom Wasser überrascht. Zehntausend lebten, wie schon erwähnt, seit dem Kriege in Gartenlauben und flachen Behelfsheimen in Waltershof und Wilhelmsburg. Ihnen boten nicht einmal die Dächer ihrer Häuser Schutz vor dem steigenden Wasser, wenn sie die Dächer überhaupt noch erreichen konnten. Hubschrauber und Rettungsboote waren im Großeinsatz und bargen viele Menschen. Wenn die Vorbereitung auf eine Flutkatastrophe auch unzureichend gewesen war, so wurde die Organisation der Rettungsaktion später als beispielhaft angesehen. 1500 Helfer, Feuerwehr, Polizei, Bundeswehr, britische Einheiten und zivile Hilfsorganisationen waren unermüdlich im Einsatz. Der Innensenator und spätere Bundeskanzler Helmut Schmidt, der in jenen Tagen durch sein energisches Eingreifen den Ruf als „Macher" erwarb, bezeichnete als glücklichste und wichtigste Erfahrung dieser Naturkatastrophe die Tatsache, „daß der Wille der Menschen, in der Not füreinander einzustehen, so groß und stark war".
Dennoch, die Bilanz der großen Flut war schrecklich. 315 Menschen verloren ihr Leben. Zwanzigtausend Hamburger wurden obdachlos und 6500 Wohnungen zerstört. Fast 25000 Haustiere kamen in den Fluten um, und große Mengen an Obst und Getreide waren vernichtet. Die bekannten Obstanbaugebiete hatten mit am meisten gelitten.

Mit der Sorglosigkeit der Menschen und ihrer Behörden war es nun zunächst vorbei. Eine halbe Milliarde Mark wurde aufgebracht, um die Flutschäden zu beseitigen und die Folgekosten zu erstatten. Mit dem Neubau und der Erhöhung der Deiche wurde unverzüglich begonnen. Das Niederelbegebiet veränderte sein Gesicht. Die Süderelbe, über die das Wasser in die Elbinseln eingedrungen war, wurde durch einen Deich völlig abgesperrt. Finkenwerder verlor damit seinen Inselcharakter. Die Schiffahrt bevorzugte schon seit langem den Weg über den „Köhlbrand", einen Wasserarm, der von Harburg kommend gegenüber von Altona in die Norderelbe mündet.

Andere Deiche wurden begradigt, Sperr- und Schöpfwerke mußten gebaut werden. Die halbe Milliarde reichte bei weitem nicht. Einen großen Teil der Kosten übernahm der Bund. Gebaut wurden in diesem Gesamtkonzept auch eine Schutzmauer von der Billwerder Bucht bis nach St. Pauli, eine neue Alsterschleuse am Schaartor und eine Sicherungsanlage an den Vorsetzen. Die Stadt hat sich bemüht, diese Bauten, die den freien Zugang zu den Hafenanlagen verdecken, zu einer breiten Uferpromenade auszugestalten. Tüchtige Fußgänger können seitdem nahezu unbehelligt vom Autoverkehr einen Spaziergang von der Überseebrücke bis nach Blankenese machen.

Bereits vierzehn Jahre nach der Großen Flut stand 1976 wieder eine Sturmflut ins Haus. Der Wasserstand erreichte mit 6,45 Metern über Normal Null die größte Höhe, die je in Hamburg gemessen wurde. Aber diesmal hielten die Deiche. In Mitleidenschaft gezogen wurden allerdings vor allem die Elbpromenaden in Richtung Blankenese.

Die Diskussion darüber, ob die Einschnürung der Elbe durch hohe Deiche überhaupt der richtige Weg für den

Hochwasserschutz ist, und ob man nicht vielmehr dem Strom Platz zum Ausbreiten lassen müsse und schließlich, ob die Deiche nicht weit über sieben Meter aufgeschüttet werden müßten, ist seitdem nicht verstummt.

Frohe und Hansestadt Hamburg

„Ist Dir bekannt, daß ein unglücklich Geschick und Karl der Große Hamburg zwischen dem 53. und 54. Breitengrad angesiedelt haben, nahe den Lappen und Grönland, in einer geographischen Lage, welche ausgerechnet das abscheulichste aller Klimate ihr eigen nennt? Während der einen Hälfte des Jahres ist das Wetter schlecht, und während der anderen regnet es.“
Diese Klage des französischen Wahlhamburgers Jacob Gallios stammt aus dem Jahre 1835. Ganz so schlimm ist das Hamburger Wetter glücklicherweise nicht, es wechselt nur. Und die Statistiker haben errechnet, daß Hamburg weniger Regen und mehr Sonne bekommt als München. So registrierten die Meteorologen 1975 eine dreimonatige Hitzewelle und ein Jahr später insgesamt 49 regenfreie Tage hintereinander! Auf winterliche Schneefälle sind die Hamburger meistens nicht vorbereitet: Das Chaos in den Jahren 1969 und 1978/79 war daher unbeschreiblich. Und so ist es bei jedem Wintereinbruch in Hamburg üblich, den Unterschied zwischen Hamburg und Kairo scherzhaft herauszufinden: Hamburg hat eine Schneefräse mehr! Der Hamburger trägt es mit Fassung und begibt sich gern aufs Glatteis, wenn die Außenalster zugefroren ist. Immerhin ist es wissenschaftlich erwiesen, daß die Stadt im gemäßigten Klima des Golfstroms liegt.

Trotz des wechselhaften Klimas und des berüchtigten Schmuddelwetters reißt der Strom der Besucher nicht ab, denn Hamburg ist eine Stadt der Gastlichkeit. Über 20000 Hotelbetten sind stets frisch bezogen, und rund 1,7 Millionen Gäste pro Jahr wissen das zu schätzen. Über drei Millionen Übernachtungen zählten die Hamburger Hotels schon 1981. Die meisten ausländischen Besucher kommen aus Skandinavien, weil Hamburg die erste große Stadt ist, die auf ihrem Weg nach Süden liegt, und weil es hier besonders preiswert das Produkt gibt, was nördlich der deutschen Grenzen nur unter erschwerten Bedingungen zu haben ist: Alkohol.
Die zweitstärkste Gruppe der ausländischen Gäste sind die Asiaten, vor allem Japaner. Für sie ist Hamburg nach wie vor ein großer Name im Welthandel. Die Zahl der US-Amerikaner, die in früheren Jahren fast ein Drittel der ausländischen Besucher stellten, ist angesichts des Dollar-Verfalls stark zurückgegangen. Hamburg wurde – wie die ganze Bundesrepublik – für sie einfach zu teuer.
Viele Wege führen in die Hansestadt.
Der Hauptstrom der Gäste aus Übersee kommt schon längst nicht mehr wie vor 1939 in stattlichen Passagierschiffen, sondern fliegt lieber. Abgesehen von der schmucken England-Fähre von Harwich fährt nur selten ein Kreuzfahrtschiff, Musikdampfer genannt, die Elbe herauf und macht an der Überseebrücke fest. Dagegen mangelt es nicht an Besuchen verbündeter und fremder Kriegsmarine-Einheiten.
Als Transportweg für Güter aller Art ist die Elbe aber wieder wie vor dem 2. Weltkrieg eine der wichtigsten Wasserstraßen der Welt. Im Jahre 1963, als die Howaldtswerft den fast 380 Meter langen Supertanker „Esso Deutschland" (mit 91000 Tonnen Tragfähigkeit) vom Stapel ließ, mußten die

Hafenplaner das Elbfahrwasser auf 16,5 Meter bei mittlerem Tide-Hochwasser vertiefen. Heute können vollbeladene Massengutfrachter bis zu 110000 Tonnen mit der Flutwelle den Hamburger Hafen anlaufen. Der Schwerpunkt des Hafens verlagert sich in den letzten Jahren immer weiter elbabwärts zum Köhlbrand. Zwar duftet es in der alten Speicherstadt, deren dicke Mauern immer noch eine hervorragende Klima-Anlage ersetzen, nach Kaffee, Zimt und Pfeffer, aber der Senat möchte wie gesagt aus dieser Idylle am Oberhafen ein lukratives Wohnviertel machen.
Massengüter werden außerhalb des alten Hafens am Köhlbrand umgeschlagen. Für die Containerschiffahrt entstanden modernste Umschlagsanlagen. Auch wenn ganze Dorfgemeinschaften für die Hafenerweiterung Platz machen mußten, kann sich Hamburg rühmen, bei einem Umschlagsvolumen von jährlich sechzig Millionen Tonnen Deutschlands größten Seehafen und einen der bedeutendsten Containerhafen der Welt zu besitzen. Dafür wichen Werften und Raffinierien. Im Juni 1976 wurde eine neue Wasserstraße für die Binnenschiffahrt freigegeben: Der 115,2 Kilometer lange Elbe-Seiten-Kanal, auch „Heide-Suez“ genannt. Er verbindet die Elbe bei Artlenburg mit dem Mittellandkanal bei Wolfsburg. Das Schiffshebewerk in Scharnebeck ermöglicht Binnenschiffen der Europaklasse mit 1350 Tonnen, in fast drei Minuten einen Höhenunterschied von 38 Metern zu überwinden.
Sehr viele Gäste besuchen Hamburg mit dem Flugzeug. Viele Fluggäste wundern sich allerdings über den Flughafen Fuhlsbüttel, der gemessen an Frankfurt, Köln, Paris oder London den Charme eines Provinzbahnhofs hat. Dafür ist man wegen seiner günstigen Lage schnell in der City, was nicht der Fall gewesen wäre, wenn man einen neuen Flugha-

fen dreißig Kilometer von Hamburg entfernt bei Kaltenkirchen gebaut hätte. Die Pläne dafür waren fertig, wanderten aber 1983 in die Schublade. Bis 1992 soll der Flughafen Fuhlsbüttel so ausgebaut sein, daß zukünftig acht Millionen Passagiere pro Jahr abgefertigt werden können.
Die Luftwerft der Deutschen Lufthansa baute in Fuhlsbüttel 1961 die erste Lärmschutzhalle Europas. Bis heute erweitert und verbessert, gilt sie immer noch als einmalig und soll den Lärm, den die überwiegend nächtlichen Wartungsarbeiten und Probeläufe der Düsenmaschinen verursachen, auf ein Minimum herabsetzen. Der erste Jumbo-Jet nahm seinen täglichen Dienst in die USA 1970 auf, und 1976 setzte die Lufthansa den ersten Airbus, den Flüsterriesen ein.
Auf Schienen wird die Reise immer schneller und bequemer. Intercity-Züge verkehren im Stundentakt, und viele warten auf die ICE-Hochgeschwindigkeitszüge und auf eine Trasse der „Transrapid"-Magnetschnellbahn nach Hannover.
Das Nahverkehrsnetz der Stadt ist immer weiter ausgebaut worden. Im Jahre 1965 hatten sich die Unternehmen von Bahn, Bus und Schiff zum Hamburger Verkehrsverbund (HVV) zusammengeschlossen. Ein Bahnhof der Superlative, die Station „Jungfernstieg" unter der Binnenalster, konnte 1973 seiner Bestimmung übergeben werden. In der Innenstadt ist der nächste U-oder S-Bahnhof in maximal fünf Minuten Fußweg erreichbar. Seit 1984 gibt es eine elektrifizierte S-Bahn-Verbindung zwischen City und Neugraben, im Südwesten der Stadt. Die guten alten Straßenbahnen sind von den beweglicheren Bussen verdrängt worden. Für die zu den Wahrzeichen Hamburgs gehörende weiße Alsterflotte, bei der die Fahrpreise die Betriebsko-

sten nicht deckten, fand man eine Lösung. Wie die vielen stolzen Schwäne schwimmen sie noch, die schönen Alsterdampfer, verkehren aber in größeren Zeitabständen, und auch ihre Fahrpreise haben sich drastisch erhöht.
Am häufigsten wird Hamburg auf eigenem fahrbaren Untersatz angesteuert – obwohl es immer schwieriger wird, in der Stadt einen Parkplatz zu finden und es zur rush-hour oft zu einem Verkehrs-Kollaps kommt. Durch den Bau des Wallringtunnels wurde der um die Innenstadt führende Straßenring 1 im Bereich des Hauptbahnhofs ein wenig entlastet. Nach dem Achsenkonzept der Baubehörde wurden die Fernverbindungen immer besser ausgebaut. Die Nord-Süd-Autobahnen im Osten, die A 1, und Westen, die A 7, lassen ein schnelles Umgehen des zähflüssigen Stadtverkehrs zu. Über 100000 Fahrzeuge passieren an Spitzentagen das im Jahre 1975 von Bundeskanzler Schmidt seiner Bestimmung übergebene Kernstück der Westautobahn (A 7): Den Autobahn-Elbtunnel. 27 Meter unter dem mittleren Elbwasserspiegel verlaufen drei zweispurige Röhren im Vier-Meter-Abstand. Sie entstanden in siebenjähriger Bauzeit nach modernsten Methoden der Tunneltechnik. Die einzelnen Abschnitte des Tunnels wurden an Land gefertigt, auf der Elbe eingeschwommen und an der vorgesehenen Stelle auf den Boden des Flusses abgesenkt. Erst unter Wasser wurden dann die Tunnelteile zusammengefügt. Die Gesamtlänge des Jahrhundertbauwerks beträgt mit Ein- und Ausfahrt 3,3 Kilometer. Mit einer Unterwasserstrecke von 1057 Metern ist dieser Supertunnel einer der längsten der Welt. Und er reicht dem Hamburger Verkehrsaufkommen heute schon längst nicht mehr – ob die geplante vierte Röhre, die 1994 fertig sein soll, ausreichen wird, ist schon heute zweifelhaft.
Eine Strecke ist zur Zeit noch zügig, ohne große Verkehrs-

belastung befahrbar: Die Autobahn nach Berlin. Sie wurde 1987 eingeweiht.
Obwohl Hamburg mit rund 2300 Brücken über dreimal mehr hat als Venedig, also als brückenreichste Stadt Europas gilt, ließ man es sich nicht nehmen, diese Zahl noch zu erhöhen. Mit einem dreitägigen Volksfest wurde die Köhlbrandbrücke im September 1974 eingeweiht. Rund 600000 Erstbegeher marschierten über dieses neue Wahrzeichen, das von begeisterten Betrachtern als „schönste Brücke Europas" gefeiert wurde. Sie ist mit An- und Abfahrtsrampen fast vier Kilometer lang. Das Kernstück, eine 520 Meter lange Stahlbrücke, hängt mit 88 Stahltrossen an zwei Pylonen, die mit 131,5 Metern nur sechzig Zentimeter niedriger sind als der Turm des Michels. Bei mittlerem Niedrigwasser können selbst Super-Schiffe mit einer Schornsteinhöhe von 54 Metern ungehindert den Köhlbrand passieren. Diese Hochbrücke verbindet den Containerterminal Waltershof mit den alten Hafenteilen, und ist natürlich besonders für den Lastwagen-Containerverkehr eine Erlösung! Über 30000 Fahrzeuge können täglich diese Verbindung nutzen, es sei denn, es muß gerade wieder irgend etwas repariert werden an diesem Wunderwerk der Technik. Den Verkehr, der in einem Monat über diese Brücke strömt, hätten die Fähren, die vor dem Brückenbau die Verbindung herstellten, nicht einmal in einem halben Jahr bewältigen können.

Hamburg baut auf Fortschritt

In den ersten Jahrzehnten nach dem Krieg wurde in Hamburg wie in den meisten deutschen Großstädten gebaut, was der Beton hielt – ohne Rücksicht auf Verluste. Die Notwendigkeit, schnell Wohnraum für die Ausgebomten, Vertriebenen und junge Familien zu schaffen, die Verliebtheit der Architekten in die Möglichkeiten des Betons und kalte Kalkulation führten zu Projekten, die hoch gefeiert wurden, solange sie noch auf dem Reißbrett zu sehen waren. Kaum waren sie gebaut, galten sie als Schreckenssymbole eines inhumanen Baugeistes: der Osdorfer Born im Westen, Mümmelmannsberg im Osten, Steilshoop am nördlichen und Kirchdorf-Süd am südlichen Stadtrand.
Vor allem junge Hamburger mochten in den siebziger Jahren nicht in diesen klotzigen Trabantenstädten leben. Sie zog es –, in die alten, zum Teil verrotteten Viertel, die die Stadtplaner so gerne abgeräumt hätten. Dort entwickelten sie einen neuen Bürgersinn, der seine Wurzeln in der Studentenbewegung 1967–69 hatte. Weltrevolution und Weltverbrüderung wurde zu den Akten gelegt, und man kümmerte sich um bessere Kanalisation, Straßenbeleuchtung und Stadtteilfeste, kurz um die Gestaltung des Milieus.
Die nach dem Klosterstern verlegte Gemeinde von St. Nikolai hatte 1962 ihre neue Kirche einweihen können – ein stolzes Bauwerk, dessen schlanker Turm wie ein erhobener Zeigefinger über Harvestehude ragt. Den Turm der alten zerstörten Nikolaikirche am Hopfenmarkt ließ man als Friedensmahnmal stehen. 1965 entstand in der Hagenbeckstraße eine schöne russisch-orthodoxe Kirche, und Spitze und Helm von St. Michaelis erstrahlten wieder in neuem Gold und Kupfer. Inzwischen gibt es nicht nur einen neuen

. . . auf die Zukunft!

Rathausmarkt, seit 1982, sondern auch neue Denkmäler, die die Hamburger an ihre Geschichte erinnern sollen: Heinrich Heine steht auf dem Rathausmarkt, Störtebeker auf dem Grasbrook; die Seemannsgedenkstätte auf der Elbuferpromenade am Altonaer Fischmarkt erinnert an die Menschenopfer auf hoher See, und das heiß diskutierte Denkmal „Feuersturm-Chaos“ am Stephansplatz warnt als Gegendenkmal zum ebenso umstrittenen Soldaten-Ehrenmal vor dem Krieg. Jetzt hat Hamburg neben den Museumsschiffen im kleinen Oevelgönner Hafen auch die schöne Bark „Rickmer Rickmers“, die der „Verein Windjammer für Hamburg“ 1983 kaufte, und seit 1986 die „Cap San Diego“, ein Denkmal vom Nachkriegsschiffbau der Reederei Hamburg-Süd aus dem Jahre 1962.

Mit großer Energie und Überzeugungskraft bemühte sich ein Mann um die Erhaltung historischer Bausubstanz in Hamburg: Der Antiquitätenhändler Eduard Brinkama. Er sorgte dafür, daß die verwinkelten, verwunschenen, vom Bombenkrieg verschonten Straßen zwischen Harvestehuder Weg an der Alster und Mittelweg nicht der Flächensanierung zum Opfer fielen, sondern renoviert und passend ergänzt wurden. Das alte Pöseldorf, wie diese Ecke seit alters her hieß, wurde ein Zentrum kleiner aber eleganter Geschäfte und teils gemütlicher, teils gestylter Kneipen und Discos. Man sieht dort inzwischen vorwiegend Leute, die halb abschätzend, halb anerkennend „Schickeria“ genannt werden.

Eine weitere Großtat war die Rettung der Deichstraße im Bezirk des alten Hafens. Ihre schönen, zum Teil dreihundert Jahre alten Häuser und Speicher konnten dank seiner Initiative erhalten werden. So richtig zum Leben erwecken ließ sich die Straße in unmittelbarer Nähe der Verkehrs-Hölle

Ost-West-Straße jedoch noch nicht so recht, aber sie ist durch die neue Uferpromenade eng mit der Speicherstadt verbunden und durch einige urige Gourmet-Restaurants auch außerhalb Hamburgs bekannt.
Auch Eppendorf hatte im Krieg relativ wenig gelitten. Dort mischten sich einfache Wohnbezirke am Falkenried und Lehmweg mit eleganten Wohnstraßen, wie der Isestraße, der die U-Bahn, die auf beinahe ganzer Länge zwischen den Häusern entlangfährt, nichts von ihrer Anziehungskraft nehmen kann.
In Eppendorf kämpften Bürgerinitiativen auch mit Erfolg gegen Abrißpläne und für die Erhaltung der alten Bausubstanz. Junge Künstler und ihre Anhänger entwickelten dort ein Lebensgefühl, das Anfang der siebziger Jahre in der Hamburger Szene rund um die urige Musikkneipe „Onkel Pö" seinen Ausdruck fand. Im „Pö" machte man ganz unaufwendig Musik, sang Texte, die betont alltäglich, oder aber sehr witzig waren. Sehr lange hat die Szene dort aber nicht bestehen können. Den erfolgreichen Musikern wurde Eppendorf schnell zu eng. Einer wurde berühmt: Udo Lindenberg.
Ein anderer Stadtteil, der betont eigenes Leben entwickelte, war Ottensen, ein altes Arbeiterviertel, wo sich Wohnhäuser und Fabriken mischten. Die Fabriken, die vielen Fischräuchereien, die großen Stahlwerke, wie Menck und Hambrock, oder die traditionsreiche Schiffsschraubenfirma Theodor Zeise, stellten ihre Produktion ein. Der wirtschaftliche Niedergang der Industrie gab dem Wohnviertel eine Chance. Ohne Gefährdung durch Industrieschmutz konnten die alten Häuser mit tatkräftiger Hilfe des Senats aufpoliert werden. Auch Ottensen besitzt – wie Eppendorf – sein kulturelles Zentrum in einer ehemaligen Maschinen-

und Munitionsfabrik, das im Gegensatz zu „Onkel Pö" heute noch besteht: schlicht „Fabrik" genannt. In dieser unorthodoxen Produktionsstätte für Kunst im weitesten Sinne kann man malen, Theater spielen und Musik machen. Abends gibt es dort Live-Konzerte und Theateraufführungen. Natürlich hat man in Hamburg auch Modernes geschaffen: Der imponierende Fernmeldeturm, offiziell „Heinrich-Hertz-Turm" genannt, entstand 1968. Er ist 271,5 Meter hoch und hat ein drehbares Restaurant, das höchste der Stadt, von dem man auf Hamburg herabsehen kann, ohne dabei vom Kaffeetisch aufzustehen!
Eindrucksvoll ist auch das hundert Meter hohe Hotel Hamburg Plaza im Internationalen Kongreß-Zentrum neben dem Dammtorbahnhof. Daneben das im Laufe der Nachkriegsjahre immer moderner gestaltete Messegelände, auf dem jährlich weit über eine Million Besucher von Ausstellungen und Fachmessen, wie z. B. die „Internorga", die „Hanseboot" und die populäre Verkaufsschau „Du und Deine Welt" gezählt werden.
Ein städtebaulich riskantes Unternehmen startete der Hamburger Senat 1967 mit dem Baubeginn von „City Nord", am Rande des Stadtparks, sechs Kilometer von der eigentlichen City entfernt. Auf einem ehemaligen Kleingartengelände von ca. 120 Hektar ist dort in den letzten zwanzig Jahren ein gewaltiges „Büro-Schlaf-Zentrum" aus dem Boden gewachsen. Es sind Gebäude unterschiedlichster Machart, von „Brutalbeton" bis zu elegant schmalen, schwarzen Fassaden, deren zahllose Glas- und Kunststoff-Facetten in der Sonne funkeln, wenn sie denn scheint.
Mehr als 20 000 Menschen verschwinden dort morgens in ihren Büros. Nach sechs Uhr abends gleichen die Häuser der „City Nord" einer Herde schlafender Giganten. Zur Bele-

bung der Szene versucht man jetzt doch, Wohnhäuser in der Nähe zu plazieren. Der Zweck, die Innenstadt von Großbüros zu entlasten, wurde erreicht. Dort ist jetzt mehr Platz für Geschäfte.

Die Lust der Hamburger: Shopping

Um den Ruf Hamburgs als Einkaufsstadt für das Umland zu erhalten, mußten sich Geschäftsleute und Stadtväter ganz besonders anstrengen. Die häufige Verstopfung der Innenstadt machte spätestens seit Ende der sechziger Jahre die gewohnte bequeme Art des Einkaufens, nämlich direkt vor den Geschäften vorzufahren, beinahe unmöglich.
Es bestand daher wenig Neigung, zwei Stunden Fahrzeit in die Stadt und zurück auf sich zu nehmen, um beispielsweise nur eine neue Bluse zu kaufen.
Nach amerikanischem Vorbild entstanden deshalb in den Jahren um 1970 in den Außenbezirken der Stadt große Einkaufszentren, in denen man fast all das kaufen kann, was man früher nur in der City erhielt. Viele dieser Zentren, wie das „Elbe-Einkaufs-Zentrum“ in Osdorf, bringen zwar den gewünschten Erfolg, jedoch sind sie kaum geeignet, die Käufer zum Verweilen anzuhalten. Das mehr auf gehobenen Bedarf ausgerichtete „Alstertal-Einkaufs-Zentrum“ in Poppenbüttel, neuerdings auch das verbesserte EKZ in der Hamburger Straße und das „Quarree“ in Wandsbek bilden da eine Ausnahme.
Die Folge dieser Verlagerung des Einzelhandels war eine rapide Senkung der City-Umsätze. Die „Verödung“ der Innenstadt wurde Diskussionsthema Nr. 1. Kaufleute und Senat mußten sich schnell etwas einfallen lassen. Schon

Anfang der siebziger Jahre schuf man sogenannte „Fußgängerzonen“. Die zunächst mit großer Skepsis betrachtete Sperrung der Spitaler Straße für den Autoverkehr wurde ein durchschlagender Erfolg. Die Straße ist nun seit vielen Jahren ein Platz reger und umsatzfördernder Kommunikation. Inzwischen hat man weitere Straßen zu Fußgängerzonen umfunktioniert. Was nützt aber die schönste Einkaufszone bei Regenwetter? Wer trägt außer den vielen Plastiktüten schon gern noch einen Schirm? Die Planer griffen darum auf die schon fast vergessene Tradition des ausgehenden 19. Jahrhunderts zurück und richteten Passagen und Galerien ein. Diese Initiative Hamburgs Ende der siebziger Jahre wird inzwischen in aller Welt als vorbildlich bezeichnet. Heute kann man von den Colonnaden bis zum Rathausmarkt trockenen Hauptes durch ein Paradies, oder besser gesagt durch ein kilometerlanges Labyrinth von glitzernden Passagen mit eleganten Boutiquen, Antiquitätenläden und Geschäften für Dinge gehen, die man nicht unbedingt braucht, die aber das Leben angenehmer machen.
Im „Hanseviertel“ und anderen neuen Passagen trifft man sich nicht nur zum Shopping – das Einkaufen kann nun zum geselligen Spaß mit Spezialitäten zum Naschen werden. Wer nur zuschauen will, darf das in Ruhe bei einem Espresso von einem der glasgeschützten Straßencafes aus tun.
Überhaupt: Das Verweilen in der Stadt macht inzwischen Spaß. Der Jungfernstieg zeigt sich wieder begrünt, so daß man sich auch außerhalb des Alsterpavillons wohlfühlen kann. Heftig umstritten – wegen der hohen Kosten – waren die Pläne des damaligen jungen Bürgermeisters Hans-Ulrich Klose: Die Umgestaltung des Rathausmarktes zu einem Platz der Kommunikation ohne Parkplätze und Autover-

kehr. Der Plan wurde 1982 realisiert, und inzwischen haben auch die Kritiker eingesehen, daß der Platz viel schöner geworden ist.

Fisch- , Floh- und Pflanzenmärkte

Ohne Rücksicht auf Wind und Wetter hat ein Einkaufsparadies in Hamburg immer Hochkonjunktur: Der Fischmarkt von St. Pauli. Er beginnt jeden Sonntagmorgen um sechs Uhr. Man kann dort direkt am Elbufer im lärmenden Geschiebe natürlich auch Fisch kaufen, aber ebenso Bananen aus Afrika, Obst aus den Vierlanden, Blumen und Palmen aus Holland – überhaupt alles, was sich irgendwie per Hand transportieren läßt. Die fliegenden Händler entwickeln nicht selten überwältigend komische schauspielerische Talente und lassen ihre angebotenen Waren mitunter auch in die Zuschauermenge fliegen.
In allen Bezirken der Stadt haben sich glücklicherweise die traditionellen Wochenmärkte halten können. Die Händler holen ihre Ware frühmorgens aus der größten Gemüse-Markthalle Europas in der Nähe des Hauptbahnhofes, wenn sie diese nicht selbst produziert haben. Der Blumengroßmarkt an der Deichtorstraße erzielt die höchsten Umsätze in der Bundesrepublik. Vom Efeu über Edelrosen bis zu kostbaren Orchideen und Bonsai-Bäumchen ist alles vorhanden, was grünt und blüht.
Auch gibt es in mehreren Stadtteilen sogenannte Flohmärkte. Der erste fand 1970 auf dem Fischmarktgelände statt. Sie können sich inzwischen durchaus mit ihren Vorbildern in Paris messen. Bürokraten stellen inzwischen ihre Existenz in Frage.

Es grünt so grün

In Hamburg sieht man nicht nur viel Wasser, das vielleicht irgendwann einmal wieder rein und blau wird, sondern auch viel Grün. Es ist kaum übertrieben ausgedrückt, wenn man sagt: „Hamburg ist ein großer Park mit viel Stadt darin."
Rund acht Prozent des gesamten Staatsgebiets sind Parks und Rasenflächen. Insgesamt gibt es in der grünen Großstadt 990 Parkanlagen. Zu den beliebtesten gehören der Stadtpark, Planten und Blomen, der Wallringpark, der Ohlsdorfer Friedhof, das Niendorfer Gehege und seit 1978 auch der neue Botanische Garten in Klein-Flottbek.
Wie sehr man in Hamburg das Grün liebt, zeigt sich daran, daß allein 1972, anläßlich der Aktion „Grünes Hamburg", 60000 neue Straßenbäume gepflanzt wurden. Nur eines ist noch nicht gelungen: pflegeleichte und Streusalz-resistente Arten zu züchten!

Senator in Hamburg: ein Adelstitel?

„Eine Senatsperson zu sein ist bei dem Bürger etwas Größeres als der geborene Adel... guter Bürger ist sein Adel!" So wußte es von Giesheim bereits 1760.
Seit dem Rücktritt Max Brauers im Jahre 1960 hatten die Hamburger sechs erste Bürgermeister, die nach der Verfassung lediglich „Primus inter pares" sind, das heißt, die ersten unter den gleichrangigen anderen Senatoren. Alle sechs waren oder sind Sozialdemokraten. Hamburg ist bis heute eine Hochburg der Sozialdemokratie geblieben, obwohl ihre Lage immer schwieriger wird und das Schlagwort

„Hamburger Verhältnisse“ im Rathaus herumgeistert. Der Nachfolger Brauers, Paul Nevermann, schied nach vier Jahren Amtszeit verbittert aus. Als „Übergangslösung“ wurde der schon ältere Verwaltungsfachmann Prof. Herbert Weichmann zum Bürgermeister gewählt. Er erwies sich als ein überaus tüchtiger, populärer und beliebter Stadtvater. Seine Amtsführung wurde 1966 bei den Bürgerschaftswahlen mit einer satten absoluten Mehrheit für seine Partei belohnt. In den Jahren der Studentenrevolte und des danach aufflackernden Terrorismus geriet auch das Hamburger Senatsschiff gelegentlich arg ins Schlingern.

Als Nachfolger Weichmanns konnte sich Peter Schulz nicht lange behaupten. Nun stellte die SPD 1974 einen sehr jungen Mann an die Spitze des Senats: Hans-Ulrich Klose. Er regierte erst zusammen mit der FDP und nach 1978 mit einer absoluten Mehrheit der Sozialdemokraten. Bei der Bevölkerung durchaus beliebt, wie die Wahlergebnisse zeigten, konnte sich Klose mit seinen Ideen zur Stadtplanung und seiner Skepsis gegenüber der Atomenergie in seiner Partei jedoch nicht durchsetzen. 1981 gab er auf – im Jahr der Demonstrationen gegen das im Bau befindliche Atomkraftwerk Brokdorf. Die Hamburger Sozialdemokraten, heillos zerstritten, holten sich einen Adeligen aus Bonn, aber dennoch einen „geborenen Hamburger“: Klaus von Dohnanyi. Auch er warf schließlich das Handtuch, obwohl er im November 1987 das „Wunder“ vollbrachte, einen Vertrag mit den Hausbesetzern der Häuser an der Hafenstraße abzuschließen. Nun zieht seit Juni 1988 der Rechtsanwalt und Notar Dr. Henning Voscherau den „Karren“.

Als Bürgermeister oder Senator ist man längst nicht mehr auf Rosen gebettet. Hamburg ist ein politisch unruhiges Pflaster geworden. Es gibt keine stabilen Mehrheiten in der

Bürgerschaft, in die 1982 mit 7,7 Prozent erstmals die Grün-Alternative Liste (GAL) einzog.
Senatorensessel wackeln, wenn sich Skandale häufen. Die meisten betreffen die ramponierte Umwelt: die Giftfässer auf der Deponie Metzendorf, die Stoltzenberg-Affäre in Eidelstedt, die verseuchte Deponie Georgswerder, die Asbest-Funde in den Schulen. Da wird es höchste Zeit, daß der Senat Prioritäten setzt und den Umweltschutz vor den Energiezuwachs stellt, obwohl dieser seine Bedeutung im Konkurrenzkampf der Welthafenstadt nicht verlieren darf.
Zu einer Krise führte auch das rigorose Vorgehen der Hamburger Polizei gegen eine Demonstration auf dem Heiligengeistfeld. Sie kostete gleich zwei Senatoren ihre Ämter. Leicht ist es nicht, Verantwortung zu tragen und Entscheidungen zu fällen, ob nun im Streit um die Gesamtschule, die Kernkraft oder die Zukunft von „Neue Heimat", HEW, Speicherstadt und Hafenstraße. Zum „alten Adel" zu gehören ist doch wohl wesentlich bequemer!

Immer in Bewegung

Vollgestopfte Sonderzüge, belegte Parkplätze und Verkehrsinfarkte in Altona und Stellingen sind immer Vorboten für ein spannendes Fußballspiel im Volksparkstadion, dessen Rasen seit 1970 betreten werden darf. Schon dreizehn Jahre danach kannte das Fußballfieber keine Grenzen: Dem Hamburger Sportverein gelang innerhalb von elf Tagen der größte Erfolg seit seiner Gründung. Am 25. Mai 1983 gewann die Hamburger Elf den Europapokal der Landesmeister, und am 4. Juni sicherte sie sich zum sechsten Mal die Deutsche Meisterschaft. Seit der FC St. Pauli (1988) in der

ersten Liga mitmischt, haben die Hamburger immer Gesprächsstoff.
1985 sorgte eine andere Herrenmannschaft des HSV für eine Super-Saison: die Volleyballer. Jenes Jahr stand auch im Zeichen des weißen Sports. Auf dem Rothenbaum wurde der 17jährige Boris Becker beim Davis-Cup bejubelt. Man feierte die Geburtstage großer Sportler, wie den 75. von Traberkönig Hänschen Frömming und den 80. von Boxchampion Max Schmeling.
Die Hamburger schauen aber nicht nur zu, wenn andere ins Schwitzen geraten! Die Stadt zählt 600 Sportvereine mit insgesamt 330000 aktiven Mitgliedern. Die meisten turnen, kicken, stauben sich den weißen Dress mit rotem Sand ein oder stürzen sich ins kühle Naß. Im Jahre 1973 konnte man sich in der Alsterschwimmhalle, „Schwimmoper" genannt, einschwimmen. Für diesen Wassersport braucht man in Hamburg keine langen Anfahrtswege: Mit ihren vielen Hallen- und Freibädern steht die Hansestadt an der Spitze aller Städte in der Bundesrepublik! Auch die Laufbewegung hat vor Hamburg nicht Halt gemacht. Neben den traditionsreichen Alsterstaffeln wurde 1986 der erste „Hanse-Marathon" gestartet. Die Liebe zum Sport ist so groß, daß sich Hamburg sogar für die Olympischen Spiele im Jahre 2004 beworben hat. „Das viele Grün, die Lage am Wasser, der Hafen und die Internationalität der Hansestadt", so beschreibt Bürgermeister Voscherau die Vorzüge der Stadt, „welcher Olympia-Mitbewerber in der Bundesrepublik – ob Frankfurt, Stuttgart oder das Ruhrgebiet – könnte das bieten, was Hamburg als Tor zur Welt ausmacht?"

Alles nur Theater!

„Drei oder vier Stunden eingeschränkt zu braten oder zu frieren – ist des Hamburgers Sache nicht!“ meinte von Griesheim 1760 zum Thema Theater. Heute brauchen die vierzig Bühnen der Stadt Hitze oder Kälte nicht mehr zu fürchten, es sei denn, das Klima schwankt durch allzu häufigen Intendantenwechsel. Daß man in Hamburg viel Vernunft, aber wenig schönen Geist fände, darüber klagte Varnhagen von Ense 1805. Das aber scheint sich grundlegend geändert zu haben. Wenn auch die Hamburger im Laufe der Geschichte ihrer Stadt große Musiker arg enttäuschten, so kann man sie doch als musikliebend bezeichnen. Die „Hamburgische Staatsoper“ an der Dammtorstraße gehört seit Jahrzehnten zu den führenden Musikbühnen der Welt. Hier startete zum Beispiel Placido Domingo 1967 seine internationale Sängerkarriere. Fest mit Hamburg verbunden ist auch der Name John Neumeier, seit 1973 Ballettdirektor und Choreograph. Er verhalf dem Ballett-Tanz in Hamburg zu erneutem, weltweitem Ansehen und widmet sich seit 1978 auch der Pflege des Nachwuchses.

Das „Operettenhaus“ an der Reeperbahn hat inzwischen seine Finanzkrisen durch Aufführungen von Musicals gemeistert. Gut besuchte Konzerte in großer und kleiner Musikhalle, in der Musikhochschule am Harvestehuder Weg und in den Kirchen zeigen, daß auch Klassik zählt.

Jeder vierte Hamburger geht mehr als einmal pro Jahr ins Theater. Neben den großen Staatstheatern, die progressive Ableger wie den „Malersaal“, die „Kampnagelfabrik“, die „Opera Stabile“ und das „Tik„ ins Leben riefen, gibt es in Hamburg heute mehr als zehn Privattheater, die sich aufgrund ihrer guten Bühne oder wegen ihrer Kuriosität sehen lassen können. Untrennbar mit den „Kammerspielen“ bleibt der Name Ida Ehre verbunden (1900–1989). 1985 konnte die Prinzipalin ihren 85. Geburtstag feiern und wurde als erste Frau zur Ehrenbürgerin der Stadt ernannt. Eine Pöseldorfer Villa dient dem „Theater im Zimmer“, ein umgebauter Kümo dem „Schiff“, der Hinterraum einer Altonaer Kneipe dem „Piccolo“ (mit nur 30 Plätzen das kleinst Profi-Theater der Welt) als Zuschauer-, Bühnen- und Umkleideraum.

Selbst den Jugendlichen mit kleinem Taschengeld werden die Bretter, die die Welt bedeuten, nicht vorenthalten. Ein „Theaterpaß“ des Jugend-Kulturrings“ ermöglicht preisgünstig Theaterspaß.

Im Sommer gehen die Komödianten auch auf die Straße, um beim „Alstervergnügen“, bei „Schlag 4“ oder dem „Literatrubel“ die Passanten zu fesseln. Für die Hamburger gehen die Schauspieler sogar aufs Wasser – wie 1985 das „Salome“-Ensemble auf eine schwimmende Bühne in der Binnenalster und 1989 beim 800sten Hafengeburtstag.

Einer der mächtigsten Verleger unserer Zeit, Axel Springer, der Hamburg zur Pressemetropole machte, verstarb 1985. Er war Vorkämpfer für die Versöhnung von Juden und Deutschen und hinterließ ein Zeitungsimperium von gewaltigen Ausmaßen.

Hamburg als Stadt der Medien, in der private Fernseh- und Radiosender schnell Fuß fassen konnten, ist aber auch die Stadt der Museen.

Mit ihren wechselnden Ausstellungen sorgen sie für regen Zulauf. So zog die Caspar-David-Friedrich-Ausstellung 1979 Zehntausende in die Kunsthalle. Über eine Million Wissensdurstige besuchen – nicht nur bei schlechtem Wetter – jährlich die großen Museen, in denen unschätzbare Werte

aus aller Welt zusammengetragen sind und für die Gegenwart und Nachwelt verwahrt und bewahrt werden. Daß die Hamburger nur allzu gern in ihrer Geschichte graben, zeigt die Statistik: Die meisten Besucher zählt das Museum für Hamburgische Geschichte (vielleicht aber auch nur wegen der Modelleisenbahn)!
Das allerdings würden die Hanseaten nie zugeben.
Es lebe ihr Understatement!

Alt-Hamburg für Entdecker – Historische Reste heute

Viel ist nicht übriggeblieben von früher! Eine kurze Entdekkungsreise nach Hamburgs Geschichts-Resten ist dennoch spannend und reizvoll. Kommen Sie mit, um einige wichtige historische Beweisstücke zu sammeln!
Fangen wir ganz von vorn an – aber bitte rutschen Sie nicht aus auf den eisigen Schneekristallen der Eiszeitgletscher!

Um 15000 vor Christus:

Die letzte Eiszeit hat mitgeholfen, unseren Grund und Boden zu gestalten. Riesige Gletscher schoben Geröllmassen vor sich her: Höchste Erhebungen in Hamburgs Nähe sind die Harburger Berge mit 116 Metern.
Reißende Schmelzwasser gruben eine tiefe Rinne nach Westen zum Meer: das Urstromtal der Elbe. Mehr darüber auf Seite 9

800–1000 nach Christus:

Auf Wallreste der „Hammaburg“ stieß man bei Grabungen am Speersort (Pressehaus). Das Fundament der „Bischofsburg“, aus dem 11. Jhdt, ein vier Meter starker Steinring aus unbehauenen Findlingen, ist im Schauraum des Gemeindehauses St. Petri am Speersort zu besichtigen. Daß aber diese Burg nicht allein dastand, damals, lesen Sie auf Seite 16.
Auf der Trostbrücke steht das Denkmal eines Geistlichen, der einen Dom in seiner Rechten hält: der heilige Ansgar, erster Erzbischof von Hamburg. Vgl. Seite 13

Zwei farbige Bildkacheln im Museum für Hamburgische Geschichte beweisen, daß 965 sogar ein Papst in Hamburg begraben wurde! Wer es war, erfahren Sie auf Seite 16

1000–1200:

Auf der Trostbrücke steht aber noch ein weiteres Denkmal: Es stellt den Schauenburger Grafen Adolf III. dar. Sollten Sie Gelegenheit haben, am 7. Mai den Hafengeburtstag mitfeiern zu können, müssen Sie unbedingt wissen, was auf Seite 23f. steht.

1200–1400

Fast 120 km vom Hamburg entfernt, heute wieder unter Hamburger Verwaltung, liegt in der Elbmündung vor Cuxhaven die Marscheninsel Neuwerk. Auf ihr finden Sie das älteste, völlig erhaltene Bauwerk Hamburgs: Ein steinerner Wehrturm aus dem Jahre 1310. Warum man ihn baute, beantworten die Seiten 35, 36.
Die „Steinstraße“ ist heute glatt asphaltiert. 1264 wurde sie als erste Straße Hamburgs mit Steinen gepflastert. (Die älteste Straße überhaupt soll der „Grimm“ gewesen sein. Sind Sie bibelfest, müssen Sie zustimmen: Kain aber erschlug Abel im Grimm“!)
Warenladungen wurden auf den übrigen Straßen Hamburgs meist auf Schlittenkufen befördert – mitten im Sommer! Mehr von Hamburger „Schlamm-Schlachten“ auf Seite 47.
Die ältesten Kirchen Hamburgs, St. Jacobi, St. Katharinen und St. Petri erstrahlen nach stilvollem Wiederaufbau und

fachmännischer Restaurierung wieder in altem Glanz des 13. und 14. Jahrhunderts. Vgl. Seite 56
Eines der ältesten Kunstwerke der Stadt ist der Türklopfer am linken Flügel des Westportals von St. Petri: Ein bronzener Löwenkopf aus dem Jahre 1342.
Noch älter: Ein Kruzifix aus dem 13. Jhdt. Es ist in der Altonaer Hauptkirche ausgestellt.

1400–1500

Die Werke zweier bedeutender Künstler aus jener Zeit stehen in der Kunsthalle: Der Hochaltar von St. Petri mit 24 goldgrundigen Tafeln von Meister Bertram (ca. 1350–1415) und Altarbilder von Meister Francke (1410–1425 in Hamburg).
Aufgespießte Schädel im Museum für Hamburgische Geschichte sind heute ein Anblick zum Gruseln. Das „Gruseln" bekamen auch die Handelsschiffer, wenn sie eine Piratenflagge sichteten! Die Hinrichtungszeremonien auf dem „Grasbrook" fanden meist vor begeisterten Zuschauermassen statt. Berichte und Legenden aus der Störtebeker-Zeit finden Sie ab Seite 50

1500–1600

Vor dem neuen Johanneum in Winterhude steht das Denkmal eines guten Freundes von Luther: Johann Bugenhagen. Als Reformator für Hamburg gilt eigentlich jedoch der Franziskanermönch Steffen Kempe. (Seite 64)
Im Staatsarchiv an der ABC-Straße wird eine wichtige Akte

von 1567 gehütet: Die zwölf Meter lange Elbkarte von Melchior Lorichs war Hauptbeweisstück in einem langwierigen Prozeß. – Sie ist die älteste erhaltene Darstellung Hamburgs mit dem gesamten Unterelbegebiet (Vgl. Seite 74)

1600–1700

Unsere Binnenalster wurde durch einen starken Festungswall und eine Brücke erst 1616 bis 1625 von der Außenalster abgetrennt. Hamburg wurde stärkste Festung Europas! Noch heute finden Sie Wall- und Grabenreste am Holsten- und Gorch-Fock-Wall, den sogenannten Wallanlagen, und im alten Botanischen Garten. (Vgl. Seite 89)
Im Hof des Museums für Kunst und Gewerbe erinnert die „Kaiserhof"-Fassade an die wohlhabende Kaufmannschaft, die in diesem vornehmen Gasthaus, das im „Neß" stand, zu speisen pflegte. Wollen Sie mehr über Eß- und Trinkgewohnheiten erfahren, schlagen Sie die Seiten 98/100 auf.
Die St. Jacobi-Kirche besitzt eine wunderschöne alte Barock-Orgel. Es ist eine von 150, die der berühmte Orgelbauer Arp Schnitger (1648–1719) geschaffen hat!
In der Nähe des „Michels" am Krayenkamp Nr. 10 können Sie die „Krameramtswohnungen" besichtigen. Angehörige des Krameramts (Kleinhändler) hatten 1676 diese Gebäude „zum Behuff bedürftiger Amtsbrüder-Witwen" bauen lassen. Hierher konnten sich die alten Damen zurückziehen, während Bürgerunruhen die Straßen verunsicherten. (Vgl. Seite 107f.)

1700–1800:

Das Grabmal von Carl Phillipp Emanuel Bach (1714–1788), Sohn des berühmten Johann Sebastian, in der St. Michaeliskirche läßt die Gedanken in das Jahrhundert der „großen Köpfe" zurückschweifen. (Seite 116)
An der Palmaille in Altona sprechen noch einige Fassaden von der Zeit des norddeutschen Klassizismus.
Alt-Hamburger Bürgerhäuser sind unserer Stadt kaum erhalten geblieben. An der Peterstraße, am Cremon, am Bäkkerbreitergang und an der Deichstraße entdecken Sie noch alte, windschiefe Fachwerkbauten, welche in einer Zeit errichtet wurden, in der die Hansestadt bereits über 100000 Einwohner vorweisen konnte!

1800–1900:

Nur die Straßennamen „Domstraße" und „Domplatz" erinnern an den großen Hamburger Dom, der 1803/6 abgerissen wurde. Was der „Dom" auf dem Heiligengeistfeld mit dieser geweihten Stätte zu tun hat, erfahren Sie auf Seite 40
An der Jungiusstraße gegenüber der Ernst-Merck-Halle berichtet ein Gedenkstein von 1138 Hamburgern, die in der Schreckensherrschaft der Franzosen (1806–1814) ihr Leben lassen mußten. Wissen Sie, daß in dieser Zeit russische Truppen als Retter gefeiert wurden? (Seite 138)
Auf der Höhe des Elbufers inmitten eines prachtvollen Parks beweist das „Jenisch-Haus" (von 1831–1834), daß sich Hamburger Senatoren durchaus eine prunkvolle Sommerresidenz leisten konnten, nachdem es wieder aufwärts ging mit Handel und Wirtschaft. (1831–1834)

„Brandsende“, eine Straße parallel zum Glockengießerwall, weist uns auf die Schreckenstage im Sommer 1842 hin: den Großen Brand! (Seite 157)
Mit wenigen Eimern Wasser konnte die „Neue Börse“ (von 1841) am Adolphsplatz vor den Flammen gerettet werden. Als 283 Jahre zuvor (1558) die allererste Börse Deutschlands in Hamburg gegründet wurde, mußten die Kaufleute nicht selten unter Regenschirmen verhandeln!
(Seite 71)
Viele Hamburger halten den mächtigen Sandsteinbau des Rathauses für den schönsten in ihrer Stadt. 1897 wurde es als sechstes (!) Rathaus der Geschichte Hamburgs seiner Bestimmung übergeben. (Seite 192)
Auf dem Stintfang blickt der granitgehauene Kanzler Bismarck (Denkmal von Schaudt und Lederer 1906) stur in Richtung Elbmündung. Dort beginnt am rechten Ufer bei Brunsbüttel der „Kaiser-Wilhelm-Kanal“ (heute „Nord-Ostsee-Kanal“), welcher Nord- und Ostsee seit 1895 verbindet. Auch Straßennamen erinnern an „Kaisers Zeiten“
(Seite 193)
Der Zollanschluß an das Reich 1888 ließ die „Speicherstadt“ im Freihafen entstehen, für 100 Millionen Mark.

1900

Die Musikhalle entstand in vier Jahren durch die Baumeister Haller und Meerwein (1904–1908). Gestiftet hatte sie der wohlhabende Reeder Laeisz.
„Hagenbecks Tierpark“ in Stellingen macht Sie mit einer Erfindung von 1907 bekannt: Das gitterlose Freigehege für wilde Tiere!

Das großzügige Erholungsgebiet des „Stadtparks“ von 1914 ist nur eine Verwirklichung der Ideen zur Verschönerung Hamburgs, die Fritz Schumacher durchsetzen konnte. Mehr über ihn und seine Schöpfungen können Sie ab Seite 204 erfahren.

Neben der Freitreppe an der kleinen Alster ragt ein Ehrenmal mit einem Barlach-Relief empor. Seine Inschrift: „40tausend Söhne der Stadt ließen ihr Leben für Euch“ führt in das Elend des Ersten Weltkrieges zurück. (Vgl. Seite 231)

Zwischen Hauptbahnhof und Meßberg stehen gewaltige Kontorblöcke der „Goldenen Zwanziger“: Sprinkenhof, Mohlenhof, Montanhof, Meßberghof und das Chilehaus, das mit seinem eigenartigen Grundriß wie ein Ozeandampfer die Straßen durchteilt. Die Architekten Fritz Höger und die Gebrüder Gerson verkleideten ihre Monumentalkontore mit ihrem Lieblingsmaterial, dem fast unverwüstlichen roten Klinker. (Seite 225)

Die schwarze, ausgebrannte Ruine des St. Nikolai-Turmes an der Ost-West-Straße erinnert an die schrecklichen Bombennächte von 1943 und soll der Menschheit ein Mahnmal für den Frieden sein! (Seite 252)

Überall am Hafen, an den Vorsetzen, den Landungsbrükken und an Firmenhäusern zeigen Markierungen und Tafeln, wie hoch das Wasser der Elbe im Februar 1962 gestiegen ist. Die ungeheure Flutwelle einer einzigen Nacht brachte 315 Menschen den nassen Tod, schloß 100000 Hamburger ein, machte 20000 obdachlos und hinterließ eine grausige Wasserwüste. (Seite 270)

Die noch höhere Flut 1976 verlief glimpflicher.